高等职业教育"十四五"规划旅游大类精品教材
专家指导委员会、编委会

专家指导委员会

总顾问　王昆欣
顾　问　文广轩　梅继开　魏　凯　李　欢

编委会

编　委（排名不分先后）

李　俊	陈佳平	李　淼	程杰晟	舒伯阳	王　楠	白　露
杨　琼	许昌斌	陈　怡	朱　晔	李亚男	许　萍	贾玉芳
温　燕	胡扬帆	李玉华	王新平	韩国华	刘正华	赖素贞
曾　咪	焦云宏	庞　馨	聂晓茜	黄　昕	张俊刚	王　虹
刘雁琪	宋斐红	陈　瑶	李智贤	谢　璐	郭　峻	边喜英
丁　洁	李建民	李德美	李海英	张　晶	程　彬	林　东
崔筱力	李晓雯	张清影	黄宇方	李　心	周富广	

高等职业教育"十四五"规划旅游大类精品教材

总顾问 ◎ 王昆欣

客源地与旅游目的地概况

KEYUANDI YU LÜYOU MUDIDI GAIKUANG

主　编 ◎ 程杰晟
副主编 ◎ 秦合岗
参　编 ◎ 雷俊霞　张梦雨
　　　　薛　阳　曲宏实

华中科技大学出版社
中国·武汉

内 容 简 介

《客源地与旅游目的地概况》一书介绍了世界旅游业和中国出入境旅游发展现状，以及世界旅游地理和历史人文概况，着重介绍了中国重要旅游客源地和旅游目的地的基本知识。全书以世界旅游组织设置的五大区域及其对应的五大旅游区（亚洲和太平洋旅游区、欧洲旅游区、美洲旅游区、中东旅游区和非洲旅游区）为框架，对各旅游区主要国家和地区的地理环境、历史文化、政治经济、旅游环境、民俗风情和旅游资源等方面的内容进行了全面介绍，既有宽广的知识视野，又有清晰的思路，内容扎实，言之有物。本书既能满足课堂教学的实用性要求，又能满足普通读者的阅读需要，可作为高等职业院校、高等专科院校、成人高校的旅游管理、酒店管理、旅游外语及相关专业的教学用书，也可作为出入境旅游从业人士的参考及培训用书，对普通读者和旅游爱好者而言也有很强的可读性。

图书在版编目(CIP)数据

客源地与旅游目的地概况 / 程杰晟主编. —武汉：华中科技大学出版社，2024.1
ISBN 978-7-5772-0275-4

Ⅰ.①客… Ⅱ.①程… Ⅲ.①旅游客源－中国－概况 ②旅游地－概况 Ⅳ.①F592.6 ②F590.3

中国国家版本馆CIP数据核字（2023）第237390号

客源地与旅游目的地概况 程杰晟 主编
Keyuandi yu Lüyou Mudidi Gaikuang

总 策 划：李　欢
策划编辑：王　乾
责任编辑：洪美员　贺翠翠
封面设计：原色设计
责任校对：刘　竣
责任监印：周治超

出版发行：华中科技大学出版社（中国·武汉）　　电话：(027)81321913
　　　　　武汉市东湖新技术开发区华工科技园　　邮编：430223

录　排：孙雅丽
印　刷：武汉科源印刷设计有限公司
开　本：787mm×1092mm　1/16
印　张：18.75
字　数：416千字
版　次：2024年1月第1版第1次印刷
定　价：49.80元

本书若有印装质量问题，请向出版社营销中心调换
全国免费服务热线：400-6679-118　　竭诚为您服务
版权所有　侵权必究

总序

习近平总书记在党的二十大报告中深刻指出,要"统筹职业教育、高等教育、继续教育协同创新,推进职普融通、产教融合、科教融汇,优化职业教育类型定位""要实施科教兴国战略,强化现代化建设人才支撑""要坚持教育优先发展、科技自立自强、人才引领驱动""开辟发展新领域新赛道,不断塑造发展新动能新优势""坚持以文塑旅、以旅彰文,推进文化和旅游深度融合发展",这为职业教育发展提供了根本指引,也有力地提振了旅游职业教育发展的信念。

2021年,教育部立足增强职业教育适应性,体现职业教育人才培养定位,发布了新版《职业教育专业目录(2021年)》,2022年,又颁布了新版《职业教育专业简介》,全面更新了职业面向、拓展了能力要求、优化了课程体系。因此,出版一套以旅游职业教育立德树人为导向、融入党的二十大精神、匹配核心课程和职业能力进阶要求的高水准教材成为我国旅游职业教育和人才培养的迫切需要。

基于此,在全国有关旅游职业院校的大力支持和指导下,教育部直属的全国重点大学出版社——华中科技大学出版社,在党的二十大精神的指引下,主动创新出版理念、改进方式方法,汇聚一大批国内高水平旅游院校的国家教学名师、全国旅游职业教育教学指导委员会委员、全国餐饮职业教育教学指导委员会委员、资深教授及中青年旅游学科带头人,编撰出版"高等职业教育'十四五'规划旅游大类精品教材"。本套教材具有以下特点:

一、全面融入党的二十大精神,落实立德树人根本任务

党的二十大报告中强调:"坚持和加强党的全面领导。"党的领导是我国职业教育最鲜明的特征,是新时代中国特色社会主义教育事业高质量发展的根本保证。因此,本套教材在编写过程中注重提高政治站位,全面贯彻党的教育方针,"润物细无声"地融入中华优秀传统文化和现代化发展新成就,将正确的政治方向和价值导向作为本套教材的顶层设计并贯彻到具

体项目任务和教学资源中,不仅仅培养学生的专业素养,更注重引导学生坚定理想信念、厚植爱国情怀、加强品德修养,以期落实"立德树人"这一教育的根本任务。

二、基于新版专业简介和专业标准编写,权威性与时代适应性兼具

教育部2022年颁布新版《职业教育专业简介》后,华中科技大学出版社特邀我担任总顾问,同时邀请了全国近百所职业院校知名教授、学科带头人和一线骨干教师,以及旅游行业专家成立编委会,对标新版专业简介,面向专业数字化转型要求,对教材书目进行科学全面地梳理。例如,邀请职业教育国家级专业教学资源库建设单位课程负责人担任主编,编写《景区服务与管理》《中国传统建筑文化》及《旅游商品创意》(活页式);《旅游概论》《旅游规划实务》等教材为教育部授予的职业教育国家在线精品课程的配套教材;《旅游大数据分析与应用》等教材则获批省级规划教材。经过各位编委的努力,最终形成"高等职业教育'十四五'规划旅游大类精品教材"。

三、完整的配套教学资源,打造立体化互动教材

华中科技大学出版社为本套教材建设了内容全面的线上教材课程资源服务平台:在横向资源配套上,提供全系列教学计划书、教学课件、习题库、案例库、参考答案、教学视频等配套教学资源;在纵向资源开发上,构建了覆盖课程开发、习题管理、学生评论、班级管理等集开发、使用、管理、评价于一体的教学生态链,打造了线上线下、课内课外的新形态立体化互动教材。

本套教材既可以作为职业教育旅游大类相关专业教学用书,也可以作为职业本科旅游类专业教育的参考用书,同时,可以作为工具书供从事旅游类相关工作的企事业单位人员借鉴与参考。

在旅游职业教育发展的新时代,主编出版一套高质量的规划教材是一项重要的教学质量工程,更是一份重要的责任。本套教材在组织策划及编写出版过程中,得到了全国广大院校旅游教育教学专家教授、企业精英,以及华中科技大学出版社的大力支持,在此一并致谢!

衷心希望本套教材能够为全国职业院校的旅游学界、业界和对旅游知识充满渴望的社会大众带来真正的精神和知识营养,为我国旅游教育教材建设贡献力量。也希望并诚挚邀请更多旅游院校的学者加入我们的编者和读者队伍,为进一步促进旅游职业教育发展贡献力量。

王昆欣

世界旅游联盟(WTA)研究院首席研究员

教育部全国旅游职业教育教学指导委员会副主任委员

高等职业教育"十四五"规划旅游大类精品教材总顾问

前言

2017年党的十九大以来，在习近平新时代中国特色社会主义思想的指引下，中国旅游业进入了一个高质量发展的新阶段，其重要特征就是文化和旅游的融合发展。2018年3月，中共中央印发《深化党和国家机构改革方案》，将文化部、国家旅游局的职责整合，组建文化和旅游部，作为国务院组成部门，不再保留文化部、国家旅游局，文化和旅游融合发展的新时代正式到来。在这一趋势下，有着5000多年文明史的中国，凭借深厚的文化底蕴以及文化特色鲜明的旅游产品，极大地激发了人们的旅游需求，以故宫博物院为代表的文化特色景区景点访问量大幅增加。中国出入境旅游也得到了快速发展，根据中国旅游研究院（文化和旅游部数据中心）发布的有关数据，截至2019年，中国已经是一个世界性旅游目的地和巨大的旅游客源市场。

影响全球的疫情，使得世界各国旅游业均遭受了一定的影响。2022年下半年开始，各国政府为旅游业的复苏进行了各种积极的准备。2022年10月16日，习近平总书记在中国共产党第二十次全国代表大会上的报告中明确提出，未来五年我国发展的主要目标任务是：经济高质量发展取得新突破。到二〇三五年，我国发展的总体目标是：经济实力、科技实力、综合国力大幅跃升，人均国内生产总值迈上新的大台阶，达到中等发达国家水平；全体人民共同富裕取得更为明显的实质性进展。这为中国旅游业，包括出入境旅游业的发展提供了一个良好的政策环境。2023年1月开始，各国旅游业呈现强劲复苏势头。世界旅游城市联合会发布的《世界旅游经济趋势报告（2023）》指出，乐观情境下，2023年全球旅游总人次将达到119.9亿人次，将恢复至2019年的82.7%，恢复水平比2022年（71.2%）高11.5个百分点。可见，中国作为全球第一大基础性旅游市场的地位不会变。这些都要求出入境旅游从业者和旅游管理类专业的在校学生对旅游客源地和出境旅游目的地有一个全面和日益深入的了解。

　　本书就是在上述背景下，为满足国际旅游业快速恢复发展对旅游人才的需求的趋势编写而成的。编者大部分是旅游职业院校长期从事高等旅游职业教育的教师，这些教师分别具有人文地理、世界史、民俗学等方面的专业背景，使得教材内容的知识属性、文化属性和质量有了保障，有助于出入境旅游工作者讲好文化故事，促进出入境旅游的高质量发展。同时，教师们在教学研究同时，通过校企合作、旅游企业挂职实践、指导学生赴旅游企业实习实训等方式和有关旅行社有着长期的沟通和交流，熟悉旅游企业的运营和业务流程，从而能够针对出入境旅游企业的实际需要处理教材内容，增强了本书的应用性。本书还特邀河南康辉国际旅行社有限责任公司总部出入境领队、导游部经理薛阳加入编写团队，并对全书资料和案例等内容的真实性、实践性进行把控。同时，全书的思路、结构和涉及的一些学术问题得到了教育部全国旅游职业教育教学指导委员会委员、浙江旅游职业学院二级教授王昆欣为首的专家组的具体指导。上述多元化的校企合作编写团队、国家级专家指导团队的安排，使得本书的编写质量得到了基本保障。

　　本书由郑州旅游职业学院程杰晟担任主编，统一构建了全书的基本思路和框架，副主编秦合岗对主编的工作进行了有效的辅助。具体编写分工为：程杰晟编写了第一章、第二章、第七章、第八章和第九章，并对全书内容进行了统稿、定稿和补充修改工作；秦合岗编写了第三章和第四章；雷俊霞编写了第五章和第六章，并整理了全书大部分案例；张梦雨编写了第十章和第十一章，并对全书各国旅游经济数据等进行了更新；薛阳编写了第十二章，并提供了全书各国旅游政策环境的内容和有关景点图片；曲宏实整理了部分案例并编写了第十三章。

　　在本书编写过程中，华中科技大学出版社旅游分社社长李欢、资深编辑王乾通过线上和线下的方式，多次组织来自全国的本项目系列教材主编、参编教师和有关专家就教材编写问题进行专题会议研讨，特别是2023年3月武汉会议上全国专家的现场交流，对本书的编写提供了极大帮助。此外，王乾编辑还提供了大量的实用性电子资料。本书还引用了其他许多现有的材料和研究成果，这些材料和研究成果对本书的编写也提供了必要的帮助，在此一并向这些专家、学者和同仁表示感谢。

　　由于编者水平有限，尽管反复多次审阅，书中也难免有不足之处，欢迎各位读者和有关专家、学者批评指正，在此表示衷心的感谢。

编者

目录 MULU

第一篇 客源地与旅游目的地总论

第一章 世界及中国旅游业概述　　　　　　　　　　　/ 003
　第一节 世界旅游业的产生与发展　　　　　　　　　/ 005
　第二节 中国出入境旅游发展概述　　　　　　　　　/ 013

第二章 世界旅游地基础知识概述　　　　　　　　　　/ 021
　第一节 世界旅游地理概况　　　　　　　　　　　　/ 023
　第二节 世界旅游地历史人文概况　　　　　　　　　/ 028

第二篇 亚洲和太平洋旅游区

第三章 东亚　　　　　　　　　　　　　　　　　　　/ 039
　第一节 韩国　　　　　　　　　　　　　　　　　　/ 041
　第二节 日本　　　　　　　　　　　　　　　　　　/ 046

第四章 东南亚　　　　　　　　　　　　　　　　　　/ 056
　第一节 新加坡　　　　　　　　　　　　　　　　　/ 058
　第二节 泰国　　　　　　　　　　　　　　　　　　/ 063
　第三节 马来西亚　　　　　　　　　　　　　　　　/ 070

第五章　大洋洲　　　　　　　　　　　　　　　　　　　　／078
　　第一节　澳大利亚　　　　　　　　　　　　　　　　／080
　　第二节　新西兰　　　　　　　　　　　　　　　　　／088

第六章　南亚　　　　　　　　　　　　　　　　　　　　／093
　　第一节　印度　　　　　　　　　　　　　　　　　　／095
　　第二节　巴基斯坦　　　　　　　　　　　　　　　　／104

第三篇　欧洲旅游区

第七章　西欧　　　　　　　　　　　　　　　　　　　　／113
　　第一节　荷兰　　　　　　　　　　　　　　　　　　／115
　　第二节　英国　　　　　　　　　　　　　　　　　　／120
　　第三节　法国　　　　　　　　　　　　　　　　　　／128

第八章　南欧　　　　　　　　　　　　　　　　　　　　／137
　　第一节　希腊　　　　　　　　　　　　　　　　　　／139
　　第二节　意大利　　　　　　　　　　　　　　　　　／146
　　第三节　西班牙　　　　　　　　　　　　　　　　　／153
　　第四节　葡萄牙　　　　　　　　　　　　　　　　　／158

第九章　中欧和东欧　　　　　　　　　　　　　　　　　／164
　　第一节　瑞士　　　　　　　　　　　　　　　　　　／166
　　第二节　德国　　　　　　　　　　　　　　　　　　／172
　　第三节　俄罗斯　　　　　　　　　　　　　　　　　／181

第四篇　美洲旅游区

第十章　北美洲　　　　　　　　　　　　　　　　　　　／195
　　第一节　美国　　　　　　　　　　　　　　　　　　／197
　　第二节　加拿大　　　　　　　　　　　　　　　　　／206

第十一章　拉丁美洲	/ 214
第一节　墨西哥	/ 216
第二节　巴西	/ 222
第三节　阿根廷	/ 230

第五篇　中东旅游区

第十二章　中东四国	/ 239
第一节　土耳其	/ 241
第二节　沙特阿拉伯	/ 248
第三节　阿联酋	/ 252
第四节　以色列	/ 257

第六篇　非洲旅游区

第十三章　埃及和南非	/ 265
第一节　埃及	/ 267
第二节　南非	/ 277

参考文献	/ 283

第一篇

客源地与旅游目的地总论

现代旅游业是世界各国支柱性产业之一。在世界高度全球化的今天,由客源地与旅游目的地构成的全球统一旅游市场正在形成。中国出入境旅游在飞速发展中逐渐融入这个正在形成的全球统一旅游市场。了解和掌握客源地与旅游目的地有关的宏观基本知识,具有重要意义。

第一章
世界及中国旅游业概述

 本章概要

本章主要内容包括：人类旅游活动的产生，现代旅游业的产生和发展，世界旅游区概况，世界和中国的旅游管理机构和行业组织，中国现代旅游业的产生和发展，中国出入境旅游的发展和市场特征。

 学习目标

知识目标

1. 了解人类旅游活动的产生和发展、旅游业的产生；了解中国旅游业的产生和发展；了解世界旅游行业组织。
2. 理解现代旅游业的发展和趋势以及对各国经济社会发展的意义；理解中国出入境旅游市场的构成和特征。
3. 掌握旅游业的产生和发展、世界五大旅游区的概况、世界和中国旅游业的主要管理机构和行业组织、中国旅游业发展的阶段和特点。

能力目标

1. 能说出旅游业产生和发展的经过、世界五大旅游区的名称、世界和中国旅游业的主要管理机构和行业组织名称及相关知识。
2. 能解释世界旅游业产生的背景和原因、中国旅游业发展的阶段和特点。
3. 能运用所学知识对中国出入境旅游发展的趋势做出基本判断，培养学生发现问题、分析问题的能力。

素质目标

1. 通过对世界和中国旅游业发展历程的了解，培养学生的国际视野和格局。
2. 通过总结中国旅游业起步晚、发展快的特点，培养学生对中国特色社会主义的制度自信。

知识导图

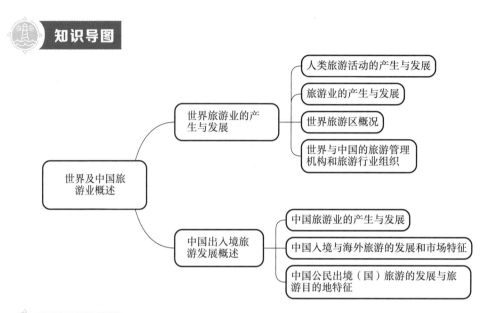

章节要点

人类的旅游活动在古代就已经产生,但是现代旅游业的产生是英国工业革命完成之后的事情。当代社会,旅游业对世界经济有着越来越重要的意义,为协调和促进世界各国旅游业的发展,世界旅游组织、中国旅游协会等旅游行业组织相继产生。在此背景下,中国旅游业包括出入境旅游持续健康发展,并呈现一些规律性特征。

章首案例

央视新闻观察《出境游市场呈加速复苏态势》

2023年2月8日晚,央视中文国际频道《中国新闻》栏目播出新闻观察——《出境游市场呈加速复苏态势》:在线旅游平台数据显示,春节过后的一周,出境团队游机票+酒店打包产品的预订数量环比假期一周增长了超过3倍。随着团队游试点恢复,各航司加快恢复国际各地区的航线,满足民众迅速增长的出行需求。自中国宣布试点恢复公民团队出境游以来,中国出境旅游市场呈加速复苏态势。在节目中,接受记者采访的亚太旅游协会首席运营官保罗·蒲昂卡恩乐观地表示,预计2023年到访亚太地区的国际游客数量将超过2019年的水平,增长率高达104%。

——资料来源:央广网

阅读案例并思考:
该新闻节目是在什么样的背景下推出的?反映了旅游行业怎样的发展状况?

第一节　世界旅游业的产生与发展

一、人类旅游活动的产生与发展

（一）人类旅游活动的萌芽

早在原始社会，萌芽性质的旅游或者旅行活动就已经产生。这一时期，人类的旅行活动以生存为主要目的，比如原始氏族部落为了规避水患等自然灾或者因部落之间的战争而被迫进行的迁移、游牧部落因生产和生活而进行的迁徙、人们因从事渔猎等生产活动而进行的远距离行动等。然而，从本质上讲，这样的现象很难界定为"旅游"，因为其主要目的并非"观光"或者"休闲"，多是被迫进行的活动。对此，我们可将其称为人类旅游活动的萌芽。

（二）人类旅游活动的发展

原始社会末期，随着生产的进步和剩余劳动成果的出现，社会财富呈现集中的趋势。随着私有制的出现和贫富分化的不断加剧，人类开始进入文明时代。在奴隶社会，奴隶制政治经济制度、生产技术和文化的发展和进步，促使了人类旅游活动的产生。拥有绝对政治权力和大量社会财富的奴隶主阶级，在追求物质生活上的奢侈享受的同时，开始追求精神方面的享乐，他们以祭祀、朝圣、巡狩、巡游为名，进行以休闲、消遣为目的（也包括祭祀和朝圣等宗教信仰的精神需求）的旅行，人类旅游活动正式产生。

世界上较早进入文明时代的古代中国、古代埃及、古代巴比伦、古代印度、古希腊和罗马，在创造了光辉灿烂的古代文明的同时，旅游活动也发展起来。比如，公元前3000多年前的古代埃及，就已经修建了规模宏大的金字塔和神庙，这些建筑除了具有神圣的宗教功能外，还具有极强的观赏价值，每年都会吸引大量的游客朝拜和观光。古希腊的提洛岛、奥林匹斯山是当时闻名的宗教圣地，宙斯神庙、帕特农神庙每年都会吸引大量的游客通过宗教旅行前来朝拜。"条条大路通罗马"的谚语说明了古罗马在旅游活动中的地位，古罗马城市广场、图拉真广场、酒神剧场、罗马斗兽场等是古罗马人旅游活动的集散地。中国商朝时期，商人阶层出现，其商务旅行非常活跃。春秋战国时期，苏秦、张仪等纵横家的政务旅行活动也很频繁。西汉的司马迁、唐朝的李白和明朝的徐霞客，不仅是著名的史学家、诗人和地理学家，还是著名的旅行家。东晋的法显、唐朝的玄奘、明朝的郑和，在古代国际旅行活动中有着重要的影响。但是，古代的旅游活动并没有旅游业作为产业支撑。

二、旅游业的产生与发展

（一）近代旅游业的产生

1. 近代旅游业产生的背景

旅游业的产生是人类社会进入资本主义时代之后的事情，工业革命为旅游业的产生提供了前提。工业革命是资本主义机器大工业代替工场手工业的人类生产方式的重大变革。从18世纪60年代到19世纪40年代，英国最先完成了工业革命，成为发达的资本主义国家。受其影响，法国、德国、意大利、美国、俄国、日本等国家也先后于19世纪中后期完成了工业革命。工业革命加速了城市化的进程，改变了人们的生活方式，枯燥的机器生产劳动使得新兴的工人阶级产生了强烈的假日休闲需求，蒸汽轮船和火车等交通工具的出现使得大规模人员流动成为可能。在这种情况下，能够为旅游者提供商业性旅游服务的近代旅游业应运而生。

2. 近代旅游业的产生与发展

近代旅游业产生于工业革命的发源地英国。1841年7月，英国人托马斯·库克在莱斯特张贴广告，招徕游客，包租了一列火车，组织了570人从莱斯特到拉夫巴勒参加禁酒大会，不仅提供午餐及小吃，还有一个唱赞美诗的乐队跟随，每位游客需支付一先令的费用。这次短途旅行活动十分成功，被称为近代商业性旅游活动的开端。

1845年8月，托马斯·库克在英格兰的莱斯特创办了世界上第一家旅行社——托马斯·库克旅行社，开始专门从事旅游代理工作。他正式组织的第一个旅行团是从莱斯特到利物浦350人的观光旅游团，从线路考察到产品设计、广告宣传、销售组团、陪同导游等方面开创了现代旅行社业务的基本模式。托马斯·库克旅行社的创立是近代旅游业诞生的标志，托马斯·库克被誉为世界旅游业的创始人。

1855年，第二届世界博览会在法国巴黎举行，托马斯·库克组织了50余万人前往参观，从此，旅游业开始扩展到其他国家。之后，托马斯·库克与其子约翰·梅森·库克合伙办理旅游业务，把公司名称改为托马斯·库克父子公司（即后来的通济隆旅游公司）。公司成立后发展很快，1890年，公司已有雇员1714名，在世界各地设有84个办事处，85个旅行社。第二次世界大战前夕，它已成为世界上最大的旅行代理公司，在56个国家设立了350个分公司或办事处。

其他国家也先后出现了专门从事旅游业的公司或组织。1850年，美国运通公司开始了旅行代理业务。1890年，法国、德国先后成立了"观光俱乐部"。1912年，日本将1893年设立的"喜宾会"改建为"日本观光局"，开始代办旅游业务并招揽外国游客。1927年，意大利成立了第一家旅行社。同年，中国第一家旅行社中国旅行社在上海成立。苏联国际旅行社成立于1929年。旅游业在世界各国发展起来。20世纪初，英国的托马斯·库克旅游公司、美国的运通公司和比利时的铁路卧车公司发展成为世界三大旅行代理公司。

(二)现代旅游业的发展

1. 现代旅游业的发展概况

20世纪中期以后,随着第二次世界大战的结束,世界各国经济的发展获得了有利的条件,各国经济得以快速恢复和发展,家庭和个人经济收入快速上升。此外,汽车、火车、飞机等现代化的交通工具在旅游业中得到广泛应用,这些因素推动了各国旅游业进入了飞速发展的快车道,并且国际跨境旅游也得到了快速发展。

根据世界旅游组织公布的数据,1950年,国际旅游量是2528.2万人次,国际旅游收入为21亿美元。到了1970年,国际旅游量达到了15967.6万人次,国际旅游收入达到179亿美元。此后,现代国际旅游从出游人数和旅游收入两个数据指标,都呈几何级数量飞速增长。1990年,国际旅游量达到了41500万人次,旅游收入达到2300亿美元。

进入21世纪,现代旅游业发展势头更为强劲。2000年,国际旅游量约为69670万人次。到了2005年,这一数据就达到了80780万人次。2008年,美国次贷危机及其影响到欧盟和日本的金融海啸等事件,也曾使得世界旅游经济短期内出现发展放缓的态势,甚至在2008年下半年到2009年一度出现负增长。但是,由于西方各国良好的经济基础,以及中国对世界经济作出的积极贡献,国际旅游业在短暂受挫之后迅速复苏。2010年,世界旅游经济实现6.7%的恢复性增长,2011—2013年,世界旅游经济同比分别实现了5%、3.9%和5%的增幅。特别是2013年中国提出"一带一路"合作倡议后,世界旅游经济的发展势头更加不可阻挡。根据中国旅游研究院发布的数据,2017年,全球国际国内旅游量约为119亿人次,其中国际旅游量为13.23亿,相较2016年增长了1.23亿人次。现代旅游业的发展极为迅猛。

疫情对国际旅游者的出行产生了重大影响。2022年,国际旅游者数量逐渐恢复到70000万人次,同比增长133%。2023年之后,国际旅游者的数量以更快的速度增长。中国旅游研究院发布的数据预计,2023年全球国际国内旅游量约为45.5亿人次,其中入出境游客人数有望超过9000万人次,旅游业成为各国经济中恢复较快的行业。

2. 现代旅游业的发展趋势与特征

当今世界,尽管存在一些不利于旅游业发展的因素,如地缘政治冲突等,为世界经济带来不确定性影响,直接或间接影响旅游业的发展。但由于世界政局的总体稳定,科学技术、交通运输、移动互联网等领域的变革加快为旅游业快速发展带来了便利,使得国际旅游业的发展整体式呈现强劲的发展势头。《世界旅游经济趋势报告(2022年)》显示,2020年之前,全球旅游总收入相当于GDP的比例持续上升。但在2020年下滑至3.7%,2021年回升至3.8%。2023年之后,随着旅游业的快速恢复,在未来相当长的一个时期内,旅游业仍将是世界各国经济的一个首要的增长点,并将长期保持这一趋势。

由于各国的政治、经济和旅游业发展模式不尽相同,世界各大旅游区和国家旅游业发展呈现不平衡特征,并可能长期存在。根据前瞻产业研究院发布的《世界旅游经济趋势报告(2022年)》,今后,旅游总人次和旅游总收入依然主要集中在欧洲、美洲和亚太地区,全球旅游业的发展呈现明显的三足鼎立特征。

从旅游总人次方面看,2021年亚太地区旅游量达到41.8亿人次,美洲地区旅游量约为11.8亿人次,欧洲地区旅游量约为10.2亿人次。总体而言,欧洲、美洲和亚太市场占据全球旅游总人次的比例高达96%。从旅游总收入方面看,2021年,亚太地区所占份额为30.0%,美洲板块份额为35.0%,欧洲板块份额为31.0%。总体而言,欧洲、美洲和亚太地区的旅游总收入占全球的比例高达96.0%。根据国际政治经济形势判断,这一状况或将长期存在。

托马斯库克集团破产,传统旅行社要成为历史了吗?

据《新京报》、"金融界"等多家媒体的报道,2019年9月23日,拥有178年历史、英国知名品牌、世界首家旅行社托马斯库克集团宣告进入破产清算,集团中的所有公司都已停止交易,门店也同时宣告关闭。同时,自2019年9月23日起,所有通过托马斯库克预订的航班和度假产品都将被取消。该公司在16个国家经营酒店、度假村、航空公司和游轮,每年接待1900万人,事件造成60万名游客被滞留在海外,迫使政府和保险公司协调大规模的救援行动。

资料显示,自2015年来,托马斯库克的业绩始终难见起色。2018年,托马斯库克净亏损达1.63亿英镑。2007年时与英国旅游度假公司MyTravel的合并重组,为托马斯库克带来了高达数十亿英镑的债务,大大拖累了托马斯库克的经营。另有分析指出,托马斯库克破产一事为英国脱欧的副作用。此外,数字化转型表现欠佳、转型成本高昂等,也成为导致托马斯库克倒闭的因素。在此背景下,迟迟未能引入新注资的托马斯库克宣告倒闭。

事实上,不仅仅是托马斯库克集团这家百年老店是这样。现在科技进步和电子商务企业的崛起,对很多传统旅行社造成了极大冲击,人们不禁要思考:传统旅行社要成为历史了吗?

——资料来源:《新京报》

请思考:

你觉得传统旅行社要成为历史了吗?说说你的看法。

三、世界旅游区概况

为协调和促进世界各国旅游业的发展,世界旅游组织下设五大区域,分别管理相应的五大旅游区的旅游事务,这五大旅游区分别是非洲旅游区、美洲旅游区、亚洲和太平洋旅游区、欧洲旅游区和中东旅游区。

(一)非洲旅游区

非洲旅游区主要包括非洲地区。非洲(Africa),全称阿非利加洲,位于东半球的西部,地跨赤道南北,西北部的部分地区伸入西半球。非洲总面积约3020万平方千米(包括附近岛屿),约占世界陆地总面积的20.2%,次于亚洲,为世界第二大洲。非洲总人口约14亿(2022年),仅次于亚洲,排在世界第二位。非洲有着丰富的历史文化遗迹、迷人的自然风光和神奇的野生动植物,是重要的旅游资源,发展旅游业有巨大的潜力。但是,由于历史上曾经长期遭受西方殖民主义国家的侵略和统治,非洲大多数国家经济社会发展落后,旅游业起步晚、基础差、发展缓慢。中华人民共和国中央人民政府2020年3月发布的数据显示,2019年,中国入境游总人数达到1.45亿人次,其中非洲占比只有1.4%。

(二)美洲旅游区

美洲旅游区位于大西洋与太平洋之间,北濒北冰洋,南隔德雷克海峡与南极洲相望,总面积约4213.8万平方千米。在自然地理上,美洲由北美洲和南美美洲及其附近许多岛屿组成,一般将巴拿马运河作为南北美洲的分界线。政治地理上,美洲包括北美洲和拉丁美洲两部分。拉丁美洲包括墨西哥、中美洲、西印度群岛和南美洲等众多国家与地区,北美洲包括加拿大、美国、格陵兰岛、圣皮埃尔和密克隆岛、百慕大群岛等众多国家与地区。北美地区是世界经济社会较发达的地区,拉丁美洲各国均属于发展中国家。美洲有丰富的旅游资源,是世界旅游业较发达和较有发展潜力的地区。2019年,中国入境外国游客中,美洲占比7.7%,是中国旅游业发展的重要客源地和旅游目的地。

(三)亚洲和太平洋旅游区

亚洲绝大部分地区位于北半球和东半球,西南部隔苏伊士运河和红海与非洲相邻,西部以乌拉尔山脉、乌拉尔河、里海、大高加索山脉和黑海海峡为界与欧洲相接,总面积约4400万平方千米,是七大洲中面积最大、人口最多的一个洲。按照地理方位,可以把亚洲分为东亚、东南亚、南亚、西亚、中亚和北亚6个组成部分。全亚洲有48个国家,其中日本、韩国、新加坡、中国部分地区经济较为发达。广义上的亚太地区包括整个太平洋东西两岸的国家和地区,狭义上的亚太地区指西太平洋地区,主要包括东亚的中国、日本、韩国、俄罗斯远东地区和东南亚的东盟国家,以及大洋洲各国。大洋洲有16个国家,主要有澳大利亚、新西兰、巴布亚新几内亚、斐济等。大洋洲各国经济发展水平差异显著。澳大利亚和新西兰是发达国家,其他岛国多为农业国,经济比较落后。

2019年,中国入境外国游客中亚洲占比75.9%,大洋洲占比1.9%。亚洲客源中大多数来自东亚和东南亚地区,大洋洲客源主要来自澳大利亚和新西兰。近30年来,东亚和太平洋旅游区是世界上经济发展较快的地区,是中国基础性客源地和旅游目的地。

(四)欧洲旅游区

欧洲旅游区位于亚欧大陆的西部,东半球的西北,总面积1016万平方千米,在世界七大洲中排名第六。欧洲历史悠久,文化厚重,是近代资本主义文明的发源地,现代工业社会和城市化开始的地方。欧洲是人类生活水平较高、经济社会、环境以及人类发展指数较高且适宜居住的大洲。欧洲旅游资源非常丰富,欧洲是现代旅游业的起源地,旅游基础设施完备,旅游业非常发达,也是世界各地游客向往的目的地。2019年,中国入境外国游客中欧洲占比13.2%,欧洲旅游区是中国旅游业发展的重要客源地和旅游目的地。

(五)中东旅游区

"中东"是欧洲人使用的一个地理术语,一般泛指地中海东部与南部区域,从地中海东部到波斯湾的西亚、北非的广大地区,总面积1500余万平方千米。中东旅游区位于欧、亚、非三洲交界的东西方交通枢纽和咽喉要道上,在世界政治、经济和军事上的具有极其重要的战略地位,加上波斯湾地区丰富的石油资源,使其成为世界历史上资本主义列强逐鹿、争夺的焦点地区。在当今世界,中东地区仍然是世界上各种社会矛盾较为尖锐、错综复杂的地区。

中东地区自古以来商业贸易发达,近代以来随着石油资源的发现,为中东地区和国家带来滚滚财源。中东地区是近些年旅游业发展较快的地区,其旅游业持续发展的关键因素是,能否保持社会稳定,为旅游业的发展提供和平安全环境。

四、世界与中国的旅游管理机构和旅游行业组织

(一)世界旅游组织

联合国世界旅游组织(United Nations World Tourism Organization,UNWTO),简称世界旅游组织,是联合国政府间国际组织之一,是旅游领域的领导性国际组织。世界旅游组织的前身是1947年在巴黎成立的国际官方旅游组织联盟,属于联合国附属机构,总部设在英国伦敦。1951年,其总部迁往瑞士日内瓦,1969年联合国大会批准其为政府间国际组织。1975年正式改用现名,总部设在西班牙首都马德里,2003年成为联合国的专门机构。

世界旅游组织的宗旨,是促进和发展旅游事业,使之有利于经济发展、国家和地区之间相互了解、和平与繁荣以及不分种族、性别、语言或宗教信仰、尊重人权和人的基本自由,并强调在贯彻这一宗旨时要特别注意发展中国家在旅游事业方面的利益。世界旅游组织在1979年第三届代表大会上确定,每年9月27日为世界旅游日,每年提出一个旅游日主题口号。1980年,第一个旅游日主题口号为"旅游业的贡献:文化遗产的保护与不同文化之间的相互理解"。关于世界旅游日的主题口号,2018年是"旅游数字化发展",2019年是"旅游业和工作:人人享有更美好的未来"。1983年,中国加入世界旅游组织。

(二)中华人民共和国文化和旅游部

中华人民共和国文化和旅游部是中国官方旅游管理机构,前身是1964年成立的中

国旅行游览事业管理局,是国务院管理全国国际、国内旅游事业的职能部门。1982年,其更名为中华人民共和国国家旅游局,为国务院直属机构。2018年3月,根据第十三届全国人民代表大会第一次会议批准的国务院机构改革方案,将国家旅游局的职责整合,组建中华人民共和国文化和旅游部,简称文化和旅游部,为国务院组成部门,正部级单位。省、市、县各级地方政府设立相应的文化和旅游厅、局等,不再保留国家和地方各级旅游局。

文化和旅游部的主要职责是:贯彻落实党的文化工作方针政策,研究拟订文化和旅游政策措施,起草文化和旅游法律法规草案;统筹规划文化事业、文化产业和旅游业发展,拟订发展规划并组织实施,推进文化和旅游融合发展,推进文化和旅游体制机制改革;组织国家旅游整体形象推广,促进文化产业和旅游产业对外合作和国际市场推广,制定旅游市场开发战略并组织实施,指导、推进全域旅游;统筹规划文化产业和旅游产业,组织实施文化和旅游资源普查、挖掘、保护和利用工作,促进文化产业和旅游产业发展;指导、管理文化和旅游对外及对港澳台交流、合作和宣传、推广工作,指导驻外及驻港澳台文化和旅游机构工作,代表国家签订中外文化和旅游合作协定,组织大型文化和旅游对外及对港澳台交流活动,推动中华文化走出去;管理国家文物局等。

1983年,国家旅游局将出土于甘肃省武威市雷台汉墓,现藏于甘肃省博物馆的东汉"铜奔马"(又称"马踏飞燕",被定为国宝级文物)确定为中国旅游标志。

(三)世界旅行社协会联合会

世界旅行社协会联合会(United Federation of Travel Agents' Associations,UFTAA),是较大的非政府间国际旅游组织。世界旅行社协会联合会于1966年在罗马成立,由国际旅行社联合会(FIAV)和旅行社协会联合组织(UOTAA)合并而成,总部设在比利时的布鲁塞尔。

作为全球认可的机构,世界旅行社协会联合会是与领先世界的各大旅行和旅游组织合作最久的谈判伙伴,负责各国政府间或非政府间旅游团体的谈判事宜。它的任务和目标是成为一个国际论坛,在这个论坛上解决影响世界旅游业的问题,在政府机构、供应商和其他国际范围内的代表面前构建平台,代表并捍卫旅行社的利益。它还致力于提高其成员的形象,旨在增强世界旅行和旅游业的可持续发展。

(四)太平洋亚洲旅游协会

太平洋亚洲旅游协会(Pacific Asia Travel Association,PATA)成立于1951年,过去总部在美国旧金山,现总部设在泰国曼谷,另外在菲律宾马尼拉和澳大利亚悉尼设有两个分部。该协会最初名为太平洋地区旅游协会,1986年改为现名,一般简称为亚太旅游协会。亚太旅游协会是一个非营利性协会,属于民间性、行业性、地区性和非政府间性质的国际旅游组织,对亚太地区旅游业的发展有重要的作用和贡献,在国际上享有盛誉。自1951年以来,亚太旅游协会一直是亚太地区旅行和旅游业的领导者和权威组织。亚太旅游协会的成员有国家旅游组织也有各种旅游协会和旅游企业,目前其会员包括:95个政府、州和城市旅游机构,25个国际航空公司和机场,108个招待组织,

72个教育机构以及亚太地区和全球数百家旅游行业公司。

亚太旅游协会的宗旨：促进地区旅游业的发展，并为世界各国旅游者到本地区的旅游以及本地区各国居民在本区内的旅游提供便利。协会每年召开一次年会，讨论和修订有关协会的长远计划。除此之外，还举办全协会性的大型活动如太平洋旅游博览会等，为会员提供旅游产品交易的谈判场所和各种商机，因此受到亚太地区旅游界的普遍重视。中国于1993年加入亚太旅游协会。

（五）世界旅游城市联合会

世界旅游城市联合会（World Tourism Cities Federation）于2012年在北京成立，总部和秘书处设在北京，官方语言为中文和英文。世界旅游城市联合会是非政府、非营利性的国际旅游组织，是首个总部落户中国的国际旅游组织。世界旅游城市联合会由北京倡导、58个会员共同发起成立，目前拥有218个会员单位，其中包含城市会员145个、机构会员73个以及6个分支机构，城市会员覆盖全球73个国家和地区，机构会员包括旅行社、传媒、机场、航空公司、酒店集团、邮轮、金融企业等。该联合会在旅游业界的吸引力、服务力、引导力和影响力全面提升，被誉为成长最快的国际旅游组织。联合会以"旅游让城市生活更美好"为核心理念，为会员提供旅游全产业链服务，推动会员之间的交流合作，推广旅游城市发展经验，宣传旅游产品和资源，促进全球旅游业繁荣发展。

（六）国际山地旅游联盟

国际山地旅游联盟（International Mountain Tourism Alliance，IMTA）是经中华人民共和国国务院批准成立的非政府、非营利性国际组织。该联盟于2017年成立于中国贵州兴义市，发起者是中国贵州省国际山地旅游发展中心，总部（秘书处）的永久所在地设在贵州省贵阳市，北京设联络处。国际山地旅游联盟登记机关是中华人民共和国民政部，业务主管单位是中华人民共和国文化和旅游部。

国际山地旅游联盟首届会员来自世界五大洲29个国家和地区共126个团体与个人，其中境外机构60家、境内机构57家、个人9名。团体会员包括世界山地旅游国家和地区的旅游机构、非营利性组织、涉旅企业、旅游相关咨询机构、旅游专业院校、航空公司、涉旅装备制造企业、户外运动组织等，个人会员有从事与山地旅游有关业务的专家、学者、企业家等。国际山地旅游联盟以保护山地资源、传承山地文明、发展山地经济、造福山地民众为宗旨，致力于山地旅游资源的保护与利用，促进旅游业的国际交往和业务合作，总结推广发展山地旅游的成功经验，促进山地经济繁荣，推动山地和生态旅游可持续发展。

（七）世界旅游联盟

世界旅游联盟（World Tourism Alliance，WTA）于2017年在中国成都成立，是由中国发起成立的非政府、非营利性质的世界性旅游组织，成立时共有89个创始会员单位，来自中国、美国、法国、德国、日本、澳大利亚、马来西亚、巴西等29个国家和地区。世界旅游联盟的组织机构由大会、理事会和秘书处组成。2017年,世界旅游联盟总部和秘书处正式落户中国杭州。世界旅游联盟以"旅游让世界和生活更美好"为宗旨,以旅游促进和平、旅游促进发展、旅游促进减贫为使命,以互信互尊、互利共赢为原则,推动全球旅游界的交流与合作。

世界旅游联盟致力于为会员提供专业服务,搭建会员之间对话、交流与合作平台,促进会员间业务合作与经验分享;以开放的姿态与相关国际组织沟通协调,促进国际旅游合作;组建高层次旅游研究和咨询机构,研究全球旅游发展趋势;收集、分析、发布全球、地区旅游数据;为政府及企业提供规划编制、决策咨询及业务培训;建立会员间旅游市场互惠机制,促进资源共享,开展旅游市场宣传推介;举办联盟年会、峰会、博览会等活动,为民间和政府搭建交流与合作的平台,推动全球旅游界与其他业界的融合发展。

(八)中国旅游协会

中国旅游协会成立于1986年,是国务院批准正式成立的第一个旅游全行业组织,是由中国旅游行业相关的企事业单位、社会团体自愿结成的全国性、行业性、非营利性社团组织,是经中华人民共和国民政部核准登记的独立社团法人。1999年,经民政部核准重新登记,该协会接受国家旅游局的领导、民政部的业务指导和监督管理。2016年12月,国家旅游局正式致函中国旅游协会,告知经民政部审核,该会已完成脱钩,开始依法独立运行。

知识活页
中国旅游协会

中国旅游协会的直属单位有中国旅游出版社、中国旅游报社、时尚杂志社、旅游信息中心和中国旅游管理干部学院(2010年5月,中国旅游管理干部学院整建制划转南开大学,同时国家旅游局与南开大学签署了框架协议,开展全面合作)。

中国旅游协会的宗旨是,遵照国家的宪法、法律、法规和有关政策,代表和维护全行业的共同利益和会员的合法权益,开展活动,为会员服务,为行业服务,为政府服务,在政府和会员之间发挥桥梁纽带作用,促进我国旅游业的持续、快速、健康发展。

第二节 中国出入境旅游发展概述

一、中国旅游业的产生与发展

(一)中国旅游业的产生

由于工业化和城市化起步较晚,中国旅游业的产生较欧美国家也比较晚。1923年8月,上海商业储蓄银行总经理陈光甫在该行设立了一个旅行部。1927年,该"旅行部"

独立挂牌注册,并更名为"中国旅行社"。这是中国近代旅游企业化的标志,也是中国现代旅游业产生的标志。1928年,陈光甫设立香港中国旅行社,推动了的中国早期旅游业的初步发展。

(二)中国旅游业的发展

中国旅游业真正得到发展是在中华人民共和国成立后,可分为4个阶段。

第一阶段是1949—1978年的外事接待阶段。

1949年,厦门华侨服务社(即后来的厦门中国旅行社)成立,这是中华人民共和国成立后我国创办的第一家旅行社,也是中国旅行社的前身。此后,泉州、深圳、汕头、拱北、广州等地也先后成立了华侨服务社,开始形成了中国旅行社的框架体系。1957年,中国华侨旅行服务社总社在北京正式成立,统筹全国各地华侨旅行服务社的工作,初步形成全国性网络。1974年,周恩来总理提议保留华侨旅行服务社总社名称,同时加用中国旅行社总社(简称中旅)名称,统一领导和协调海外华侨及港澳同胞来中国大陆探亲旅游的接待服务。

为加强对全国旅游工作的统一领导和管理,1954年,经周恩来总理批示,中国国际旅行社总社(简称国旅总社)在北京正式成立。同年,在上海、天津、广州等12个城市成立了分社。成立之初,国旅总社是隶属国务院的外事接待单位。当时,全国还没有专门管理旅游业的行政机构,国旅总社实际上代行了政府管理职能。1964年,中国旅行游览事业管理局(国家旅游局的前身)成立,和国旅总社"两块牌子,一套人马"合署办公,对旅游业实行政企合一的管理体制。这一时期,中旅和国旅总社的主要业务都是以政治接待为主,奠定了中国旅游业发展的初步基础。

第二阶段是1978—1991年,是中国旅游业产业化发展的奠基阶段。

1978年,党的十一届三中全会召开,全会的中心议题是讨论把全党的工作重点转移到社会主义现代化建设上来。1979年,邓小平同志连续发表《旅游业要变成综合性的行业》《旅游事业大有文章可做》《发展旅游事业,增加国家收入》和《把黄山的牌子打出去》4篇讲话,积极倡导发展旅游业。1982年,中国旅行游览事业管理局更名为中华人民共和国国家旅游局。1986年,第六届全国人大四次会议审议批准了国家"七五"计划,其中第七章规划了旅游业的发展,这是旅游业第一次出现在中国国民经济和社会发展计划中。这些为中国旅游业产业化发展奠定了基础并取得了显著成果。1991年,我国旅游业接待入境旅游量达到3334.98万人次,旅游创汇28.45亿美元,分别比1978年增长了18.4倍和10.8倍。

第三阶段是1992—2017年,是中国旅游业高速发展阶段。

1992年1月18日—2月21日,邓小平视察武昌、深圳、珠海、上海等地并发表重要谈话,之后全国掀起了新一轮解放思想和改革开放的热潮,为中国走上中国特色社会主义市场经济发展道路奠定了思想基础,也为中国旅游业的高速发展创造了良好的社会环境。1992年,中共中央、国务院作出《关于加快发展第三产业的决定》,明确旅游业是第三产业发展的重点。此后,中国旅游业进入高速发展阶段。1999年,中国接待入境过夜旅游者及创汇排名分别由1980年的第18位和34位跃升至第5位和第7位,国内旅游者达 7.19 亿人次,国内旅游收入 2831.92 亿元,出境实现了港澳游、边境游和出国游的全面发展。到 2017 年,中国旅游业的发展更加引人注目,根据中国旅游研究院发布的《中国国内旅游发展年度报告 2017》,2017 年我国全年旅游总收入超过 5.3 万亿元,同比增长 12.3%;国内旅游量为 48.8 亿人次,同比增长 10%;国内旅游收入达 4.4 万亿元,同比增长 12.5%。

第四阶段是从 2017 年至今,是中国旅游业从高速发展到高质量发展的转型阶段。2013 年以来,我国 GDP 增速逐年放缓,传统的外需驱动经济发展模式受到挑战,优化经济结构,转变发展方式成为我国经济持续健康发展的必然要求。2017 年,中国共产党第十九次全国代表大会在京召开,党的十九大报告指出,我国经济已由高速增长阶段转向高质量发展阶段。中国旅游业也开始从高速发展向高质量发展转型,根据腾讯文旅团队等发布的《2018 年旅游行业发展报告》:2017 年,我国旅游业对 GDP 的综合贡献为 9.13 万亿元,占 GDP 总量的 11.04%,我国旅游业对经济增长的拉动作用增强。其中,高品质旅游供给成为重点,全域旅游深化,旅游和其他产业融合加速,大数据、云计算、物联网等技术的应用推进智慧旅游快速发展。

中国旅游研究院发布的"2018 旅游经济运行盘点"系列报告之"2018 年旅游经济运行分析与 2019 年发展预测"显示,2018 年作为文化和旅游融合发展的开局之年,旅游业发展环境继续不断优化。产业创新更加活跃,以中产阶层人群为代表,追求优质产品、品质休闲和定制旅游正在成为热点。旅游品质化消费诉求带动企业产品研发和业态创新。纯玩无购物、高端酒店、专属导游、精致小团、定制游等,成为 2018 年国内游关键词。旅游服务质量稳中有升,2018 年游客对旅游服务质量的综合评价指数为 77.91,同比增长 2.50%。中国旅游业已经进入高质量发展的通道。

二、中国入境与海外旅游的发展和市场特征

(一)中国入境旅游的发展现状和特征

中华人民共和国成立后,中国旅游业的起步是从入境旅游开始的。在前述 1978 年之前中国旅游业发展的第一阶段,中国第一家旅行社厦门华侨服务社的成立,其主要工作任务,就是为接待港澳同胞和海外华侨到中国大陆入境旅游提供服务。

1978 年十一届三中全会后,中国实行改革开放,党和国家的工作重心转移到了经济建设上来,中国旅游业步入产业化发展的道路。1983 年,中国被世界旅游组织接纳为第 106 个正式成员国。1987 年起,中国连续担任世界旅游组织执委会委员。国家旅游局先后在纽约、洛杉矶、伦敦、巴黎、悉尼、东京、法兰克福、马德里、新加坡、大阪、苏黎世、多伦多等地设立旅游办事处。入境旅游作为中国旅游产业的一部分,得到快速发展。1978 年,来华旅游量只有 180.9 万人次,旅游外汇收入只有 2.63 亿美元,世界排名第 41 位;到了 1990 年,来华入境旅游量 2731.9 万人次,国际旅游收入 22.18 亿美元,均实现了十几倍的快速增长。

1991 年后,入境旅游进入高速增长时期。1996 年,中国旅游外汇收入第一次突破

知识活页

中国旅游企业中的"航空母舰"——中国旅游集团有限公司暨香港中旅(集团)有限公司

100亿美元大关。到1999年，中国接待入境过夜旅游者及创汇排名分别由1980年的第18位和34位跃升至第5位和第7位。2002年，来华入境旅游量达到9752.8万人次，是1990年的3.57倍，年均增长11.2％；国际旅游外汇收入203.85亿美元，是1990年的9.19倍，年均增长20.3％，跃居世界第5位。2012年，来华入境旅游量1.32亿人次，旅游外汇收入485亿美元，分别比2002年增长35％和137％，涨幅巨大。之后的十几年，来华入境旅游虽然受国际不确定因素的影响有所波动，但不断向前发展的态势未变。

根据国家统计局发布的数据，2019年我国入境游客量为14500万人次，同比增长2.9％；国际旅游外汇收入达1313亿美元，同比增长3.3％。中国已经成为一个巨大的国际旅游市场和旅游目的地。

（二）中国海外旅游客源市场的构成和特征

中国海外旅游客源市场分两大部分：一部分是香港同胞、澳门同胞、台湾同胞及海外华侨；另一部分是外国人。从区域来看，分为亚洲市场、太平洋市场、欧洲市场和北美市场。根据外交部公开资料，截至2023年3月，和中国正式建交的国家有182个。理论上，这些国家的公民都是中国旅游市场的客源或潜在客源。但是，入境旅游的人数是变化的，各国的情况也是不平衡的。

中国海外客源市场的构成有显著的特征。从客源上看，港澳台同胞和华侨长期是中国海外客源市场的主体。从区域上看，中国海外客源市场的主体是亚太地区（占60％），其次是欧洲市场（占25％）和北美市场（占10％）。从国籍看，中国传统十大客源市场是日本、美国、俄罗斯、英国、法国、德国、菲律宾、泰国、马来西亚、新加坡。近年来，蒙古国、澳大利亚、印度等国来华旅游人数增长较快，多次进入中国入境旅游人数前列。

综上所述，加上旅游客源市场数量众多，有些地区和国家是需要重点了解的。如亚洲的主要客源市场，包括日本、韩国、俄罗斯（东部地区为主）、马来西亚、新加坡、菲律宾、泰国、印度尼西亚、巴基斯坦和印度等；欧洲的主要客源市场，如英国、法国、德国、意大利、希腊、俄罗斯等；美洲的客源市场，如美国和加拿大等；大洋洲的客源市场，如澳大利亚和新西兰等。

三、中国公民出境（国）旅游的发展与旅游目的地特征

（一）中国公民出境（国）旅游的发展历程和现状

20世纪80年代中期以前，中国公民出境（国）旅游基本上是以外事活动为主，几乎谈不上真正意义的出境旅游，年出境量一般都在200万人次以下。1983年，中国以广东作为试点启动大陆居民出境旅游。20世纪90年代后，随着居民可支配收入的增加和生活及消费方式的转变，中国公民出境（国）旅游才发展起来。具体来说，中国公民出境（国）旅游的发展可分四个阶段。

第一，中国出境（国）旅游试探性发展阶段（1984—1989年）。

1983年,广东作为试点开放本省居民港澳探亲游。1984年,国务院批准了侨办、港澳事务办、公安部联合上报的《关于拟组织归侨、侨眷和港澳台眷属赴港澳地区探亲旅行团的请示》,规定统一由中国旅行社总社委托各地中国旅行社承办归侨、侨眷和港澳台眷属赴港澳地区探亲旅行团在内地的全部组织工作,香港地区、澳门地区的中国旅行社负责当地的接待工作,内地公民港澳游扩大到全国。1987年,国家旅游局和对外经济贸易部批准了丹东市对朝鲜新义州市的"一日游",这个文件标志着中国边境旅游的开始。这一发展阶段,中国出境旅游人数增长非常缓慢,到1989年,出境旅游量仅有300万人次左右。

第二,中国公民出境(国)旅游的初步发展阶段(1990—1996年)。

1990年,国家旅游局会同外交、公安、侨办等部门,并经国务院批准,出台了《关于组织中国公民赴东南亚三国旅游的暂行管理办法》,它标志着中国出境(国)旅游的真正发展。该文件规定,在由海外亲友付费、担保的情况下,允许中国公民赴新加坡、马来西亚、泰国(简称"新马泰")探亲旅游。继"新马泰"的开放,1992年,中国公民的旅游目的地国又增加了菲律宾。在此阶段,中国出境(国)旅游量从初期的每年300万人次左右迅速上升到1996年的500万人次。但是,因私出境(国)旅游量只有200万人次左右,增长速度非常缓慢。

第三,中国公民出境(国)旅游规范发展阶段(1997—2000年)。

1997年,国务院批准国家旅游局和公安部共同制定,并发布实施《中国公民自费出国旅游管理暂行办法》。该办法明确了中国公民自费出国旅游的原则、形式、组织管理及出国旅游目的地国家和地区的审批等关键事项,标志着中国公民出国旅游进入了一个崭新的规范化发展阶段。中国公民出国旅游目的地资格的获得采取了ADS(Approved Destination Status)协议谈判的方式。20世纪90年代末,中国政府先后批准韩国、澳大利亚、新西兰等国为公民自费出国旅游目的地国家。2000年,国务院又批准开放柬埔寨、越南、老挝、文莱、尼泊尔为中国公民自费出国旅游目的地国家,中国正式开展出境(国)旅游的目的地国家和地区已增至15个。中国公民出国旅游快速发展起来,中国公民年出境量从1997年的532万人次增长到2000年的1047万人次,几乎增长了一倍,年均增长达到25.31%;其中,因私出境旅游者开始真正迅速发展,从1997年的244万人次,增长到2000年的563万人次,增长了1.3倍,年均增长达到32%。中国出境(国)旅游的强劲增长势头受到国际旅游业界的关注。

第四,中国公民出境(国)旅游快速发展阶段(2001—2019年)。

经国务院批准,国家旅游局和公安部于2002年正式实施《中国公民出国旅游管理办法》,原"暂行办法"同时废止。该办法对中国公民出境(国)旅游活动的管理更加规范、灵活,也更加适应旅游业的发展,中国公民出境(国)旅游以更快的速度发展起来。根据《中国旅游统计年鉴(2004—2009)》的统计,2003年,中国出境旅游达2022万人次,超过日本,成为亚洲最大的客源输出国。2004年,中国出境旅游2885万人次,较2003年增长高达42.68%,成为中国公民出境(国)旅游人数增长最多的一年。受2008年美国次贷危机影响,2009年中国公民出境(国)旅游人数增长有所放缓,但随着中国经济的快速恢复,中国公民出境(国)旅游再次强劲增长,2010年出境旅游量5739万人次,较2009年增长达20.4%。之后,中国出境(国)旅游业长期保持高速增长的势头。中国旅游研究院发布的《2019年旅游市场基本情况》显示,2019年中国公民出境旅游量达15500万人次,同比增长了3.3%。中国成为世界旅游业第一大旅游客源市场。

(二)中国公民出境(国)旅游目的地的构成和特征

中国已正式开展组团业务的出境旅游目的地国家(地区)一览表

从1983年以广东作为试点启动内地居民到香港、澳门地区探亲游开始,中国政府采取"有计划、有组织和有控制"的政策发展出境旅游。20世纪90年代后,政府采取ADS(Approved Destination Status)协议谈判的方式,批准哪些国家和地区可以成为中国公民出境旅游的目的地。1999年之前,中国政府批准了我国香港、澳门等地区和新加坡、马来西亚、泰国、菲律宾、韩国、澳大利亚、新西兰等国家为开展组团业务的出境旅游目的地。2000年之后,中国明显加快了出境旅游目的地的开放步伐,根据中华人民共和国文化和旅游部发布的《已正式开展组团业务的出境旅游目的地国家(地区)一览表》:截至2019年7月,已经正式开展组团业务的中国公民出境旅游目的地国家和地区达到了131个,这些国家和地区涵盖了全球七大洲和世界旅游组织管理范围内的六大旅游区的所有大区。中国公民出境旅游已经具有极大的旅游目的地选择空间,中国出境旅游业有广阔的市场发展前景。中国公民出境旅游有明显的特征。

首先,中国公民出境旅游是从特殊群体到普通大众发展起来的。中国公民的出境活动最初是因公,如外交、体育、文化、经济等机关或企事业单位人员因公出国。1983年后,中国开始允许在港澳地区有亲属担保并提供相关费用的情况下出境旅游。1990年,《关于组织中国公民赴东南亚三国旅游的暂行管理办法》出台后,中国出境(国)旅游的公民也局限于在泰国、新加坡和马来西亚有亲友帮助支付旅游费用的特殊群体。1997年,《中国公民自费出国旅游管理暂行办法》出台后,出境旅游的中国公民的开始从上述特殊群体扩大到有经济力量的其他普通旅游者。

其次,中国公民出境旅游目的地国家(地区)的放开,呈现出由近及远发展到世界各地的特征。中国最初放开的中国公民出境旅游目的地是香港和澳门,1990年放开的是东南亚的泰国、马来西亚和新加坡,1992年放开了菲律宾,1998年放开了韩国。1999年,放开北京、上海、广州这3个地区的中国公民赴澳大利亚和新西兰旅游。2006年,全国各地中国公民均可到澳大利亚旅行。2000—2005年,逐步放开中国公民赴日本旅游。之后,中国公民出境旅游目的地由近及远放开的速度逐渐加快,截至2019年7月,中国公民出境旅游目的地扩展到全球6大旅游区的131个国家。

最后,中国公民出境旅游目的地国家(地区)呈现不平衡性特征。中国公民出境(国)旅游目的地有地域上的广泛性,但仍以亚洲为主。2006年,中国公民出境旅游第一站按照人数排名,列前10位的国家和地区依次是中国香港、中国澳门、日本、韩国、泰国、俄罗斯、美国、新加坡、越南、马来西亚,其中70%都属于亚洲的国家和地区。李中建、孙根年(2019)通过对2012—2016年中国游客出境旅游的时空分析、旅游偏好指数分析表明,中国出境游客偏爱亚太地区出国旅游,市场占比在10%以上,受影响较大的区域主要分布在亚洲—太平洋地区,对日韩和东盟10国的影响力最大,对美国及欧洲、非洲部分国家有一定的影响力,对西欧、南欧、南美、非洲大部分国家的影响力一般。随着中国经济社会的发展,中国公民对其他大洲和旅游区,尤其是欧洲、美洲、大洋洲等发达国家和地区的出游意愿强烈,美国、加拿大、澳大利亚、新西兰、英国、法国、德国、意大利和北欧等发达国家在中国出境(国)旅游市场中增长强劲,有着巨大的发展潜力。

2018年中国旅游市场基本情况

2018年,文旅融合开局顺利,按照"宜融则融、能融尽融;以文促旅、以旅彰文"的工作思路,以文化拓展旅游经济发展空间,以供给侧结构性改革促进品质旅游发展,不断增强民众对旅游的获得感。国内旅游市场持续高速增长,入境旅游市场稳步进入缓慢回升通道,出境旅游市场平稳发展。全年,国内旅游量为55.39亿人次,比上年同期增长10.8%;入出境旅游量为2.91亿人次,同比增长7.8%;全年实现旅游总收入5.97万亿元,同比增长10.5%。初步测算,全年全国旅游业对GDP的综合贡献为9.94万亿元,占GDP总量的11.04%。旅游直接就业2826万人,旅游直接和间接就业7991万人,占全国就业总人口的10.29%。

——资料来源:中华人民共和国文化和旅游部

思考并讨论:

中国出入境旅游市场有怎样的特点?中国出入境旅游在2020年以前呈现怎样的发展趋势?

本章小结

本章内容主要介绍了世界及中国旅游业产生和发展的基本情况、世界旅游区概况、中国旅游业及出入境旅游市场发展现状和趋势,并总结了中国出入境旅游市场的基本特征,明确了中国出入境旅游客源地和旅游目的地的重点,如亚洲的韩国和日本,东南亚的新加坡、泰国、马来西亚,大洋洲的澳大利亚和新西兰,欧洲的英国、法国、德国、俄罗斯等,以及美洲的美国和加拿大等。同时,介绍了世界和中国的旅游管理机构和旅游行业组织。掌握这些知识,对学生进一步学好这门课具有基础性作用。

能力训练

1. 中国入境旅游是如何发展起来的?试分析中国海外旅游客源国市场的构成和特征。

2. 中国出境旅游是怎么发展起来的?试分析中国公民出境旅游目的地的构成和特征。

第二章
世界旅游地基础知识概述

 本章概要

本章主要内容包括：世界旅游地理基本知识，包括世界自然旅游地理、著名自然景观、人文旅游地理和著名人文景观；世界旅游地历史人文基本知识，包括世界历史发展的基本线索和基本知识、世界建筑文化的基本知识等。

 学习目标

知识目标

1. 了解世界自然旅游地理和人文旅游地理的宏观综合知识对课程学习的基础性意义和作用；了解世界旅游地人文历史宏观综合知识对课程学习的基础性意义和作用。
2. 理解陆地、水体、气象气候等自然地理要素对塑造自然旅游景观的作用；理解人口、民族、语言等人文地理要素在旅游活动中的作用；理解世界历史和世界建筑综合知识对旅游工作者的意义。
3. 掌握世界上著名的海洋、山地、江河、湖泊、瀑布的名称、特点和位置；掌握世界上著名的气候旅游地代表性国家或城市；掌握人口数量分布、民族种类和名称以及语言等方面的基本人文地理知识；掌握世界历史发展的基本进程和各国影响世界的重大历史事件；掌握世界上有影响的三大建筑体系和代表性建筑及其分布等。

能力目标

1. 能解释世界自然旅游地理和人文旅游地理具体知识的背景；能解释世界历史发展各阶段的历史发展特征；能解释重大历史事件对世界历史的影响；能解释世界三大建筑中代表性建筑的艺术特征。
2. 在学习和掌握世界旅游地理和历史人文基本知识的同时发现问题、分析问题并解决问题。
3. 能将世界自然地理、人文地理、世界历史、建筑文化等方面的知识应用到旅游实践工作中去，不断提高运用相关知识做好旅游服务工作的能力。

客源地与旅游目的地概况

素质目标

1. 通过世界旅游地理和历史人文知识的学习,塑造学生放眼全球的宏观视野和思想格局。
2. 通过相关知识的学习,融入中国地理历史有关知识,培养学生的爱国情感和文化自信。

知识导图

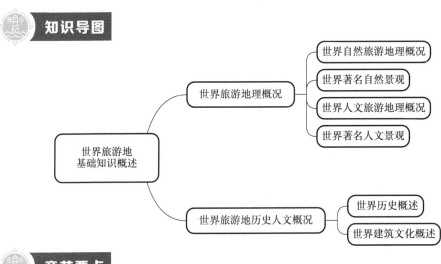

章节要点

客源地与旅游目的地概况课程的重点内容是五大旅游区各个国家和地区的有关知识。但是,五大旅游区的地区和国家又共同构成一个紧密联系的整体。从整体上了解和掌握世界旅游地理和世界历史人文方面的整体综合知识,有助于了解和掌握旅游客源地和目的地的具体知识。

章首案例

游客信心正在恢复,有信心前往更远的目的地

调查结果显示,受访者中,期望选择的出境旅游目的地以欧美、东亚、中国港澳台地区居多,较2021年有明显变化。远程目的地开始进入受访者的视野,甚至成为优先选项,从一个侧面反映了游客的信心正在加速恢复,有信心前往更远的目的地。与2021年相比,欧美作为出境旅游目的地跃居第一位,超过了东南亚和中国港澳台地区。选择欧美作为出境旅游目的地的受访者比例较2021年提高了26%。

——中国旅游研究院《中国出境旅游发展年度报告(2022—2023)》

阅读案例并思考:

你认为中国游客出境旅游目的地的整体格局发生了怎样的变化?你对此有何思考?

第一节 世界旅游地理概况

一、世界自然旅游地理概况

(一)陆地地形

地球表面由陆地和海洋两大部分组成,地表总面积5.1亿平方千米,其中海洋面积3.61亿平方千米,陆地总面积1.49亿平方千米,分别占地球总面积的71%和29%。地球上的陆地被海洋分割开来,海洋则是连成一体的。

1.陆地的构成

陆地分为大陆、岛屿和半岛。地球上有6块大陆,按面积大小依次为亚欧大陆、非洲大陆、北美大陆、南美大陆、澳大利亚大陆和南极大陆。大陆和它附近的岛屿总称为"洲"。全球有7大洲,按面积大小依次为亚洲、非洲、南美洲、南极洲、欧洲和大洋洲。

2.陆地形态

陆地形态指的是地貌形态或地形地貌。地球表面高低起伏,形态多样,大致可分为5种地貌形态:平原、山地、高原、丘陵和盆地。对旅游业具有重要意义的地貌形态是山地。世界上的高大山脉大致分布在两大地带:一是环绕太平洋两岸的南北向地带,主要有北美洲至南美洲的科迪勒拉山系、亚洲和大洋洲太平洋沿岸及边缘海外围岛屿上的山脉;二是大致呈东西向横贯亚洲、欧洲南部和非洲北部地带,其中著名的山脉有亚洲的喜马拉雅山脉、欧洲南部的阿尔卑斯山脉、非洲北部的阿特拉斯山脉等。其中,世界最高峰是喜马拉雅山脉的珠穆朗玛峰,海拔8848.86米,有"地球第三极"之称。

(二)地球水体

地球上最主要的水体是海洋,但又不仅仅是海洋。地球上的水体主要包括海洋、湖泊、江河、泉水、瀑布、冰川、高山积雪等不同形态,这些都是重要的旅游资源。

1.海洋

海洋是地球上体量最大的水体,主要的大洋有4个,即太平洋、大西洋、印度洋、北冰洋,它们之间以陆地和海底地形线为界。人类的海洋旅游活动主要集中在大陆边缘,尤其是中低纬度的海滨和岛屿,如地中海、加勒比海、亚澳陆间海、夏威夷海滨等。这些海滨和岛屿终年温暖湿润,舒适宜人,加上和煦的阳光、洁净的海水和柔软的沙滩,是开展"3S"(Sun,阳光;Sand,沙滩;Sea,海洋)休闲旅游的理想目的地,邮轮旅游、游泳、滑水、游艇、划船、冲浪等是常见的海上旅游活动。

2. 湖泊

湖泊素称"大地明珠",是陆地表面天然洼地中积蓄的水体,是陆地水的重要形式。湖泊可以开展避暑、游泳、泛舟、垂钓、滑水等休闲旅游活动,还可品尝水鲜美食,是陆地水域旅游活动的重要场所。世界上湖泊总面积约为270万平方千米,占世界陆地面积的1.8%,主要分布在亚洲、欧洲、北美洲和非洲。如亚洲的里海和咸海、北美洲五大湖(苏必利尔湖、休伦湖、密歇根湖、伊利湖和安大略湖)、非洲东部裂谷带内的坦喀尼喀湖、维多利亚湖、马拉维湖等。亚洲的里海面积达37万平方千米,是世界上最大的湖泊。北美五大湖中的苏必利尔湖面积8.21万平方千米,是世界上最大的淡水湖。

3. 江河

江河是生命的源泉,也是人类文明的发源地,如黄河、尼罗河、恒河、幼发拉底河与底格里斯河等孕育了灿烂的古代文明,产生了古代中国、古代埃及、古代印度和古代巴比伦等文明古国。河流通常可分为河源地、上游、中游、下游、河口五段,各具旅游特色。世界著名的河流有非洲尼罗河,全长6671千米,为世界第一长河;南美洲的亚马孙河,流域面积约700万平方千米,年平均流量17.5万立方米/秒;亚洲第一大河是中国的长江,全长约6300千米。

4. 泉水

地下水的天然露头称为"泉"。泉按矿化程度分,可分为淡水泉和矿泉;按水温分,可为冷泉(25℃以下)、微温泉(25—33℃)、温泉(34—37℃)、热泉(37—42℃)、高热泉(高于42℃)、沸泉(100℃或高于当地沸点)6种。世界温泉的分布与火山分布规律一致,集中分布在环太平洋周围及地中海、喜马拉雅山两大火山地震带上。温泉旅游资源比较丰富的国家有日本、捷克、罗马尼亚、保加利亚等,被称为"温泉之国"。中国辽宁和黑龙江等地的温泉旅游资源也比较丰富。

5. 瀑布

瀑布是从河床纵断面或悬崖处倾泻而下的水流,由溪流、跌水和深潭组成,是陆上非常活跃、生动的水景。世界著名的瀑布有南美洲委内瑞拉境内的安赫尔瀑布,落差980米,是世界上落差最大的瀑布;巴西与阿根廷之间的伊瓜苏大瀑布宽约4000米,是世界上最宽的瀑布;亚洲柬埔寨与老挝之间的孔恩瀑布是世界上水量最大的瀑布,年平均流量达11610立方米/秒。美国和加拿大之间的尼亚加拉瀑布、赞比亚和津巴布韦之间的维多利亚瀑布、巴西和阿根廷之间的伊瓜苏大瀑布被称为"世界三大跨国瀑布"。中国瀑布也比较多,其中贵州黄果树瀑布、山西黄河壶口瀑布、黑龙江镜泊湖吊水楼瀑布被称为"中国三大名瀑"。

(三)气象气候

1. 温度带和气候类型

地理学根据气温不同,一般将地球划分为5个大的温度带:北寒带、北温带、热带、南温带、南寒带。处于不同温度带的地区气候有不同的差异,再加上地形地貌、季风、洋流、海陆位置等因素的影响,不同的温度带气候差异很大,甚至相同的温度带气候也有差异,全球各地形成了复杂多样的气候类型。具体来说,全球气候类型大致可分为

13种：热带雨林、热带草原、热带沙漠、热带季风、地中海气候、亚热带季风性湿润气候、亚热带沙漠气候、温带海洋性气候、温带大陆季风性湿润气候、温带大陆气候、亚寒带针叶林气候、极地冰原和极地苔原气候、高原山地气候。

2.气象气候景观和旅游地

气象气候景观主要有流云飞雾、云海日出、冰雪雾凇、佛光蜃景和极光等，都具有极高的旅游观赏价值。而气候宜人的地方是人们休闲度假的旅游目的地，又分为避寒和避暑两类。世界有名的避暑城市有很多，如中商产业研究院发布的2018年全球避暑名城，排在前10位的分别是：俄罗斯圣彼得堡、中国昆明、丹麦哥本哈根、荷兰阿姆斯特丹、奥地利维也纳、芬兰赫尔辛基、瑞士卢瑟恩、南非开普敦、中国贵阳以及卢旺达基加利。十大避寒胜地分别是巴巴多斯（西印度群岛）、佛得角群岛（大西洋）、风向群岛（多米尼加）、尼加拉瓜（拉丁美洲）、巴基斯坦（亚洲）、沙巴（马来西亚）、沙捞越（马来西亚）、苏里南（拉丁美洲）、多哥（非洲）、瓦利斯和富图纳群岛（大洋洲）等。

二、世界著名自然景观

（一）世界七大自然奇观

美国人洛厄尔·托马斯漫游世界时，发现了许多令人兴奋和神往的奇景，他经过反复挑选，选出了"世界七大自然界奇观"：美国的科罗拉多大峡谷、非洲的维多利亚瀑布、世界最高峰珠穆朗玛峰、美国肯塔基州的地下洞穴猛犸洞、阿拉斯加的冰河湾、俄罗斯的贝加尔湖、美国的黄石公园。

（二）世界新七大自然奇观

总部设在瑞士的"世界新七大奇迹基金会"，于2011年通过其官网公布了"世界新七大自然奇观"的初步评选结果，它们分别是：巴西的亚马孙、越南的下龙湾、阿根廷的伊瓜苏大瀑布、韩国的济州岛、印度尼西亚的科莫多国家公园、菲律宾的普林塞萨地下河以及南非的桌山。

三、世界人文旅游地理概况

（一）世界人种和人口

1.世界人种

人种也称种族，是指在体质形态上具有某些共同遗传特征的人群。现代人类学者根据肤色、发型、眼色、鼻型、身高等，把世界居民分为四大人种：白色人种（欧罗巴人种，主要分布在欧洲、美洲和南亚）、黄色人种（蒙古人种，主要分布在亚洲和北美洲）、黑色人种（尼格罗人种，主要分布在撒哈拉以南的非洲、美洲和印度）、棕色人种（主要分布在大洋洲）。

知识活页

最孤独的工作：无人海岛招聘岛主

2. 世界人口

根据新华社的消息，联合国宣布，世界人口在2022年11月15日这天达到80亿。世界人口分布在除南极洲之外的六大洲，亚洲最多，占世界人口一半以上，欧洲其次，大洋洲最少。从地域上看，世界有三大人口密集地带：最密集的是东亚东部、东南亚、南亚这一弧形地带，约占一半的世界人口；其次是欧洲西部、中部和东部（英国东南部、法国、比利时、德国、波兰至俄罗斯的欧洲部分），有6亿以上世界人口；第三大人口密集地带是北美的大西洋沿岸和五大湖区（五大湖区至芝加哥、匹兹堡、底特律、多伦多、渥太华、蒙特利尔等构成横带，大西洋沿岸从波士顿、纽约、费城、华盛顿形成纵带），人口在1亿以上。这三大地带面积占世界陆地面积的15%，人口却占世界总人口的60%以上。从国别看，截至2023年，人口超过1亿的国家有15个，分别是中国（14.12亿）、印度（14.2亿）、美国（3.33亿）、印尼（2.76亿）、巴西（2.03亿）、巴基斯坦（2.4亿）、尼日利亚（2.22亿）、孟加拉国（1.7亿）、俄罗斯（1.46亿）、墨西哥（1.29亿）、日本（1.26亿）、埃塞俄比亚（1.12亿）、菲律宾（1.1亿）、埃及（1.04亿）和刚果民主共和国（1.02亿）。其中，超过10亿的人口大国有2个，即中国和印度。

（二）世界民族和语言

1. 民族

民族是在历史上形成的，具有共同语言、共同地域、共同经济生活，以及表现于共同文化上的共同心理素质的稳定的共同体。不同民族，在语言、宗教、社会制度、生活习惯、物质文化等方面有很大差异。目前，世界上共有2000多个大小不同的民族，其中人口超过1亿的民族有7个，分别为汉族、印度斯坦族、美利坚族、俄罗斯族、孟加拉族、大和族和巴西族。

2. 语言

世界上有很多种语言，法国科学院认定为2796种。19世纪，欧洲的比较学派研究发现，有些语言的某些语音、词汇、语法规则之间有对应关系，有相似之处。据此，研究者把世界上的语言分为七大语系：印欧语系（最大的语系，下分印度、伊朗、日耳曼、拉丁、斯拉夫、波罗的等语族）、汉藏语系（下分汉语和藏缅、壮侗、苗瑶等语族，包括汉语、藏语、缅甸语、克伦语、壮语、苗语、瑶语等）、阿尔泰语系（下分突厥、蒙古、通古斯等语族）、闪含语系（下分闪米特语族和含米特语族，闪米特语族包括阿拉伯语、希伯来语等；含米特语族包括古埃及语、豪萨语等）、德拉维达语系（又称达罗毗荼语系，印度南部的语言都属于这一语系）、高加索语系（主要的语言有格鲁吉亚语、车臣语等）、乌拉尔语系（下分芬兰语族和乌戈尔语族，芬兰语族包括芬兰语、爱沙尼亚语等，乌戈尔语族包括匈牙利语、曼西语等）。

我们需要重点了解的是，世界上使用最广泛的语言，是联合国6种官方工作语言：汉语、英语、俄语、法语、西班牙语、阿拉伯语。

（三）世界各国

1.世界各国概况

截至2023年，世界上共有233个国家和地区，其中主权国家有195个，地区有38个。这些国家根据经济社会发展程度的不同，可分为发达国家和发展中国家。发达国家是指那些经济和社会发展水准较高，人民生活水准较高的国家。联合国发布的《2023年世界经济形势与展望》中显示，目前全球发达国家有36个，欧洲占绝大多数，高达31个，包含欧盟成员国、冰岛、挪威、英国和瑞士。其他5个发达国家分别是北美洲的美国和加拿大、亚洲的日本和大洋洲的澳大利亚以及新西兰。

2.世界各国与中国的关系

世界上绝大多数国家与中国有正常的外交关系。截至2023年8月，世界上195个主权国家（加上2个准主权国家纽埃、库克群岛，一共197个），与中国建交的国家有182个。仍有14个国家（除去中国自身）未与中国建交，包括：亚洲1个（不丹）；欧洲1个（梵蒂冈）；非洲1个（斯威士兰）；大洋洲4个（图瓦卢、马绍尔群岛、帕劳、瑙鲁）；北美洲6个（危地马拉、伯利兹、海地、圣基茨和尼维斯、圣卢西亚、圣文森特和格林纳丁斯）；南美洲1个（巴拉圭）。和中国建立正式外交关系的国家，理论上都是中国的旅游客源国或潜在的旅游客源国。

世界上233个国家和地区中，大多数已经在旅游领域和中国展开密切的合作。2023年8月，中华人民共和国文化和旅游部办公厅发布《关于恢复旅行社经营中国公民赴有关国家和地区（第三批）出境团队旅游业务的通知》，与前两批合计，中国公民出境团队旅游的国家（地区）数量已经达到139个，这为中国出境旅游业的发展提供了坚实的基础。

知识活页
中国和洪都拉斯建交

四、世界著名人文景观

（一）世界七大奇迹

最早提出"世界七大奇迹"的说法的是公元前3世纪腓尼基的旅行家安提帕特，还有一种说法是由公元前2世纪的拜占庭科学家斐罗提出的。世界七大奇迹，又称古代世界七大建筑奇迹，指的是公元前3世纪左右，在地中海东部沿岸地区7座宏伟的建筑和雕塑。它们分别是：埃及胡夫金字塔、巴比伦空中花园（现伊拉克，遗址无存）、阿尔忒弥斯神庙（遗址在土耳其）、奥林匹亚宙斯神像（古希腊，焚毁）、摩索拉斯陵墓（遗址在土耳其）、罗德岛太阳神巨像（希腊，无存）和亚历山大灯塔（埃及，沉入海底）。目前，除了埃及金字塔，其他六大奇迹都已不复存在。

（二）世界中古七大奇迹

由于上述奇迹大多已经毁灭，后人又提出了世界中古七大奇迹。即意大利罗马斗

知识活页
英格兰巨石阵

兽场、利比亚沙漠边缘的亚历山大地下陵墓、英格兰巨石阵、中国万里长城、中国南京大报恩寺琉璃宝塔、意大利比萨斜塔、土耳其索菲亚大教堂（圣索菲亚圣殿）。

（三）世界新七大奇迹

瑞士商人、旅行家贝尔纳·韦伯在1999年创立"世界新七大奇迹"基金会。2007年，该基金会在葡萄牙里斯本评选出"世界新七大奇迹"，名单是：中国万里长城、约旦佩特拉古城、巴西里约热内卢基督像、秘鲁马丘比丘遗址、墨西哥奇琴伊查库库尔坎金字塔、意大利罗马斗兽场、印度泰姬陵。但是，此次评选因为其商业目的和投票的代表性而受到权威机构联合国教科文组织的质疑。

第二节　世界旅游地历史人文概况

一、世界历史概述

根据马克思历史唯物主义关于社会经济形态发展的理论，世界历史可分为四个阶段：上古史（相当于原始社会和奴隶社会阶段）、中古史（相当于封建社会阶段）、近代史（相当于资本主义阶段）、现代史（人类社会向社会主义社会过渡的新的历史时期）。尽管不是所有民族、国家或地区的历史都无一例外地按照这个序列向前发展，但这种分期方法却能从整体上大致勾勒出世界各个国家和地区历史演进的纵向发展过程。在这个纵向发展过程中，世界历史也有一个横向发展过程，即世界各地区之间由彼此分散到逐步联系密切，终于发展成为一个紧密联系的整体的世界历史。

（一）上古史阶段

从史前一直到公元476年西罗马帝国的灭亡，是世界上古史。距今300万—350万年前，地球上出现了人类，人类社会历史进入原始社会阶段，即史前时期。人类在这一时期经历了能人、直立人、早期智人和晚期智人等阶段，最后完成了从原始人向现代人的进化。按照社会组织形式，原始社会先后经历了血缘家族和氏族公社两个阶段。约公元前4000年，西亚两河流域和非洲尼罗河流域出现了最早的奴隶制国家，人类历史进入奴隶制社会时期。奴隶社会又分为三个阶段。

第一阶段，是奴隶制国家产生和发展时期（公元前4000年—公元前2000年）。这一时期，西亚的两河流域、埃及的尼罗河流域、南亚的印度河流域、中国的黄河流域和爱琴海的克里特岛产生了世界上第一批奴隶制国家，其中古代埃及、古代巴比伦、古代印度和古代中国被称为"四大文明古国"。这一阶段后期，随着青铜器的广泛使用，新的奴隶制国家开始出现。

第二阶段,是奴隶社会繁荣、奴隶制专制帝国建立和强盛时期(公元前1000年—公元2世纪)。这一时期,随着铁器的使用和生产力的进一步发展,西亚、南亚和地中海地区出现了一些新的奴隶制国家,经过激烈的分化组合,它们发展成为一些地域广阔的奴隶制中央集权的专制帝国,如亚述帝国、新巴比伦王国、波斯帝国、亚历山大帝国、孔雀王朝、罗马帝国、安息帝国、贵霜帝国等,奴隶制文明臻于繁荣。这一时期的中国,经过夏商周三代的发展,奴隶制度已经走到了尽头,约公元前3世纪建立秦汉帝国,率先进入封建社会。

第三阶段,是奴隶社会衰亡和封建社会形成时期(公元3—5世纪)。公元3世纪,西亚的安息帝国灭亡。之后,横跨中亚和南亚次大陆北部的贵霜帝国日益衰落,称霸地中海区域的罗马帝国陷于奴隶制危机。公元476年,西罗马帝国灭亡,标志着世界上古史的结束和中古史的开端。需要说明的是,由于世界历史发展的不平衡性,世界各国奴隶制瓦解、封建制产生的时间是不同步的,如中国最早是在公元前5世纪,西欧是在公元5世纪,中东地区兴起的阿拉伯帝国是在公元7世纪,日本也是在公元7世纪,俄罗斯则没有经过奴隶社会,公元9世纪由原始社会直接过渡到封建社会。总体而言,公元5世纪开始,世界各地区主要国家向封建社会过渡已经成为世界历史发展的主流。

(二)中古史阶段

世界中古史从公元476年西罗马帝国灭亡开始,止于1640年英国资产阶级革命爆发。这是封建社会产生、发展、繁荣和走向衰亡的时期,也是人类世界从分散孤立到走向统一的整体世界的发展时期,可以分为两个阶段。

第一个阶段从公元476年西罗马帝国灭亡到公元15世纪末新航路开辟。这是封建社会产生、发展和繁荣的时期,主要表现有:西欧经历了从法兰克王国到查理曼帝国的发展和分裂;中国创造了魏晋南北朝到隋唐时期封建社会的繁荣,并经历了元明封建帝国的建立和发展;阿拉伯帝国和蒙古帝国的兴衰、东罗马帝国的兴衰和奥斯曼土耳其帝国的兴起等。这一时期,游牧民族和野蛮民族对古老文明与帝国的侵袭和征服,促进了新文明的诞生和古老文明的更新。例如,以匈奴和鲜卑人为主的中国北方民族对中国中原封建王朝的侵袭、日耳曼人对西罗马帝国的征服、斯拉夫人对拜占庭帝国的入侵、突厥人从中亚到西亚和东欧的扩张,以及蒙古人的大征服等。这种征服和侵袭,也包括新兴封建国家对古老封建国家的侵略,如公元11—13世纪的十字军东征、奥斯曼土耳其帝国的崛起及其对东南欧的征服等,体现了世界历史的横向发展,促进了亚欧大陆各民族的互相融合,加强了各地区人民之间的经济文化联系。

第二阶段从公元15世纪末新航路开辟到1640年英国资产阶级革命爆发前夜。这是封建社会走向衰落和资本主义萌芽产生的时期。公元14—15世纪,资本主义萌芽最先在意大利半岛产生,随后在北欧的尼德兰地区和西欧出现。在此基础上,发生了新航路开辟和殖民掠夺。还有反映新兴资产阶级要求的文艺复兴、宗教改革。这不仅加速了西欧封建制度的解体,而且对东欧和亚、非等地的封建国家也产生了强烈的冲击。

知识活页

罗马帝国的基本概念

其后经过二三百年的时间,资本主义制度先后在荷兰、英国、法国、美国等欧美国家确立。之后,世界其他地区和国家也先后产生了资本主义并开始向资本主义时代过渡。

(三)近代史阶段

史学界传统观点认为,世界近代史开始于1640年英国资产阶级革命爆发,终结于1917年俄国十月社会主义革命和第一次世界大战爆发。世界近代史是资本主义产生、确立和发展的历史,可分为两个时期。

第一阶段从公元1640—1871年,是资本主义在欧美先进国家胜利和确立的时期,也可称为"自由"资本主义时期。

这一阶段,主要的历史事件有英国资产阶级革命的胜利,确立了资产阶级占统治地位的君主立宪制度;美国独立战争推翻了英国在北美的殖民统治,建立了资产阶级性质的"美利坚合众国";法国资产阶级革命,极大地促进了资本主义在欧洲的广泛发展;随后,工业革命相继在英国、法国、美国和德国出现,人类进入机器大工业时代,极大地促进了生产力的发展,进而引起了广泛而深刻的社会变革,欧洲三大工人运动(法国里昂工人起义、英国宪章运动、德国西里西亚纺织工人起义)表明无产阶级作为独立的力量登上历史舞台。19世纪40年代,马克思主义诞生,在近现代世界历史上产生了深远的影响。1848年,欧洲爆发了规模空前的资产阶级民族、民主革命,促进了资本主义的进一步发展,资本主义世界市场基本形成。在此基础上,资产阶级革命和改革运动重新高涨,意大利和德国分别完成了统一,俄国废除了农奴制,美国通过南北战争废除了奴隶制,到19世纪60年代末,欧美大国均确立了资本主义的统治。与此同时,欧美资本主义国家对落后地区和国家加紧掠夺和瓜分,激起了被压迫民族和人民的激烈反抗。19世纪中叶,从波斯湾、印度到中国,亚洲出现了第一次反殖民主义、反封建主义的革命高潮。日本通过明治维新,成为亚洲唯一避免殖民地或半殖民地命运的国家,走上资本主义发展道路。

第二阶段从公元1871年巴黎公社成立到1917年俄国十月社会主义革命和第一次世界大战爆发。

这个阶段的前期,是"自由"资本主义向垄断资本主义过渡的时期。主要事件有:1871年巴黎公社革命建立了人类历史上第一个无产阶级政权;19世纪最后30年,欧美主要资本主义国家的生产和资本的集中加速,垄断组织广泛出现,开始向垄断资本主义过渡;欧美各国工人阶级纷纷建立工人政党,马克思主义进一步传播。1889年,在恩格斯的指导下,第二国际成立。这个阶段的后期,是世界资本主义发展到帝国主义的阶段。主要表现是:资本主义社会的各种矛盾,即无产阶级与资产阶级之间、殖民地半殖民地与帝国主义之间、帝国主义列强之间的矛盾急剧发展,而沙皇俄国成为这一切矛盾的焦点,促进了1903年列宁主义的诞生;帝国主义列强为争夺殖民地和势力范围,拼命扩充军备,结成互相对立的两大军事集团,终于造成第一次世界大战的爆发。战争带来人类空前灾难的同时,也削弱了帝国主义的力量,为无产阶级革命提供了条件。1917年俄国十月社会主义革命取得胜利,产生了人类历史上第一个无产阶级专政的社会主义国家。十月革命的胜利推动了整个欧洲和殖民地半殖民地的革命运动,在客观上促进了世界大战的结束。

(四)现代史阶段

世界现代史是20世纪初以来的历史。1917年,俄国十月革命开辟了人类历史的新纪元,诞生了人类历史上第一个社会主义国家——苏联。十月革命的胜利,使得世界范围内的社会矛盾发生的深刻变化,除了帝国主义国家中无产阶级和资产阶级的矛盾,殖民地半殖民地国家同帝国主义国家之间的矛盾,帝国主义国家之间的矛盾之外,又增添了资本主义和社会主义两种不同的社会制度之间的矛盾,这些矛盾的存在和发展,构成了世界现代史的基本内容。重大的历史事件有:第一次世界大战、十月社会主义革命、凡尔赛华盛顿体系的建立、两次世界大战之间亚非拉民族民主革命与改革、20世纪30年代资本主义危机与法西斯政权的建立、第二次世界大战、战后雅尔塔体系的建立和两极世界格局的形成、第三次科技革命、两大阵营的分化和第三世界的兴起、苏联解体东欧剧变和两极世界格局的终结、中国改革开放取得举世瞩目伟大成就等。

二、世界建筑文化概述

古代世界的建筑因着文化背景的不同,曾经有过大约7个独立体系,其中有的或早已中断,或流传不广,对世界的影响也就相对有限,如古代埃及、古代西亚、古代印度和古代美洲建筑等。只有中国建筑、欧洲建筑、伊斯兰建筑历史悠久,广泛流传,被认为是世界三大建筑体系,又以中国建筑和欧洲建筑延续时间最长、流传最广,成就也更为辉煌。

(一)中国建筑

中国建筑有7000年以上有实物可考的历史,3000年前已形成以木构架为结构、以院落为基本布局的独特建构方式和建筑艺术。中国木结构建筑在原始社会萌芽的基础上,通过奴隶社会到封建社会初期的积累,逐步形成了一个独特的建筑体系,是世界建筑艺术史上重要的组成部分。在漫长的封建社会里,从单体建筑、群体建筑到城市规划,中国古代劳动人民创造了很多优秀的建筑作品,是人类建筑艺术宝库中的珍贵遗产。

中国建筑类型多样,艺术水平高超,具有极高的旅游观赏价值,主要包括:军事防御建筑,如万里长城(见图2-1);宫殿建筑,如北京故宫、沈阳故宫、西藏布达拉宫等;坛庙建筑,如北京天坛、太庙、历代帝王庙、曲阜孔庙、太原晋祠等;园林建筑,如北方皇家园林、南方私家园林;陵寝建筑,如北京明十三陵、河北清东陵和清西陵、南京明孝陵、佛教和道教宫观建筑等。此外,还有北京四合院、徽州民居等,都是人类建筑史上的珍品。

图 2-1　中国长城

知行合一

我们的祖先创造了骨架结构法
——一个伟大的传统

在地形、地质和气候都比较不适宜于穴居的地方，我们智慧的祖先很早就利用天然材料——主要是木料、土与石——稍微加工制作，构成了最早的房屋。这种结构的基本原则，至迟在公元前一千四五百年间大概就形成了的，一直到今天还沿用着。

——资料来源：梁思成《中国建筑艺术》

请思考：
你认为中国建筑这个"伟大的传统"的伟大表现在哪些方面呢？

（二）欧洲建筑

欧洲建筑是分布在欧洲各个国家和地区古代建筑的统称。根据历史发展的不同阶段，先后有古希腊、古罗马、拜占庭、罗马风、哥特式、文艺复兴、古典主义建筑、巴洛克和洛可可等多种建筑风格。其特点或简洁、线条分明、强调柱式、讲究比例和对称，或尖顶高耸、直插云端，或运用色彩和光影进行视觉冲击、形成庄严肃穆的气氛，或通过华丽的装饰给人雍容华贵的感觉等。

很多欧洲历史建筑历经千年仍保存完整，具有极高的观赏价值。代表性的古希腊建筑有希腊雅典的帕特农神庙；古罗马建筑代表有万神殿（见图2-2）、罗马斗兽场和君士坦丁凯旋门等；拜占庭建筑的杰出代表是位于今土耳其伊斯坦布尔的圣索菲亚大教堂、意大利威尼斯的圣马可教堂；罗马风建筑中著名的是意大利比萨大教堂。此外，还有德国的圣米迦修道院、法国的勃艮第大教堂等；哥特式建筑的代表有法国的巴黎圣母院、亚眠主教堂和德国的科隆主教堂、意大利米兰大教堂等；文艺复兴时期的建筑有意大利佛罗伦萨主教堂、梵蒂冈圣彼得大教堂;古典主义建筑有法国枫丹白露宫、卢浮宫、凡尔赛宫、巴黎万神庙、英国伦敦大英博物馆、俄罗斯圣彼得堡冬宫、美国华盛顿国会大厦等。

图 2-2　罗马万神殿(薛阳　供图)

(三)伊斯兰建筑

伊斯兰建筑是伊斯兰艺术的重要组成部分和主要表现形式之一,涵盖了从公元7世纪伊斯兰教的兴起至21世纪在穆斯林地区和伊斯兰文化圈内形成的各种建筑风格与样式。伊斯兰建筑的基本类型包括清真寺、陵墓、宫殿、要塞、学校和各类文化设施。伊斯兰建筑风格,一部分吸收了拜占庭建筑风格,另一部分则是西亚地区的传统建筑风格。当然,还可以上溯到波斯帝国时期的建筑风格。一般采用立方体建筑形式,顶上加建穹顶,加以叠涩拱券、彩色琉璃镶嵌以及高高的邦克楼(又称宣礼塔、光塔、唤拜塔)等。

伊斯兰建筑常见的是清真寺,著名的是沙特阿拉伯麦加穆斯林禁寺。其中,"克尔白天房"为世界穆斯林做礼拜时的正向,是伊斯兰教的最高圣地。麦地那的先知寺是伊斯兰教第二大圣寺,地位仅次于麦加的禁寺。耶路撒冷的阿克萨清真寺,又称为"远寺",是伊斯兰"三大圣地"之一。此外,比较著名清真寺还有耶路撒冷的圆顶清真寺、叙利亚大马士革清真寺、伊斯兰堡的费萨尔清真寺(巴基斯坦的国家清真寺)、土耳其伊斯坦布尔的蓝色清真寺、科尔多瓦大清真寺(西班牙)、伊朗国王清真寺(伊斯法罕)等。还有宫殿和陵墓等伊斯兰建筑类型,著名的有西班牙格拉纳达的阿尔罕布拉宫、印度阿格拉的泰姬陵等,都以高超的建筑艺术闻名,是世界文化遗产。

除了上述三大建筑体系,还有一些国家和地区的历史建筑也非常伟大,虽然建筑风格没有延续下来成为影响世界的建筑体系,但是其留存的建筑极具价值,如埃及的吉萨金字塔群和卢克索阿蒙神庙等。

教学互动

当我们游遍世界各地,欣赏各种自然和人文景观的时候,大自然的伟力和人类的创造力都非常令人惊叹。

思考并讨论:

1. 说出北美五大湖所处的位置和名称,著名的世界三大跨国瀑布是哪些?
2. 世界三大建筑体系是哪些?各自有哪些代表性建筑?

本章小结

客源地与旅游目的地课程的学习,如果一开始就一个国家一个地区地去学习,难免会"一叶障目,不见泰山"。为了提高读者的整体观和大局观,从而更好地学习和了解中国旅游客源地和旅游目的地的具体知识,本章我们从世界范围内的全局层面介绍了世界旅游地理、世界历史、世界建筑等方面的综合知识,以此为基础,再重点按照国家和地区来学习相关知识,以达到事半功倍的效果。

能力训练

案例分析:

中国和所罗门群岛建立外交关系

央广网北京(2019年)9月22日消息(记者冯悦):据中央广播电视总台中国之声《新闻和报纸摘要》报道,《中华人民共和国和所罗门群岛关于建立外交关系的联合公报》(简称《公报》)2019年9月昨天(21日)在北京签署。《公报》指出,中华人民共和国和所罗门群岛根据两国人民的利益和愿望,兹决定自公报签署之日起相互承认并建立大使级外交关系。

《公报》还指出,两国政府同意在相互尊重主权和领土完整、互不侵犯、互不干涉内政、平等互利、和平共处的原则基础上发展两国友好关系。所罗门群岛政府承认世界上只有一个中国,中华人民共和国政府是代表全中国的唯一合法政府,台湾是中国领土不可分割的一部分。中华人民共和国政府对所罗门群岛政府的上述立场表示赞赏。

——资料来源:央广网

阅读上述材料,结合本章所学知识,分析并回答下列问题:

1. 目前截至2023年,世界上有多少个国家(和地区)？目前和中国建立正式外交关系的国家有几个?

2. 截至2023年,中国已正式开展组团业务的出境旅游目的地国家(地区)有几个？试分析这些国家(和地区)在中国出境旅游业发展中的地位。

第二篇

亚洲和太平洋旅游区

亚洲和太平洋旅游区主要包括东亚、东南亚、大洋洲等区域的国家（地区），是世界五大旅游区之一，也是世界上人口较多、近年来旅游业发展较快的旅游区。这一旅游区各国经济社会发展水平差异显著，其中，日本、韩国、新加坡、中国台湾和中国香港地区经济社会及旅游业较为发达，泰国、马来西亚、印度尼西亚、菲律宾也是重要的新兴经济体，经济社会和旅游业发展水平较高，是中国重要的客源地和旅游目的地。其他许多国家多为农业国，经济社会发展相对落后。南亚地区部分国家也将在本篇加以介绍。

第三章
东　亚

 本章概要

本章主要内容包括：东亚地区的韩国和日本等国家旅游地理、历史人文、政治经济、旅游环境、民俗风情和旅游资源等基本知识。学好本章内容，可以为做好本旅游区相关国家的游客团队接待和出境东亚旅游区旅游领队工作打好基础。

 学习目标

知识目标

1. 了解东亚地区的主要旅游客源地和旅游目的地，比较重要的是韩国和日本等国家。
2. 理解东亚地区主要国家和地区在中国出入境旅游市场中的重要地位。
3. 掌握韩国和日本等国家的基本知识，包括地理环境、历史文化、政治经济、民俗风情和主要旅游资源等。

能力目标

1. 能说出东亚主要国家的旅游地理基本知识，如国家名称、地理位置、首都和主要旅游城市、著名旅游景点等知识。
2. 能理解东亚主要国家的历史事件、文化成就、政治经济状况和民俗风情等，并能够对其中的重要问题进行阐释。
3. 能用所学知识对东亚地区重点国家和地区，如韩国和日本等国家的主要旅游城市、代表性景点进行导游讲解。

素养目标

1. 通过古代韩国和日本相关历史知识的学习，了解中国历史文化对韩国和日本这两个邻国的深刻影响，增强学生的自豪感和文化自信。
2. 通过近代历史，特别是近代日本对东亚等地区的侵略史，培养学生的爱国情感和对世界和平的珍爱。

知识导图

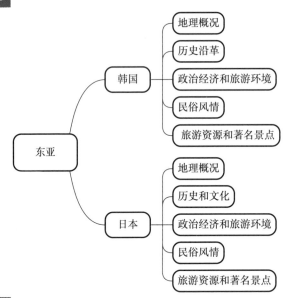

```
                     ┌─ 地理概况
                     ├─ 历史沿革
              ┌─ 韩国 ┼─ 政治经济和旅游环境
              │      ├─ 民俗风情
              │      └─ 旅游资源和著名景点
      东亚 ───┤
              │      ┌─ 地理概况
              │      ├─ 历史和文化
              └─ 日本 ┼─ 政治经济和旅游环境
                     ├─ 民俗风情
                     └─ 旅游资源和著名景点
```

章节要点

韩国和日本都是中国重要的邻国,历史上深受中国传统儒家文化的影响,在当代也都和中国有着紧密的经济社会联系和频繁的民间交流,是中国重要的客源地和旅游目的地。韩国和日本两国的历史文化、民俗风情,以及主要旅游城市和景点是本章学习的要点。

章首案例

"大邱中韩友好之夜"活动

2022年12月22日,驻釜山总领事陈日彪出席"大邱中韩友好之夜"活动并作主旨致辞,大邱市政府代表国际关系大使秦硕勋、韩国国会议员金相勋、洪硕畯、李仁善、大邱南区厅长赵在九等政要,大邱、庆北、蔚山等市道政治、经济、文化教育、媒体、宗教界人士及中资企业、华侨华人代表等300多人参加,大邱中国文化院院长安嬛郁、韩中经济文化教育协会理事长申京淑、大邱庆北韩中友好协会事务局长金炯达、大邱庆北华侨华人联合会会长肖娟、韩国中国商会釜山分会副会长张国辉等主办(承办、协办)单位负责人与会。王从容参赞等陪同。

——资料来源:中华人民共和国驻釜山总领事馆

阅读案例并思考:

上述活动的背景是什么?对中韩两国的旅游合作有何影响?

第一节 韩 国

一、地理概况

(一)自然地理

1. 位置和面积

韩国位于亚洲东部朝鲜半岛南部,东靠日本海,西临黄海,南隔朝鲜海峡和对马海峡与日本相望。朝鲜半岛以北纬38°线为界,分为朝鲜和韩国两个国家,北部的朝鲜面积约12.3万平方千米,南部的韩国面积约10.3万平方千米。

2. 地理特征

朝鲜半岛多山,山地面积占半岛整体的80%,主要有太白山脉、北部的金刚山、妙香山,南部的雪岳山、智异山、汉拿山,属于中国长白山系的延伸。朝鲜半岛的河流有大同江、汉江、洛东江、清川江等。韩国属于温带季风气候,夏季温热多雨,冬季寒冷干燥,年平均气温13—14℃。

(二)人文地理

1. 人口、民族、语言和宗教

截至2023年4月,韩国约5162万人。韩国居民属于单一民族国家,官方语言是韩国语。韩国语在中国和日本语言学方面的学术名称为"朝鲜语",但在中国和日本民间中,也经常称"韩国语"或"韩语"。韩国宗教信仰多元,主要有佛教、基督教和天主教。

2. 首都和行政区划

韩国首都是首尔(原名汉城,2005年,时任市长李明博正式宣布"서울"的中文译名改为首尔)。韩国全国划分为1个特别市(首尔特别市);2个特别自治市(道),即世宗特别自治市和济州特别自治道;8个道,包括京畿道、江原道、忠清北道、忠清南道、全罗北道、全罗南道、庆尚北道、庆尚南道;6个广域市,分别是釜山、大邱、仁川、光州、大田、蔚山。

3. 国家象征

韩国国旗是太极旗,整体构图体现中国典籍《易经》思想,国旗底色为白色,象征韩国人民的纯洁和对和平的热爱。韩国的国歌是《爱国歌》,是朝鲜的一首著名古曲,地位类似于中国的《满江红》。

韩国的国徽中央为一朵盛开的木槿花。木槿花的底色白色象征着和平与纯洁,黄色象征着繁荣与昌盛。花朵的中央被一幅红蓝阴阳图代替,它不仅是韩国文化的一个传统象征,而且在此代表着国家行政与大自然规律的和谐。一条白色饰带环绕着木槿花,饰带上缝着国名"大韩民国"四个字。

韩国的国花是木槿花,韩国人也叫它"无穷花"。

二、历史沿革

朝鲜半岛上的朝鲜和韩国有共同的历史,两国都是单一的朝鲜民族国家,有共同的文化传统,我们可以对整个朝鲜半岛的历史做一个整体的了解。

(一)古代朝鲜半岛

1. 箕子朝鲜和卫满朝鲜

中国战国至秦汉时期文献《山海经》《尚书大传》《管子》等书中,最早出现"朝鲜"的记载。根据这些记载,"朝鲜"位于中原以东的大海中,并且是周朝分封殷商贵族箕子之地,其语义不明,有"日出之地"等多种解释。朝鲜半岛第一个王朝是公元前11世纪开始的箕子朝鲜。根据司马迁《史记·朝鲜列传》,西汉初年,燕国人卫满(姬姓卫氏,卫国宗室后裔)率千余人进入朝鲜,推翻箕子朝鲜,建立卫满朝鲜,这是朝鲜半岛历史上较早得到考古及文献证明的国家。

2. 汉四郡、三韩和三国并立

公元前108年,汉武帝吞并朝鲜,在朝鲜半岛北部设乐浪郡(今平壤)、玄菟郡、真番郡、临屯郡,史称"汉四郡"。当时,朝鲜半岛南部有3个小部族,分别是马韩、辰韩、弁韩,合称"三韩",这是现在"大韩民国"国名的来源。后来,朝鲜半岛北部出现高句丽王国,南部的三韩演变为百济和新罗,朝鲜半岛形成三国并立的局面。

3. 从新罗到高丽

公元7世纪,新罗统一朝鲜半岛。公元918年,王建灭新罗后建立高丽王朝,公元936年灭百济,实现"三韩统一",都城为开京(今朝鲜开城)。之后长达400多年的时间里,高丽是朝鲜半岛历史上的统一国家,"高丽人"也成为全球朝鲜民族的别称。

4. 李氏朝鲜

公元1392年,高丽大将李成桂夺取政权建立朝鲜王朝,又称"李氏朝鲜",简称"李朝",是朝鲜半岛历史上最后一个统一封建王朝。李氏朝鲜首都最初在高丽王朝的故都开京,后定都汉城(今韩国首尔)。

(二)近现代朝鲜半岛

1910年,李氏朝鲜被日本所灭,朝鲜半岛沦为日本的殖民地。第二次世界大战结束时,美苏两国以北纬38°线为界,分别进驻朝鲜半岛南部和北部。1948年,朝鲜南部成立大韩民国,朝鲜北部成立朝鲜民主主义人民共和国。1950年,朝鲜战争爆发;1953年,参战双方签订停战协定,仍以"三八线"为界,分为韩国和朝鲜两个国家。

三、政治经济和旅游环境

（一）政治制度

现代韩国深受美国影响，1987年制定了新宪法，规定韩国是一个议会民主制国家，奉行"三权分立"原则，立法权属于国会，司法权属于独立的法院，行政权属于以总统为首的政府。韩国政体是总统内阁制，总统享有国家元首和武装力量总司令的权力，有权任命总理，但无权解散国会。韩国总统由国会以间接选举的形式选举产生，任期5年，不得连任。

（二）社会经济

朝鲜战争后的20世纪60年代以来，韩国政府实行了"出口主导型"开发经济战略，创造了被称为"汉江奇迹"的经济高速增长期，并跻身"亚洲四小龙"之一。韩国是一个发达的资本主义国家，是亚太经合组织（APEC）、世界贸易组织和东亚峰会的创始成员国，也是APEC、二十国集团和联合国等重要国际组织成员。韩国经济以制造业和服务业为主，半导体、电子、汽车、造船、钢铁、化工、机械、化妆品等产业均进入世界前10名。大企业集团在韩国经济中占有十分重要的地位，主要有三星集团、现代集团、SK集团、LG集团、浦项制铁集团、韩华集团等。

2022年，韩国国内生产总值（GDP）为1.66万亿美元，人均GDP 3.3万美元。韩国货币名称为韩元，根据2023年6月汇率，1人民币≈180韩元。

（三）旅游环境

中韩于1992年8月24日建交，之后两国关系在各个领域都取得快速发展。韩国政局目前总体稳定，治安状况良好，社会稳定，犯罪率较低，投资环境总体良好，具有较强吸引力。韩国的社会治安和民众自觉性都很强。在韩国，处处可以看到电视监控，警车巡逻非常认真且频繁，偷盗抢劫等案件很少。因此，韩国有较好的旅游环境，持有有效合法护照和签证就能在韩国进行愉快的旅行。

四、民俗风情

（一）姓名习俗

朝鲜民族的姓氏中，父姓世代相传，女子婚后不改姓。韩国人姓在前，名在后，名字一般为两个音节。兄弟之间名字中大都有一个字相同，表示辈分，这些和中国传统相同。金、李、朴、崔、郑为韩国"五大姓"，占全体国民一半以上。韩国女子起名多用顺、玉、姬、子等字或者这些字的组合。

(二)礼仪

韩国人十分注重礼仪礼节。他们重视地位、辈分、老幼、男女之别,长幼之间、上下级之间、同辈之间的用语有严格区别,尊敬长者、孝顺父母、尊重老师是社会风俗。韩国人受儒家文化影响较深。在韩国,出门、上车等一般是男子先行;聚会致辞常以"先生们、女士们"开头;在宴会等社交场合,男女分开活动;女子发笑时要掩嘴。

(三)饮食和服饰

韩国人传统饮食以米饭或面食为主食,以肉类和蔬菜为副食。特色风味菜有泡菜、烤肉、火锅、生鱼片、生牛肉等。传统的酒有用糯米酿成的浊酒、药酒和烧酒。

服饰方面,韩国传统服装富有民族特点,色调以白色或浅色为主。男装主要有袄裤、坎肩、长袍等。女装的最大特点是袄短,紧贴身。裙子分为长裙和筒裙,婚后妇女穿长裙,婚前女子穿筒裙。长裙上及胸部,下至脚跟,宽舒自由。鞋如船形,鞋尖上翘。但是城市居民和年轻人则喜欢现代流行服饰。

零下10℃,也要喝冰水的国家

2018年冬,3位中国姑娘到韩国旅游,他们品尝各式各样的泡菜、甜辣软糯的炒年糕、炸鸡、热腾腾的石锅拌饭,感受源自朝鲜时代宫廷料理——韩定食。除了主食外,一碟一碟各式小菜摆满桌面,蒸、煮、烤、炸,多样的料理方式,烹饪出丰富的菜色。

韩式烤肉,将一片紫苏叶子放在一块烤熟了的肉片上,再加几片蒜片,抹点辣椒酱,焦脆的油脂混合着辛香的大蒜塞进嘴里,辣而不腻,堪称人间美味。

参鸡汤,久经熬煮的鸡肉入口即化,塞在鸡腹中的人参、糯米、红枣等食材增添了汤的浓厚,喝上几口,寒冷瞬间驱散。

但是,中国姑娘们发现,在韩国她们很难喝到一杯热水,这里无论男女老少,一年四季都爱喝冰水,据说因为韩国人爱吃辣,冰水可以解辣。

——资料来源:根据有关资料整理

请思考:

针对有饮食禁忌的游客,出境前应该提醒他们什么?

(四)娱乐和节庆

朝鲜民族崇尚体育。女性喜欢跷跷板、荡秋千,男性喜欢摔跤和球类运动,中国象棋和围棋也很流行。

朝鲜民族能歌善舞。舞蹈有传统的宫廷舞和民俗舞,扇子舞是较能代表朝鲜民族舞蹈风格的优美舞式。民俗舞蹈中,著名的是太鼓舞和杖鼓舞。

朝鲜半岛的民族节庆活动深受中国文化的影响。诸如春节、元宵节、清明节、端午节、中秋节等,在朝韩两国均为传统节日。

五、旅游资源和著名景点

(一)旅游业和旅游资源

韩国的旅游业起步于20世纪50年代中期,20世纪60年代后期初步得到发展。20世纪80年代,韩国提出"旅游立国"的口号,入境旅游发展迅猛。1988年,韩国借汉城奥运会的机遇接待国际游客首次突破200万大关,1991年又突破300万人次,2003年接待475.3万人次。近年来,韩国政府将旅游业确定为战略产业,积极鼓励和发展旅游业,通过对外宣传"韩流"文化、简化热点旅游地区入境手续、完善国内旅游市场、改善国内旅游硬件设施、提升相关服务水平,吸引国外游客。

据韩方统计,2019年访韩外国游客为1700余万人次,创历史最高。2022年,访韩外国游客达319.8万人次。

(二)主要旅游城市和旅游景点

韩国的主要旅游城市除了首都首尔外,还有釜山、仁川、蔚山、大邱、大田、光州、水原、济州市等。截至2019年,韩国拥有14处世界遗产,其中,世界文化遗产13处和世界自然遗产1处,包括首尔宗庙、昌德宫、庆州历史遗址区、韩国新儒学书院等。韩国第一大岛——济州岛是著名的旅游胜地,岛上有瀑布、海滩、浴场、绿树红花等自然风光,韩国最高峰——汉拿山也屹立于此。

韩国的首都首尔是全国的政治、经济、文化中心,也是韩国著名的旅游城市。首尔始建于公元前18年,公元1392年李氏朝鲜建都于此,历代王朝在此修建了许多宫殿,故首尔享有"皇宫之城"的美誉。这里名胜古迹甚多,主要有景福宫、南大门、昌德宫、庆阳宫等,还有曹溪寺等420余座寺庙。首尔近代建筑有青瓦台(现总统府)、国立博物馆、国立民俗博物馆等。

第二节　日　本

一、地理概况

（一）自然地理

1. 位置和国土面积

日本位于亚洲东北部、太平洋西岸。日本东部和南部为太平洋，西临日本海、东海、黄海、朝鲜海峡，隔海分别和朝鲜、韩国、中国、俄罗斯、菲律宾等国相望。日本是一个岛国，由北海道、本州、四国、九州4个大岛和周围6800多个小岛组成，因此也被称为"千岛之国"。日本陆地面积37.8万平方千米。

2. 自然地理特征

日本多山，山地呈脊状分布于日本的中央，将日本的国土分割为太平洋一侧和日本海一侧，山地和丘陵占总面积的71％，大多数山为火山，因此日本多火山地震，但这也赋予了日本较多的温泉，使日本成为世界上著名的"温泉之国"。日本的最高峰是富士山，海拔3776米，被日本人尊称为"圣岳"。

日本国土森林覆盖率高达67％，但是自然资源贫乏，工业资源多靠进口。日本海岸线3.4万千米，是海岸线较长的国家。日本属温带海洋性季风气候，终年温和湿润，南北气温差异十分显著，大部分地区四季分明，6月多梅雨，夏秋季多台风。由于千岛寒流与日本暖流的交汇，日本北海道渔场是世界著名的渔场之一。

（二）人文地理

1. 人口和民族

日本人口约1.22亿（2022年），是世界上人口密度较大的国家。日本人口分布不均衡，城市化人口76％，大中城市人口稠密，以东京、大阪、名古屋为中心的"三大都市圈"集中了一半的人口。但是近年来，日本人口呈现负增长趋势，且老龄化严重，65岁及以上的老年人约占总人口的29％。

日本民族构成单一，以大和族为主，仅有极少数的阿伊努族人（又称"虾夷族"）分布在北海道地区。

2. 语言和宗教

日本官方语言是日本语，简称"日语"，是以东京语为基础而确定的标准语，全国通用，北海道地区有少量民众使用阿伊努语。日本是一个多宗教信仰的国家，有神道教、佛教、基督教等多种宗教，绝大多数居民信仰神道教和佛教。神道教是日本本土宗教。

佛教于公元6世纪由中国经朝鲜传入日本,属大乘佛教。基督教在公元16世纪初传入日本。

3.首都和行政区划

日本首都是东京。日本全国分为1都(东京都)、1道(北海道)、2府(大阪府、京都府)和43个县(省),下设市、町、村。其办事机构称"役所",即市役所、町役所、村役所;行政长官称"市长""町长""村长";中央政府部门叫"省",如厚生劳动省等;其他政府机构称"厅",即都厅、道厅、府厅、县厅;行政长官称"知事"。行政区划中,都、道、府、县是平行的一级行政区,直属中央政府,都拥有自治权。

4.国家象征

日本国旗正式名称为"日章旗""日之丸旗",也称"太阳旗"。旗面上一轮红日居中,辉映着白色的旗面,白色象征神圣和纯洁,红色象征忠诚。传说日本是太阳神所创造,天皇是太阳神之子,日章旗即来源于此。公元8世纪时,日本天皇开始使用这面旗帜,后来的江户幕府和明治政府先后沿用。公元19世纪中叶开始,所有日本船只都悬挂日之丸旗,它逐渐成为代表日本的旗帜。1945年,日之丸旗成为日本代国旗。1999年,日本国会通过《国旗国歌法》,将日之丸旗定为日本的国旗。

日本国歌是《君之代》,国徽是皇室的菊花纹徽。由于日本法律没有确立正式的国徽,因此习惯上,日本皇室的家徽"十六瓣八重表菊纹",即菊花纹徽章被广泛作为日本代表性的国家徽章而使用。日本内阁所使用的代表徽章"五七梧桐花纹",也常在国际场合及政府文件作为国家徽章而使用,例如日本入境许可贴纸的底纹。

日本的国花是樱花(民间)和菊花(皇室),国鸟是绿雉,国石是水晶,货币是日元。

二、历史和文化

(一)历史沿革

1.古代日本

公元1—2世纪,日本才进入奴隶社会,当时出现了100多个小"国家"。公元3世纪,日本西部形成了早期的奴隶制国家——雅马台国。公元4世纪中叶,在本州中部,以大和地方为中心兴起了一个更发达的奴隶制国家——大和国。这一时期,中国的先进技术和知识传入日本,日本开始使用中国的汉字。

2.封建社会时期

公元645年,孝德天皇仿照中国唐朝的政治经济制度,进行"大化革新",建立了以土地国有为基础、以天皇为绝对君主的中央集权制国家,日本进入封建社会。孝德天皇改大和国为"日本国",意为"日出之国"。

日本的封建社会分两个阶段。第一个阶段是天皇和权势贵族掌权时期,这一时期天皇是最高统治者。根据帝都的变迁,可分为三个历史时代:飞鸟时代、奈良时代和平安时代。第二个阶段是幕府政治时期,这一时期,天皇大权旁落,武士阶层掌握实权,最高统治者称为"幕府将军",对各地方领主领地和臣民实行统治。这个阶段先后经历了镰仓时代、南北朝时代、室町时代、安土桃山时代、江户时代等几个历史时期。

3.近现代的日本

公元1868年,明治天皇发布"王政复古"诏书,推翻了德川幕府的统治,并全面学习西方,在政治、经济、文化等方面进行了一系列改革,史称"明治维新"。形成了以天皇制为中心的中央集权的资本主义制度,日本进入资本主义时期。明治维新后,资本主义得到迅速发展,并走上帝国主义侵略扩张道路。第二次世界大战后日本战败投降,美军进驻日本,日本成为美国的附庸国。在美国的监控下,1947年5月,日本实施新宪法,日本由专制天皇制转变为议会内阁制国家。天皇仅为国家象征。1989年,明仁天皇即位,年号"平成",这一时期称为"平成时代"。2019年4月1日,日本官房长官菅义伟宣布,"令和"被选为日本新年号。2019年5月1日,天皇德仁在东京的皇居举行即位仪式,成为日本第126代天皇,日本开始进入"令和时代"。

(二)日本文化

1.文学艺术

日本文学艺术在古代深受中国影响。公元8世纪初,《古事记》《日本书纪》和《万叶集》的出现,标志着日本文学的形成。公元11世纪,深受中国传统文化影响的《源氏物语》达到了日本古典现实主义文学的高峰。日本传统文学还有和歌、俳句和川柳等独特的文学形式。

近代以后,在西方文化影响下,出现了有影响的新派作家和作品。20世纪初,夏目漱石以《我是猫》奠定了其在近代日本文学史的崇高地位,被称为"国民大作家"。第二次世界大战后,日本产生了许多世界级作家。1968年,川端康成以《雪国》《古都》《千只鹤》三部代表作品获得诺贝尔文学奖。1994年,大江健三郎成为第二个获得诺贝尔文学奖的日本作家,获奖作品是《个人的体验》《万延元年的足球队》。日本其他著名的作家还有村上春树等,代表作有《挪威的森林》《海边的卡夫卡》等。

日本传统绘画有大和绘、浮世绘、锦绘,传统乐舞艺术有歌舞伎、猿乐、田乐、能乐等。日本现代音乐影视艺术在世界上也有重要影响,著名艺术家有宫崎骏,代表作品有动画电影《天空之城》《龙猫》等,《千与千寻》获第75届奥斯卡金像奖。此外,著名指挥家小泽征尔、作曲家久石让、钢琴家内田光子等都有广泛的影响。

2.传统艺道

艺道是在中国传统文化的影响下,日本传统社会崇尚的修身养性、培养情操的艺术和艺能,代表性的有书道、花道、茶道等。书道即书法,花道即插花艺术,茶道是在接待宾客时表演的沏茶、品茗的技艺。

在日本,影响深远的是武士道。武士道起源于古代的日本,但是"武士道"一词在江户时代才出现。武士道的渊源可以追溯到中国的孔孟之道和神道教、佛教。武士道,或者武士道精神,是日本封建社会中武士阶层的道德规范以及哲学。武士道是基于一些传统美德,如忠、义、勇、仁、礼、诚、名誉、克己的精神信仰。只有通过践行这些美德,一个武士才能够保持其荣誉。目前,武士和武士制度虽然消亡,但是作为一种价值观,武士道精神仍然对现代日本人有很深的影响。

3.传统体育

日本传统体育形式有柔道、空手道、相扑等。

柔道是日本传统的以健身为目的的攻防武术,进行较量的双方不用武器,而是巧借对手的攻击力量来控制对手。空手道也是一种赤手空拳的武术。

相扑最初产生于中国,秦汉时期叫"角抵",南北朝到南宋时期叫"相扑",传入日本后得到极大发展,成为日本的"国技"。相扑最初是日本神道教的宗教仪式,在奈良和平安时期,相扑成为一种宫廷观赏运动。到了镰仓时期,相扑成为武士训练的一部分,在武士中盛行。公元18世纪,开始出现营利性的职业相扑运动,直到目前,其在日本民间仍十分盛行。

相扑

4.教育与科技

日本极其重视教育,高等教育发达,有东京大学、京都大学等7所旧帝国大学,还有早稻田大学等著名私立大学。日本科学技术世界瞩目,截至2021年,已有28名日本人获得了诺贝尔奖(包括3名美籍日裔诺贝尔奖获得者)。其中,东京大学、京都大学和名古屋大学诞生了日本乃至亚洲最多的诺贝尔奖得主。

三、政治经济和旅游环境

(一)政治制度

目前,日本实行的是立法、行政、司法三权分立的议会内阁制度,天皇是国家象征,无权参与国政。国会分参众两院,是最高权力机构和唯一的立法机关。内阁为最高行政机关,最高行政长官是首相(内阁总理大臣),由国会选举产生,天皇任命。最高司法机关是裁判所,即法院。

(二)社会经济

日本自然资源虽然严重缺乏,但经济高度发达。日本在第二次世界大战的侵略战争中战败后,国民经济遭受毁灭性打击。但第二次世界大战后的20年间,日本的经济年均增长率达8%,迅速跃跨入发达国家行列。1968年,日本经济跃居世界第二位,仅次于美国。1985年的"广场协议"、1997年亚洲金融危机、2008年美国次贷危机等对日本经济造成了一定的打击。总体来说,日本经济基础雄厚,是世界第三经济大国,国民拥有很高的生活水平。

日本内阁府公布的统计结果显示,2022年,日本实际国内生产总值(GDP)约546万亿日元,同比增长1.1%。截至2022年12月,日本外汇储备为12276亿美元。汇率为1美元≈149.94日元(2023年10月)。

(三)旅游环境

1972年9月29日,中日两国签署《中华人民共和国政府和日本国政府联合声明》,实现邦交正常化,之后中日经贸合作日益频繁,民间交往包括旅游合作逐渐正常化。日本的治安环境在全世界居较高水平,犯罪率是全世界较低的国家。日本是一个深受儒家传统文化影响的国家,现在仍然保持着浓厚的儒家文化传统。日本人非常守规矩,非常有礼貌,很注重礼仪,人们素质较高。因此,如果持有合法护照和签证,可以在日本放心旅游。

四、民俗风情

(一)服饰

日本传统服装是和服,是在仿照中国唐朝服装的基础上,根据日本人的审美观改造而成。和服是用一整块布通过直线剪裁后缝制而成,特点是宽袍、大袖、阔腰带,背后扎个"小枕头",布裤、木屐和草鞋相配套。和服男女差别较大:女士和服色彩缤纷艳丽,款式和种类较多,腰带很宽;男士和服色彩单调,偏重黑色,腰带较细,款式较少。根据季节和场合的不同,一般有婚礼和服、成人和服和礼服等种类。

(二)饮食

日本人将饮食统称为"料理",目前世界上的饮食主要有日本料理、中国料理和欧洲料理三种。日本料理的主食是米饭,副食有蔬菜和海产品。日本料理菜式多凉菜和生冷蔬菜。著名的菜式有生鱼片、寿司、天妇罗、鸡素烧等。日本料理做工精细,清淡可口,味鲜带甜。

(三)礼仪

日本是礼仪之邦,见面多行鞠躬礼。鞠躬礼分为立礼和跪坐礼。立礼是站立鞠躬礼,根据场合和礼节轻重程度的不同,又分为最敬礼、敬礼、普通礼3种。跪坐礼是在跪坐的时候上身弯下,双手放在前面,然后低头行鞠躬礼,也分为最敬礼、敬礼和普通礼。日本人常用的礼节用语是"您好""拜托您了""打搅您了""对不起""请多关照"等。日本人行礼致意的时候不发生身体接触,与人说话时不凝视对方。路上遇到熟人要讲话时,以"不给别人添麻烦"为原则,到一旁低声说话。日本人社交中注重等级,没有"女士优先"的传统。

(四)禁忌

日本人在参加别人婚礼时,忌说"完了""断绝""破碎""重复""多次"等敏感词语。参加丧礼时,严禁说笑喧哗,忌说"再来一次""一次又一次""又"等词语。在交谈时,忌问青年女子的年龄及婚配情况,对年长者忌用"年迈""老人""老"之类的词语。对身体有缺陷或行动不便者忌说"残疾"之类的词语,应称其为"身体障碍者"。相互问候时,忌问"你吃饭了吗?""还没吃饭吧?"之类的语句。

在正式场合,忌穿便服或只穿衬衣、短衫。到别人家做客时,切忌不经礼让而直接走进主人室内、自行入座及自行吸烟。当客人光临时,主人应请客人进屋,忌讳在室外或走廊与客人交谈。一切礼让均先男后女,切忌相反。

日本人忌讳数字"4""9""6""42"。在日常友好馈赠中,严禁用上述数字或数量的礼品。在颜色方面,日本忌讳绿色(认为是不祥之色),喜欢红色(象征吉祥)和黄色(视为阳光色),不喜欢紫色(认为是悲伤之色)。在图案方面,忌讳荷花图案(因为在佛教中荷花常出现于丧事中),也讨厌狐、獾、金眼猫等图案。备办结婚礼品时,不选购玻璃、陶瓷之类的易碎物品。

很多日本人不轻易流露自己的感情,认为恼怒和急躁的言行举止是粗野的。与日本人交谈时,不宜评论日本国内政治问题和男女平等问题,切忌询问青年男女年龄及婚配情况。与日本人合影,不可以三人一起合影(因为中间的人会被视为被左右夹着,是不幸的预兆)。

五、旅游资源和著名景点

(一)旅游业和旅游资源概况

20世纪90年代开始,日本经济持续衰退,为了找到新的经济增长点,日本政府提出"观光立国"战略,出台了一系列政策积极促进入境旅游发展,提升日本作为国际旅游目的地的吸引力。日本旅游资源丰富,火山温泉众多,自然景观丰富多彩。日本也有深厚的历史文化和众多的人文景观,有国家公园30多处,还有许多古都、历史遗迹、古寺院和神社等古建筑。因此,现代日本旅游业非常发达,有着很强的旅游接待能力。

(二)主要旅游城市和旅游景点

1. 日本三大都市圈

日本三大都市圈,即东京都市圈、名古屋都市圈和大阪都市圈,统称"东名阪"。以日本三大都市圈为核心,日本太平洋沿岸的众多城市共同组成了日本太平洋沿岸巨型城市群。日本的人口、企业、大学、交通等资源,都向这三大都市圈集中。如日本及全世界第一条高铁线路东海道新干线和在建的中央新干线,就连通了三大都市圈。日本的5座国家中心机场均位于三大都市圈。中华人民共和国驻日本大使馆位于东京,在大阪和名古屋设有总领事馆。三大都市圈旅游基础设施发达、完备,旅游接待能力强,是多数中国出境到日本旅游团队的首站地。

东京原名江户,曾经是江户幕府所在地,后改名为东京,是日本第一大城市。东京位于本州岛关东平原南端,是日本的首都,也是全国政治、经济、教育、文化和交通中心,属于世界经济发展度与富裕程度较高的都市。东京作为日本首都,国会议事堂、首相府、最高裁判所等立法、行政、司法机关都集中在此。东京还有许多著名的大学和博物馆,如东京大学、早稻田大学、庆应义塾大学等,最大的博物馆是东京国立博物馆。东京有成田和羽田两个大型国际机场,基础设施完备,是赴日旅游的主要起点。

东京旅游资源非常丰富,有银座、新宿、浅草、秋叶原等繁华的商业区,有著名的樱花观赏胜地上野公园、古老的寺院浅草寺、东京地标建筑东京塔和东京晴空塔等,还有世界第3个也是面积最大的迪士尼乐园等,旅游业非常发达(见图3-1)。

图3-1　东京夜景(薛阳　供图)

2.日本三大古都

日本三大古都指的是京都、奈良和镰仓3个历史悠久的日本古都。

京都位于日本西部的京都府南部,属于日本大阪都市圈的重要城市。京都旧称平安京,公元794年桓武天皇迁都于此,至公元1868年明治天皇迁都到江户(现在的东京),一直是日本的首都。京都文物古迹众多,仅寺院和神社就有1877座,著名的古迹有清水寺、桂离宫、三十三间堂、金阁寺、银阁寺、平安神宫、二条城、东寺和千年皇宫京都御苑等。京都的部分历史建筑在1994年以"古都京都的文化财"的名义被列为世界文化遗产。建有周恩来诗碑(《雨中岚山》)的岚山也是京都名胜。京都是日本人的精神故乡,是日本文化的源点,是日本的文化象征之地,被称为"千年古都"。日本京都布局因为历史上仿照中国唐代京师长安城为蓝本,1974年,日本京都和中国陕西省西安市成为姊妹都市。这里有日本一段重要的历史"平安时代"。

奈良位于日本纪伊半岛中央,古称"大和",是日本历史和文化发祥地之一。奈良四周为大阪府、京都府和歌山县,是大阪都市圈的组成部分。奈良古称平城京,公元710年,元明天皇迁都于此,至公元794年是日本的首都,是日本文化的摇篮。奈良有"东方罗马"之誉,仿效中国唐代都城长安而建的"平城京"已列入《世界遗产名录》。奈良拥有众多的古寺神社和历史文物,享有"社寺之都"的称号,被日本国民视为"精神故乡"。奈良重要的名胜古迹有平城京遗址、皇陵、东大寺、唐招提寺、药师寺、兴福寺、大安寺、法隆寺、正仓院、春日神社、元兴寺、西大寺、奈良公园等。

镰仓是神奈川县一个临海的城市,是一座有近千年历史的古城,也是日本东京都市圈的重要城市。公元12世纪末,源赖朝在这里创建镰仓幕府并开始了日本幕府统治时期,后来成为日本中世纪初期的政治中心。公元14世纪,随着镰仓幕府时代结束,城市一度衰落,但是保持了相对完好的古建筑群。除了幕府建筑和武士们的宅邸,镰仓还有不少神社和寺院。镰仓的鹤冈八幡宫,曾受到过镰仓幕府的崇拜,在日本神道教中地位极高。此外,还有长谷寺、报国寺、圆觉寺、建长寺、妙本寺、明月院、东庆寺、海藏寺等古老寺院,以及高德院的镰仓大佛等。

3. 日本三大名园

三大名园是日本30多处国家公园中非常著名的3处:偕乐园、兼六园、后乐园。

偕乐园位于茨城县水户市,是幕府时代水户藩第九代藩主德川齐昭营造的回廊式庭园,园中有"好文亭""吐玉泉"等许多著名景观,还有100个种类3000株以上的梅花,并以此闻名。

兼六园位于石川县金泽市,原来是金泽城藩主的庭园,经历代藩主的整修扩建,而成为一座美丽的回游林泉式庭园。兼六园的名字取自中国宋代诗人李格非所著的《洛阳名园记》,兼备李格非所提出的"宏大、幽邃、人力、苍古、水泉、眺望"的名园条件,所以命名为兼六园。

后乐园位于冈山县冈山市,由冈山藩主池田纲正建成。后乐园是日本第一个大面积种植草坪的园林,而其他的日本园林多利用青苔来点缀。

(三)日本自然旅游资源及著名景点

1. 富士山

富士山位于本州岛中南部,跨静冈县和山梨县,是一座活火山,距东京80千米。富士山主峰海3776.24米,是日本最高峰,山顶终年积雪,日本人称为"圣岳""圣山",是日本的精神象征。富士山经常出现在日本的传统诗歌"和歌"中,日本古代诗歌集《万叶集》中有许多与富士山有关的文学作品。

富士山(见图3-2)自然景色优美,著名景点是富士山五合目,位于海拔2305米的半山腰,是游览富士山的必经之地。从这里开始登山,一般需要几个小时才能登顶。富士山温泉较多,附近的温泉度假村也是著名的旅游资源。富士山北麓有日本著名的风景区——富士五湖:河口湖、山中湖、西湖、本栖湖、精进湖。富士五湖系火山熔岩堵塞而成,湖畔樱花盛开的时节,景色极为秀美,美丽如画的河口湖是樱花的最佳观赏地。

图3-2 日本富士山(薛阳 供图)

2. 箱根

箱根位于神奈川县西南,距东京90千米,有日本最大的温泉群,是日本的"温泉之乡""疗养胜地"。箱根集山、湖、温泉之胜,与富士山、日光齐名,是国际知名的日本三大观光胜地。

3. 日光

日光位于本州关东地方北部枥木县,西部山区为日光国立公园。最高峰奥白根山海拔2578米,附近有20多座海拔2000米以上的钟状火山。山中有中禅寺湖、汤原温泉、战场原、华严瀑布以及东照宫等著名游览地,年旅游者达数百万。

4. 北海道

北海道是日本47个都道府县中唯一的道,也是最北的一级行政区,是日本除本州以外最大的岛。札幌是北海道的行政中心以及最大城市。以札幌为中心,北海道形成了日本三大都市圈以外著名的札幌都市圈。北海道是世界著名的旅游地,以自然之美著称,首府札幌号称"北国之都",非常著名的是每年冬季持续3天的"雪祭",公园和广场上塑造的各种冰雕和雪像,灯烛映照,光怪陆离。

富良野是北海道知名的观光城市,是北海道的地理中心,每年7—8月,满山遍野盛开的薰衣草美丽而壮观,这里不仅是著名的观光胜地,还是日本影视剧的重要取景地。

洞爷湖是日本第三大湖,湖畔到处散布温泉、温泉旅馆,很多温泉旅店都可以从泉池里看到洞爷湖的全景。

函馆也是北海道著名的旅游城市。函馆的夜景以特殊的扇形著称,与香港的夜景、那不勒斯的夜景,并列为"世界三大夜景"。

教学互动

广岛,原子弹轰炸过的地方

日本的广岛,如今已经成为日本的旅游地标之一。春天来到广岛,早上一定要出一次海,看一下当地新鲜的牡蛎,可以烧汤也可以烤着吃。然后可以去隔壁的宫岛,当地的鹿也是重要的景致,拿着零食一不小心可能会被鹿抢走。随便拐个弯,面朝大海,还可以看到满天的樱吹雪,春天的感觉真好。再坐一下白色的观光车,大海和樱花简直是无敌的组合。线路的尽头是有名的兔子岛,上午去可以和精神抖擞的兔子玩一玩。岛上的温泉也是网红打卡地。岛上残留很多二战时期的废墟,曾经地图上消失的海岛,今天已经成为情侣旅游胜地。市区也是必去之地,那里二战时期原子弹爆炸留下的残骸随处可见,是珍惜和平的象征,也是对日本曾经犯下的错误的警示。

——资料来源:根据抖音账号"汤老师的日本记录"整理

思考并讨论:

广岛是赴日本旅游的重要目的地之一,广岛旅游资源有何特色?广岛这个名字能让你想到历史上发生的什么事件?

本章小结

本章主要介绍了东亚地区的重点国家韩国和日本的基本情况,对这两个国家的地理环境、历史文化、政治经济、旅游环境、民俗风情和旅游资源等方面的知识进行了全面梳理。读者们也可以根据实际工作和生活中的需要对本地区其他一些国家和地区的有关情况进行进一步学习与了解。

能力训练

1.请选择一个你最感兴趣的韩国旅游城市或景点,写一篇讲解词,并进行讲解训练。

2.日本有非常丰富的旅游资源,请据此设计一条赴日本5日游的旅游线路,并对其重要节点旅游城市和旅游资源加以介绍。

在线答题

知识训练

第四章
东 南 亚

 本章概要

  本章主要内容包括:东南亚地区新加坡、泰国、马来西亚等国家旅游地理、历史人文、政治经济、旅游环境、民俗风情和旅游资源等基本知识。学好本章内容,可以为做好本旅游区相关国家的游客团队接待和出境东南亚旅游区旅游领队工作打好基础。

 学习目标

知识目标

1. 了解东南亚地区的主要旅游客源地和旅游目的地,比较重要的是新加坡、泰国、马来西亚等国家。
2. 理解东南亚地区主要国家在中国出入境旅游市场中的重要地位。
3. 掌握新加坡、泰国、马来西亚等国家的基本知识,包括地理环境、历史文化、政治经济、民俗风情和主要旅游资源等。

能力目标

1. 能说出东南亚主要国家的旅游地理基本知识,如国家名称、地理位置、首都和主要旅游城市、著名旅游景点等知识。
2. 能理解东南亚主要国家的历史事件、文化成就、政治经济状况和民俗风情等,并能够对其中的重要问题进行阐释。
3. 能用所学知识对东南亚重点国家,如新加坡、泰国、马来西亚等国家的主要旅游城市代表性景点进行导游讲解。

素养目标

1. 通过中国明朝郑和下西洋等相关历史知识的学习,了解中国和东南亚各国历史上的传统友好关系,增强学生的自豪感和文化自信。
2. 通过对新加坡等国家二战后快速崛起的历史和现实的学习,引导学生学习其他国家的先进经验,做好本职工作,在本专业领域做出贡献,更好地为国家服务。

第四章 东南亚

知识导图

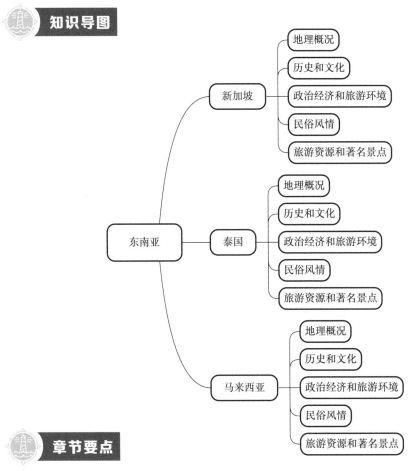

章节要点

东南亚是第二次世界大战后世界上经济社会发展较快的地区,在当代和改革开放的中国有着紧密的经济社会联系和频繁的民间交流,是中国重要的客源地和旅游目的地。新加坡、马来西亚和泰国是中国最早开展出境旅游的国家,这些国家的历史文化、民俗风情,以及主要旅游城市和景点是本章学习的要点。

章首案例

又见马六甲

大型情景体验剧《又见马六甲》,讲述了世界文化遗产马六甲古城的人文历史,有马六甲起源、郑和下西洋数次经过马六甲、马六甲文化的多样化、马六甲的传统文化和马六甲文化的传承等。

阅读案例并思考:

你知道马六甲的地理位置吗?中国人对马六甲有怎样的历史记忆?马六甲是中国"新马泰"经典出境旅游线路上的重要节点,那里有和中国人有关的怎样的特色文化?

第一节 新 加 坡

一、地理概况

(一)自然地理

新加坡全称新加坡共和国,旧称淡马锡、星洲或星岛,别称狮城。新加坡位于马来半岛南端、马六甲海峡的出入口,战略位置重要。新加坡北隔柔佛海峡与马来西亚为邻,南隔新加坡海峡与印度尼西亚相望。新加坡是一个热带城市岛国,国土除新加坡岛外,还包括圣约翰岛、龟屿、圣淘沙、姐妹岛、炯岛等63个小岛。

新加坡国土面积狭小,仅733.2平方千米(2022年)。新加坡地势起伏和缓,其西部和中部地区由丘陵地构成,大多数被树林覆盖,东部以及沿海地带都是平原,地理最高点为武吉知马山(海拔177米)。新加坡地处热带,长年受赤道低压带控制,为热带雨林气候,常年高温多雨。

(二)人文地理

1.人口和民族

新加坡人口564万(2022年),是世界上人口密度较大的国家。新加坡公民主要以四大族群来区分:华人占了总人口的74.2%,还有马来族(13.3%)、印度裔(9.1%)和欧亚裔/混血(3.4%)等。大多数新加坡华人的祖先源自中国南方,尤其是福建、广东和海南。

2.语言和宗教

新加坡官方语言有英语、马来语、华语、泰米尔语,其中马来语是国语,英语是行政语言。新加坡主要宗教有佛教(华人及斯里兰卡人)、道教(华人)、伊斯兰教(马来人和巴基斯坦人)、基督教(西方人)、印度教(印度人)等。

3.首都和行政区划

新加坡是一个城市国家,国家即首都。新加坡无其他大国的多级行政区划之分,而是以符合都市规划的方式将全国划分为5个社区(行政区),分别是中区社区、东北社区、西北社区、东南社区、西南社区,由相应的社区发展理事会(简称社理会)管理。

4.国家象征

新加坡国旗又称星月旗,1965年新加坡独立后选定。新加坡国旗由红、白两个平行相等的长方形组成,长与宽之比为3∶2,左上角有一弯白色新月以及5颗白色五角星。红色代表平等与友谊,白色象征纯洁与美德,新月表示新加坡是一个新兴的国家,5颗五角星代表了国家的五大理想——民主、和平、进步、公正、平等。

新加坡国徽由盾徽、狮子、老虎等图案组成。红色的盾面上镶有白色的新月和五角星,其寓意与国旗相同。红盾左侧是一头狮子,这是新加坡的象征,新加坡在马来语中是"狮子城"的意思;右侧是一只老虎,象征新加坡与马来西亚之间历史上的联系。红盾下方为金色的棕榈枝叶,底部的蓝色饰带上用马来文写着"前进吧,新加坡!"

新加坡国歌为《前进吧,新加坡》,国花为卓锦·万代兰(即胡姬花)。

二、历史和文化

(一)历史沿革

根据中国文献记载,新加坡历史可追溯至公元3世纪,根据东吴将领康泰所著的《吴时外国传》记载,当时已有人居住。公元8世纪,新加坡属室利佛逝王朝,又称"三佛齐王国"。公元14世纪,来自室利佛逝的王子拜里米苏拉在当地建立了马六甲苏丹王朝,新加坡开始受到重视,当时中国明朝称其为"淡马锡"。公元18—19世纪,新加坡属柔佛王国。公元19世纪初,新加坡成为英国的殖民地。第二次世界大战期间的1942—1945年,新加坡被日本侵占,期间有2万—5万名华人惨遭杀害(即新加坡大屠杀)。第二次世界大战后,英军回到了新加坡,但是战后的新加坡已经与战前大不相同,人民要求在政府中有更大的发言权。1959年,新加坡自治邦首任政府宣告成立,取得自治地位,李光耀出任新加坡首任总理,被称为"新加坡国父"。1965年,新加坡正式独立,成为新加坡共和国。

(二)文化和教育

新加坡国家历史较短,但从立国之初,就推行"人才强国"战略,高度重视教育和文化的发展。新加坡对于教育的投入非常大,每年教育经费不低于GDP的4%。新加坡实行10—11年义务教育,小学是6年强制性免费教育,中学是4—5年。之后升入理工学院(3—5年,相当于我国的高职)或高中,其后半数能升入大学。

新加坡高等教育发达,新加坡国立大学、南洋理工大学均是亚洲首屈一指的世界顶尖的著名大学。在2023年QS世界大学排名中,新加坡国立大学排名第11位,南洋理工大学大学排名第19位。

三、政治经济和旅游环境

(一)政治制度

根据《新加坡宪法》,新加坡实行议会共和制。总统为国家名义元首,由全民选举产生,任期6年。总统委任议会多数党领袖为总理并组建政府,掌握行政权。总统和议会共同行使立法权,最高法院和总检察署行使司法权。1954年,由李光耀、方水双、林清祥等人发起成立的人民行动党长期执政。1965年,新加坡独立后,李光耀长期担任总理,1990年吴作栋为第二任总理。2004年,李显龙接替吴作栋出任第三任总理,并于2006年、2011年、2015年、2020年四度连任。

(二)社会经济

20世纪60年代开始,新加坡抓住西方国家向外转移劳动密集型产业的历史机遇,推行出口导向型战略,重点发展劳动密集型的加工产业,经过30多年的发展,迅速实现了经济腾飞,20世纪90年代就和中国香港、中国台湾及韩国一起被誉为"亚洲四小龙",一跃成为全亚洲发达富裕的地区。

2022年,新加坡国内生产总值(GDP)6435亿新元(约合4671.8亿美元),人均GDP 11.4万新元(约合8.3万美元),经济增速为3.6%。对外贸易是新加坡国民经济重要支柱。2022年,新加坡对外货物贸易总额13650亿新元(约合9912.8亿美元),其中出口约7100亿新元(约合5154.4亿美元),进口6550亿新元(约合4758.4亿美元)。

新加坡主要进口商品为电子真空管、原油、加工石油产品、办公及数据处理机零件等,主要出口商品为成品油、电子元器件、化工品和工业机械。新加坡主要贸易伙伴有中国、马来西亚、美国等国家。汇率:1人民币≈0.1881新加坡元(2023年6月)。

(三)旅游环境

20世纪70年代开始,新加坡就开始与中国建立联系,李光耀对邓小平非常尊重,对中国的改革开放政策的制定有重要影响。1990年10月,新加坡与中国建交。2018年12月18日,中共中央、国务院授予推动新加坡深度参与中国改革开放进程的政治家李光耀同志中国改革友谊奖章。新加坡与中国在多个领域有着良好的合作关系,新加坡是中国较早开放的出境旅游目的地。

新加坡城市建设水平位于世界前列,城市基础设施排名世界第一,经济发达,人民生活富裕,文明程度较高。新加坡法律严密,甚至可以说是一个严刑峻法的国家,有良好的旅游环境。

四、民俗风情

(一)多元文化传统

早期离乡背井到新加坡再建家园的移民将各自的传统文化带入新加坡,各种族之间文化习俗和传统的交流与融合,创造了今日新加坡多民族的和谐社会及多元化文化特色。华人刻苦耐劳和勤奋实干的创业精神对新加坡社会有着深刻的影响。他们与各族和平相处,积极融入、反馈于当地社会。中华文化精髓也深深影响着新加坡的生活形态,如欢欣多彩的农历新年、慎终追远的清明节和传统祭祖的中元节。风行于华人文化的传统风水之说,也反映在新加坡的多项建筑设计里面。

(二)节日习俗

新加坡日历上印有公历、中国农历、印历和马来历4种历法,依各种历法有许多节日。在保留各民族传统文化的同时,新加坡政府鼓励人们向新加坡统一民族文化习俗演变。新加坡的主要节日有新年、印度族丰收节、新加坡河木筏大赛、印度族大宝森节、伊斯兰教斋月及开斋节、耶稣受难日、哈芝节、卫塞节、端午节、新加坡美食节、国庆节、中秋节、齐天大圣诞辰、中秋赏灯会、印度族屠妖节、印度族九宵节、九皇爷庆典、印度族盗火节、印度族万灯节、圣诞节等。

(三)饮食习俗

新加坡是一个美食的天堂。多元的文化和历史使新加坡拥有了足以骄傲的美食。来自中国、印度、马来西亚等诸多国家的饮食文化在这个亚洲美食的大熔炉里的火热碰撞,各显所长。非常有特色的是融合马来族和华人的烹调菜品,代表性的是娘惹菜。娘惹菜是由中国菜系和马来菜系合并而成的马六甲菜肴,属新加坡地道美食。传统中国菜与马来香料完美结合,融会了甜酸、辛香、微辣等多种风味,口味浓重,所用的酱料都由起码10种以上香料调配而成。代表名吃有鸡肉沙嗲、海南鸡饭、咖喱鱼头、叻沙、椰浆饭等。除了马六甲地区,娘惹菜还流传到了槟榔屿、印尼和泰国等地。

(四)购物

新加坡商品丰富,来自世界各地的货品琳琅满目,东方的手工艺品、欧洲的高档时装和高档皮具、最新的高技术电子器材等应有尽有。特色商品有马来蜡染花布、珠宝古玩字画、陶瓷器、玉器等。需要注意的是,游客在酒店消费要付一定的税费。在郊区餐厅、集市小吃店消费不用付服务费和小费。所有有空调的餐厅一律禁止吸烟。

五、旅游资源和著名景点

(一)旅游业和旅游资源

新加坡国土面积较小,旅游资源并不丰富,人口绝对数量少,国内旅游市场狭小,著名的自然人文景点几乎没有。但政府比较重视旅游业的发展,注重旅游业的规划与投资。新加坡政府利用自己得天独厚的地理位置,因地制宜,发展会展旅游、奖励旅游、购物旅游、医疗保健旅游、邮轮旅游、主题公园旅游等多种形式,推动旅游业的发展。20世纪60年代起,新加坡旅游业从无到有,在自身资源先天不足的情况下迅速发展为亚洲乃至世界重要的旅游目的地之一。

(二)主要旅游城市和旅游景点

新加坡有"花园城市"的美誉,有两大主力滨海旅游景区:滨海湾花园和圣淘沙岛。

其他著名景点还有鱼尾狮公园、福康宁山、新加坡国家博物馆、新加坡动物园、新加坡科学馆、肯特岗国家公园、新加坡环球影城(见图4-1)等。

图 4-1　新加坡环球影城(薛阳　供图)

1.滨海湾花园

新加坡滨海湾花园由滨海南花园、滨海东花园和滨海中花园3个风格各异的水岸花园连接而成。该花园占地101公顷,位于滨海湾亲水黄金位置,主要景点有植物冷室、擎天大树、园艺展览花园、植物世界、蜻蜓湖和翠鸟湖等。著名的滨海湾金沙酒店(见图4-2)就在附近。

图 4-2　滨海湾金沙酒店(薛阳　供图)

2.圣淘沙岛

圣淘沙岛位于新加坡本岛南部,占地390公顷。它曾经只是一个小渔村,被英国占领以后被改造成军事基地,后来再次被改造成一个悠闲美丽的度假村。圣淘沙被誉为"新加坡最迷人的度假小岛",有着多姿多彩的娱乐设施和休闲活动区域,素有"欢乐宝石"的美誉。

3.鱼尾狮公园

鱼尾狮公园现坐落于浮尔顿一号隔邻的填海地带,是新加坡面积最小的公园。鱼尾狮公园有两尊大小鱼尾狮塑像,是已故新加坡著名工匠林浪新先生用混凝土制作的。其鱼尾狮吐出强劲有力的水柱,是新加坡形象的代表。

1972年9月15日,时任新加坡总理的李光耀为鱼尾狮塑像主持开幕,他在致辞时表示,希望鱼尾狮能成为新加坡的象征,就如埃菲尔铁塔是巴黎的象征一样。为了纪念这项盛事,新加坡制定了一块铜匾,铜匾上刻有献词:鱼尾狮是新加坡迎宾好客的象征。随后的数十年里,鱼尾狮成功打造出新加坡的国际形象,成为新加坡的标志性景点之一。

鱼尾狮公园内设有站台、购物商店和饮食店供游人合照和休息,看台也能变成可容纳上百名表演者的舞台,观众坐在阶梯上,就能背靠滨海湾,在星空下欣赏音乐会和精彩的表演。鱼尾狮公园不大,但是每天都有来自四面八方的游客。因为临河临海,微风徐徐,在公园里散步也是非常惬意的。

4. 福康宁山

福康宁山是一个占地19公顷、高约50米的山丘,是新加坡早期开发的见证地。殖民地时期,英国政治家托马斯·斯坦福·莱佛士爵士于1819年在新加坡河口登陆,然后便看上这座俯视新加坡河口的小山,并在山顶建总督府。1823年,他也选择在此处兴建住宅。在这里,他对新加坡的开辟、建设、法制和长远的规划蓝图做了大量工作,为新加坡从一个落后的小渔村发展成为世界上重要的商港奠定了早期基础。山丘上还建有英国在马来西亚驻军的指挥总部。

5. 新加坡国家博物馆

新加坡国家博物馆建于1887年,具有浓厚的新古典主义建筑风格。新加坡国家博物馆坐落于城市中心位置,以其无与伦比的建筑外观成为博物馆中的佼佼者。重修装修维护后,新加坡国家博物馆于2006年正式开放,是新加坡规模最大的博物馆。

知识活页

娘惹

第二节 泰 国

一、地理概况

(一)自然地理

1. 位置和国土面积

泰国位于中南半岛中部,西部与北部和缅甸、安达曼海相接,东北与老挝、东南与柬埔寨为邻,南边在狭长的马来半岛上与马来西亚相连。泰国国土面积51.3万平方千米。

2. 自然地理特征

泰国地势北高南低,山川纵列,平原居中。泰国领土大致分为四部分:西北山区,是重要林木产地,柚木誉满全球;东北高原区,因盛产红宝石和蓝宝石而闻名世界;西南丘陵区,盛产橡胶、棕油、椰子等,橡胶产量和出口量居世界前列;中部平原地区和湄南河流域,是泰国农耕集中区,素有"东南亚谷仓"美誉。

泰国地处热带,有热带雨林和热带季风两种气候类型,全年高温,全年分雨季(6—10月)、凉季(11月—次年2月)和热季(3—5月)三季。泰国全年皆宜旅游,但凉季最佳。

(二)人文地理

1. 人口和民族

泰国人口数量约6617万(2023年),有泰族、老挝族、华族、马来族、高棉族等30多个民族,其中泰族(中国称傣族)是主要民族。

2. 语言和宗教

泰国的官方语言是泰语,英语是第二通用语言。泰国多数民众信奉佛教,佛教是泰国的国教。在泰国,凡是信佛教的男子,到了一定年龄,都要在一定时间内削发为僧,连王室和贵族也不例外。到泰国旅游,处处可见身披黄色袈裟的僧侣,以及富丽堂皇的寺院。因此,泰国又有"黄袍佛国"的美名。

3. 首都和行政区划

泰国首都曼谷,是全国政治、经济、文化中心,也是一个现代与传统相交融的大都市。泰国全国分中部、南部、东部、北部和东北部5个地区,现有77个府,府下设县、区、村。曼谷是唯一的府级直辖市。

4. 国家象征

泰国国旗是三色旗,呈长方形,长与宽之比为3∶2。由红—白—蓝—白—红5条横带组成,蓝带比红白带宽一倍。红色代表民族和象征各族人民的力量与献身精神。泰国以佛教为国教,白色代表宗教,象征宗教的纯洁。泰国是君主立宪政体国家,国王是至高无上的,蓝色居中,代表王室,象征王室在各族人民和纯洁的宗教之中。

泰国国歌为《泰王国歌》。每天8:00与18:00,在泰王国所有公园、学校、电台都要演奏《泰王国歌》。人们听到后都要立即面向国旗肃立,并除下帽子以示敬意。

泰国的国徽图案是一只大鹏鸟,鸟背上蹲坐着那莱王。传说中,大鹏鸟是一种带有双翼的神灵,那莱王是守护神。

泰国的国花是金链花,国树是桂树,国鸟是火背鹇,亚洲象是泰国国宝。

二、历史和文化

(一)泰国历史沿革

1. 泰国的起源

公元6世纪,中国南部的部分傣族人南迁至中南半岛,定居于湄公河流域,建立起一些小国,这是今天泰国的起源。宋元时期,泰国的土地上有"暹国"和"罗斛国"两个国家。元末明初,南方的"罗斛国"(即阿瑜陀耶——大城王国)征服了"暹国"(素可泰王国),中国遂以"暹罗斛"来称之。公元1377年,明太祖朱元璋册封阿瑜陀耶国王为"暹罗国王",于是"暹罗"这一名称正式固定下来,成为中文语境下对泰国的称呼(汉字文化圈其他诸国如日本、朝鲜、越南等对古代泰国也采用"暹罗"名称)。而当时的泰国人并不以"暹罗"自称,他们自称本族为"泰"。

2.统一国家的形成和发展

公元1238年,泰国建立了素可泰王朝,开始形成较为统一的国家,先后经历了素可泰王朝、大城王朝、吞武里王朝和曼谷王朝。

3.现代泰国的形成

公元16世纪,葡萄牙、荷兰、英国、法国等殖民主义者先后侵入东南亚。曼谷王朝时期,拉玛四世国王与欧洲国家缔结避免沦为殖民地的条约,开展了许多社会和经济改革,为现代泰国的形成奠定了早期基础。拉玛五世国王继续学习西方经验进行社会改革,废除奴隶制。公元1896年,英法签订条约,规定暹罗为英属缅甸和法属印度支那间的缓冲国,暹罗成为东南亚唯一没有沦为殖民地的国家。1932年,泰国从君主专制政体转变为君主立宪政体。1939年,由暹罗更名为泰国,意为"自由之地",实行民主政治制度。第二次世界大战期间,泰国曾和日本签订《日泰攻守同盟条约》并向英美宣战,1945年日本宣布投降后,随即宣布向英美的宣战无效,并得到同盟国的承认。1946年,普密蓬·阿杜德登基,成为曼谷王朝的第9位国王,即拉玛九世国王。拉玛九世国王也是当代世界在位时间较长的一位君主。

泰国的首都曼谷是东南亚国际化程度很高的大都会。泰国是东盟始创国之一,在东南亚地区是一个举足轻重的国家。现任泰国国王是玛哈·哇集拉隆功,是曼谷王朝的第10位君主,称拉玛十世。

知识活页

泰国国王举行加冕仪式系1950年后首次

(二)传统文化

由于佛教是泰国的国教,因此泰国文化深受佛教的影响。几百年来,无论是风俗习惯、文学、艺术和建筑等各方面,几乎都和佛教有着密切关系。佛教为泰国人塑造了道德观念和价值标准,使之形成了崇尚忍让、安宁和爱好和平的精神风范。

泰国文化还深受印度文化的影响,泰国古典戏剧中的主角都是印度古典文学作品《罗摩衍那》和史诗《摩诃婆罗多》中的神和英雄人物,泰国民间传说和歌曲也同印度古典文学紧密联系。

泰国的舞蹈被誉为世界上极具艺术性的舞蹈,以优美典雅的古典舞蹈和丰富多彩的民间舞蹈著称于世。泰国舞蹈的题材多来自梵文神话,主要类型有三种:孔(面部舞蹈)、沙邦(音乐舞蹈)和拉孔(舞蹈剧)。孔剧是泰国传统文化的代表,其融合舞蹈、音乐、诗歌、绘画、武术和皮影等各种艺术形式于一体,被看作泰国最美丽的舞剧艺术。孔剧中的猴王形象,就像中国的孙悟空一样家喻户晓,是泰国人民机智、灵活的象征。孔剧在柬埔寨等其他东南亚国家也很流行。

值得注意的是,泰国高度重视教育,1997年就将12年义务教育写入宪法。在泰国,从幼儿园开始到高中毕业,家长不用给学校交任何费用,学费、课本费、文具费、校服费和课外活动费(包括野营、军训、电脑课等)5项费用,全部免费。而且不分公立学校还是私立学校,一视同仁。

三、政治经济和旅游环境

（一）政治制度

泰国于1932年建立君主立宪制。现行宪法于2017年经玛哈·哇集拉隆功国王御准生效，系泰国第20部宪法。2019年3月，泰国举行新一届大选，巴育高票当选连任。2023年3月，泰国政府公报网站发布关于提前解散国会下议院的公告。根据泰宪法，国会提前解散后，巴育政府作为看守政府可继续正常开展内外活动，直至新一届政府产生。

泰国司法系统由宪法法院、司法法院、行政法院和军事法院构成，行使司法权。

（二）社会经济

泰国经济在20世纪90年代像80年代的"亚洲四小龙"一样突飞猛进，与马来西亚、菲律宾和印度尼西亚一起被称为"亚洲四小虎"。泰国是一个新兴经济体，人民生活水平不断提高，工人最低工资和公务员薪金多次上调，居民教育、卫生、社会福利状况不断改善。1996年，泰国被列为中等收入国家。1997年，亚洲金融危机后泰国陷入衰退，1999年经济开始复苏。2022年，泰国国内生产总值（GDP）为4952亿美元，同比增长2.6%。汇率：1美元≈34.43泰铢，1人民币≈4.7894泰铢（2023年7月）。

泰国是一个新兴工业化国家，工业和服务业是两个主要行业，前者占整体39.2%。服务业主要有商业、物流科技、通信、金融、教育、酒店及餐厅等行业。农业、建筑及采矿业在泰国国内生产总值中占有相当的比例。

（三）旅游环境

中泰是友好近邻，1975年7月1日，中泰两国正式建交，建交后两国各领域友好合作关系全面、顺利发展。2012年4月，中泰两国建立全面战略合作伙伴关系，是东盟成员国中第一个与中国建立战略性合作关系的国家。中泰两国旅游合作有良好的政策环境。

需要特别注意的是，泰国禁止赌博，不能在公众场合聚众赌博（包括玩牌、玩麻将），被抓到会面临巨额罚款。泰国酒店和公共场所禁止吸烟，电子烟也不行，在泰国使用电子烟的游客可能会被处以高达30000泰铢（约合700英镑）的罚款或长达10年的监禁。榴莲和山竹不能带进酒店，被逮到会面临被罚款的风险。

泰国公主诗琳通第50次访华

2023年6月5日，泰国公主诗琳通访华并出席公主第50次访华庆祝活动。诗琳通公主自1981年首次访华以来,对发展两国关系倾注巨大热忱,做出了重要贡献。诗琳通感谢中方对泰国给予大力支持,表示50次访华走遍中国大江南北,深切感受到中国人民的热情和友好,衷心祝愿中国繁荣昌盛、两国友谊万古长青。

——资料来源:中华人民共和国外交部网站

请思考:

泰国公主诗琳通多次访华,反映了中泰之间的关系如何?这对两国旅游合作有何积极影响?

四、民俗风情

(一)宗教习俗

泰国以佛教为国教,有"千佛之国""黄袍佛国"之称。在泰国,切忌对佛教、佛像、寺庙及和尚有不敬的言行。注意礼让和尚,但不可施舍现金给和尚。泰国男子一般在20岁之前都必须出家一次,时间在3天至3个月,优秀者可以继续修行3个月,并可免服兵役,这样才能获得成人资格,否则会给家族带来耻辱。在泰国,许多重大节日必须由僧人主持,泰国人的婚礼也必须由德高望重的僧人主持。

(二)传统礼仪

泰国深受中华文化与印度文化的共同影响,人民性情温和,热情友好。泰国人与人相处总是面带微笑,故泰国有"微笑国度"之美称。泰国人常用礼节是稍低头行"合掌礼"。公开场合,政府官员、商人、知识分子等也流行握手礼,但男女之间不握手。皇室在泰国有至高无上的地位,人民对皇室成员要表达敬意。

(三)传统服饰和饮食

泰国传统服饰是用靛蓝染料染成的蓝色傣族民族服饰,无论男女,都穿短裙或长裙,戴头帕,头帕上有金色流苏等金属饰片。进入寺院的时候,要穿戴整齐,不可太暴露,男士必须穿长裤,女士要穿长裙。进入寺庙大殿要脱鞋,对各种佛像和僧侣要尊敬。泰国人的饭食通常以大米和四五种菜相配而成,带咖喱味的牛肉、鸡肉、猪肉等是泰国菜的代表,泰国人非常喜爱的食物是咖喱饭。泰国人就餐时,习惯围桌而跪坐,不用筷子,而是用手抓着吃饭。

五、旅游资源和著名景点

(一)旅游资源和旅游业

泰国有悠久的历史、浓郁的佛教文化和众多名胜古迹,还以辽阔的海滩和绮丽的热带风光闻名于世,素有"中南半岛上的明珠"之称。作为佛教之国,泰国有3万多座古老的佛寺和1.2万多座佛塔。泰国有素可泰历史城镇及相关历史城镇、阿育他亚(大城)历史城及相关城镇、班清阿考古遗址3处世界文化遗产,以及童·艾·纳雷松野生动物保护区、东巴耶延山—考爱山森林保护区2处世界自然遗产。泰国旅游业发达,旅游基础设施完备,接待能力强,旅游业占泰国经济的比重在12%—20%。中国是泰国重要的客源国,2019年,泰国共接待了3779万名游客,其中包括1099万中国游客。泰国首都曼谷以及清迈、佛统、芭堤雅等都是著名的旅游城市,每年都吸引着来自世界各地的无数游客。

(二)人文旅游资源及著名景点

1.曼谷

曼谷是泰国首都和最大城市,别名"天使之城""佛教之都",位于昭披耶河东岸,南临暹罗湾,也是中南半岛最大的城市和东南亚第二大城市,为泰国政治、经济、贸易、交通、文化、科技、教育、宗教中心。

曼谷旅游资源丰富,著名的有曼谷杜莎夫人蜡像馆、鳄鱼潭、大王宫、暹罗广场、泰国国家博物馆和国家大剧院等。曼谷的佛教历史悠久,到处是橘红色的庙宇屋顶和金碧辉煌的尖塔,云集了泰国佛教建筑的精华,市内有大小佛寺400多座,其精致美丽的建筑外观、辉煌华丽的内部装饰,构成了曼谷独特的风景。其中,以大皇宫(见图4-3)、郑王庙(亚仑寺)、玉佛寺、卧佛寺、金佛寺、大理寺、云石寺、三宝公庙等较为著名。大皇宫是非常著名的古迹,是泰国建筑史上的"一绝"。

图4-3 曼谷大皇宫(薛阳 供图)

2.清迈

清迈位于泰国北部,环境优美,气候凉爽,以玫瑰花著称,素以"美女和玫瑰"享誉天下。清迈的发达程度仅次于首都曼谷,是泰国第二大城市。清迈历史悠久,曾长期作为泰王国首都,仍保留着很多珍贵的历史和文化遗迹。清迈著名的名胜有帕烘寺、兰花园等,旅游业发达。

3.佛统

佛统是泰国一座古老的历史名城,佛统府在古代非常繁荣,是印度佛教最早传入泰国的地方,是泰国佛教圣地,城中佛塔林立,引人瞩目。

4. 素可泰

素可泰位于泰国北部,是素可泰府首府。素可泰历史悠久,是泰国历史上第一个王朝素可泰王朝的都城,是泰国文化艺术的主要发源地。素可泰古城规模宏大,古迹众多,是世界文化遗产,是泰国著名的旅游胜地。

(三)自然旅游资源及著名景点

1. 芭堤雅

芭堤雅位于首都曼谷东南154千米、中南半岛和马来半岛间的暹罗湾处。芭堤雅风光旖旎,气候宜人,年均温度20℃左右,以阳光、沙滩、海鲜名扬天下,被誉为"东方夏威夷",是世界著名的海滨旅游度假胜地。

2. 普吉岛

普吉岛位于安达曼海,面积576平方千米,是泰国最大的岛屿,也是泰国最小的一个府。普吉岛以其迷人的风光和丰富的旅游资源被称为"安达曼海上的一颗明珠",以帕通海滩等海滩旅游著称。普吉岛斯米兰岛独石如图4-4所示。

图4-4 普吉岛斯米兰岛独石(薛阳 供图)

教学互动

泰国"郑州—曼谷—芭堤雅—普吉岛11日旅游行程"小插曲

本行程有一站是王权免税店。进店前,有一位游客发现自己的钱包不见了,领队让其上车寻找,无果。领队又让导游联系中午吃饭的餐厅,还联系了上一站游览景点的游客服务中心,都未发现游客丢失的钱包。而当时已是17:45,团队当天接下来的行程为20:20乘飞机赴普吉岛。在上述努力未果的情况下,领队告诉游客两种解决方案:第一是报警,由地接导游陪其协助警察立案寻找钱包,但是有可能耽误登机,不过他可以等警察处理完毕后,自己买机票赶到普吉岛和团队会合;第二是不报警,直接走正常旅游行程,但是钱包就可能找不回来了!最后,该游客自己说:"算了,不报警了,报了也找不回来!接着走行程吧!"

但是,到了普吉岛后,该游客就开始不停地抱怨领队没带他去报警!回到郑州,飞机落地后该游客不让领队离开,坚持去旅行社讨要说法,最后还将旅行社和领队告上了法庭。后因领队有其他客人为其出示的已尽到提醒义务的证明文件,法院判决旅行社和领队无责任。

——资料由河南康辉国际旅行社有限公司总部出入境领队导游部经理薛阳提供

思考并讨论:

1.出境旅游行程不仅有美丽的风景,还有现实生活中的突发问题需要处理。面对上述案例中的问题,在将来工作中你应该注意什么?

2.在国内,人们购物时使用微信、支付宝等移动支付方式已经成为习惯。在泰国消费不能用支付宝或微信进行便捷支付吗?

第三节 马来西亚

一、地理概况

(一)自然地理

马来西亚位于东南亚,在太平洋和印度洋之间,北与泰国接壤,西濒马六甲海峡,东临南中国海,南濒柔佛海峡与新加坡毗邻,国土面积33万平方千米,全国海岸线总长4192千米。马来西亚国土被南海分隔成东、西两部分,即位于马来半岛的马来西亚(西马)和加里曼丹岛北部的马来西亚(东马)。

西马半岛地势北高南低,其主干山脉蒂迪旺沙山脉将半岛分成了东西海岸,沿海多为平原,内地多为森林覆盖的丘陵和山地。东马部分,克罗克山由沙捞越向北延伸,穿过沙巴将沙巴分成东西海岸。马来西亚最高峰是位于东马的高达4101米的京那巴鲁山。马来西亚位于赤道附近,属于热带雨林气候和热带季风气候,无明显四季之分,年温差变化极小,平均温度在26—30℃,全年雨量充沛。

（二）人文地理

1.人口和民族

马来西亚人口数量约3300万（2023年），主要民族有马来人、华人、印度人等。

2.语言和宗教

马来语为马来西亚国语，通用英语，汉语使用也很广泛。伊斯兰教为国教，也有佛教、印度教、基督教等。

3.首都和行政区划

马来西亚的首都是吉隆坡。马来西亚全国分为13个州，分别是柔佛、吉打、吉兰丹、马六甲、森美兰、彭亨、槟城、霹雳、玻璃市、雪兰莪、登嘉楼、沙巴和沙捞越。另有3个联邦直辖区：首都吉隆坡、纳闽和布城。

4.国家象征

马来西亚国旗被称为"辉煌条纹"。国旗由14道红白相间的横条所组成，左上角为蓝底加上黄色的新月及十四芒星图案，长宽比例为2∶1。红色象征烈士们在抗战时期流下的鲜血，象征勇敢；白色象征人民的纯洁与美德；蓝色象征人民的团结及英联邦的关系；黄色代表皇室的颜色，象征马来统治者。旗帜自1963年9月16日马来西亚成立时正式启用。

马来西亚国徽中间为盾形徽，顶端的新月与星图案象征伊斯兰教，星的十四芒象征马来西亚的十三州与联邦政府之间的平等关系。盾牌上的五把马来短剑代表前马来属邦，即玻璃市、吉打、吉兰丹、登嘉楼及柔佛。盾形徽两侧各站着一头红舌马来亚虎，马来亚虎象征人民的勇敢与坚强。两虎后肢踩着金色饰带，饰带上书写着国家格言"团结就是力量"。

马来西亚国歌是*Negaraku*（马来文），翻译成中文即《我的祖国》。马来西亚国花是大红花，又叫扶桑或朱瑾，也象征马来西亚联邦政府。马来西亚货币名称是林吉特。

知识活页

郑和下西洋与马六甲三宝庙

二、历史和文化

早期，印度文明支配和主导着马来西亚，印度教和佛教文化输入该国。公元1世纪初，马来半岛建立了羯荼国、狼牙修、古柔佛等古国。公元10世纪，伊斯兰教传入马来半岛，这个地区分裂成众多以伊斯兰教为主的苏丹国。公元15世纪初，以马六甲为中心的满剌加王国统一了马来半岛的大部分。公元16世纪开始，马来西亚先后被葡萄牙、荷兰、英国占领。20世纪初，马来西亚完全沦为英国殖民地。加里曼丹岛沙捞越、沙巴历史上属文莱，1888年两地沦为英国保护地。第二次世界大战中，马来半岛、沙捞越、沙巴被日本占领。战后英国恢复殖民统治。1957年8月31日，马来亚联合邦宣布独立。1963年9月16日，马来亚联合邦同新加坡、沙捞越、沙巴合并组成马来西亚（1965年8月9日，新加坡退出）。

三、政治经济和旅游环境

(一)政治制度

马来西亚是君主立宪联邦制国家,实行议会内阁制。因历史原因,沙捞越州和沙巴州拥有较大自治权。1957年颁布《马来西亚宪法》,1963年马来西亚成立后继续沿用,改名为《马来西亚联邦宪法》,后多次修订。宪法规定:最高元首为国家首脑、伊斯兰教领袖兼武装部队统帅,由统治者会议选举产生,任期5年。最高元首拥有立法、司法和行政的最高权力,以及任命总理、拒绝解散国会等权力。君主即马来西亚最高元首,是马来西亚的国家元首,形式上拥有国家最高权力,但实权在马来西亚内阁。内阁是最高行政部门,由总理领导;马来西亚议会是最高立法机构,由最高元首、上议院和下议院组成;马来西亚联邦法院是司法系统里最高的机构及最后的上诉法院。

以马来民族统一机构巫统为首的政党联盟国民阵线(简称"国阵")于1957—2018年长期执政。2018年5月9日,马来西亚举行第14届大选,马哈蒂尔领导的希望联盟赢得国会下议院超过半数的议席,结束了国阵61年执政。2020年2月24日,马哈蒂尔辞去总理职务。2022年11月,马来西亚举行第15届大选,希望联盟主席、前副总理安瓦尔宣誓就任第10任总理。

(二)社会经济

马来西亚是相对开放的、以国家利益为导向的新兴工业化经济体,先后提出了"新经济政策""2020宏愿""国家发展政策""多媒体超级走廊""生物谷"等计划。

1987年起,马来西亚经济连续10年保持8%以上的高速增长,与泰国、菲律宾和印度尼西亚并称为"亚洲四小虎"。1998年受亚洲金融危机的冲击,马来西亚经济出现负增长。2009年纳吉布总理就任后,采取了多项刺激马来西亚经济和内需增长的措施,马来西亚经济逐步摆脱了金融危机影响,企稳回升势头明显。2015年,马来西亚公布第十一个五年计划(2016—2020年),继续推进经济转型,关注改善民生。2016年,马来西亚提出2050国家转型计划(TN50),为马来西亚2020—2050年发展规划前景。2019年,马来西亚提出"2030年宏愿",把缩小贫富差距、创建新型发展模式、推动马来西亚成为亚洲经济轴心作为三大主要目标。2022年,马来西亚国内生产总值(GDP)为3435亿美元,人均GDP12040美元,经济增长8.7%。

马来西亚在某些经济领域优势明显,是全球第二大棕油及相关制品生产国、全球第三大天然橡胶生产国、出口国和全球第三大液化天然气出口国。马来西亚主要出口市场为新加坡、中国、日本等,主要进口来源国为中国、新加坡、美国等,主要进口机械运输设备、食品、烟草和燃料等。

(三)旅游环境

马来西亚奉行独立自主、中立、不结盟的外交政策,视东盟为外交政策基石,优先发展同东盟国家关系。马来西亚重视发展同大国关系,系英联邦成员,与其成员国交往较多。1974年5月31日,中马两国建交,马来西亚成为东盟中第一个与中国建交的国家。1999年,两国签署关于未来双边合作框架的联合声明。2013年,两国建立全面战略伙伴关系。中马在多个领域有良好的合作关系,有良好的旅游环境。

四、民俗风情

伊斯兰教是马来西亚的国教,因此马来西亚的民俗风情具有浓厚的伊斯兰特色,许多节日和阿拉伯国家相同。马来西亚的饮食、服饰、礼仪等也深受伊斯兰教的影响。

(一)礼仪和社交

传统上,马来人在见面时会用双手握住对方的双手互相摩擦,然后将右手往心窝点一点。对不相熟的女士则不可随便伸手要求握手,男士应该向女士点头或行鞠躬礼,并且主动致以口头问候。目前,西式的握手问好礼仪较为普遍,不论在马来人、华人或印度人中,都可使用。

在马来西亚,除非主人允许,否则不管是到访马来人、华人或印度人的家,都要在入门前先脱鞋子。到马来人家做客,如果主人安排坐在地板上的垫子上,男士应盘腿而坐,女士则应把腿偏向左边而坐。

(二)服饰习俗

马来人男士传统服饰为无领上衣,下着长裤,腰围短纱笼,头戴"宋谷"无边帽,脚穿皮鞋。女士礼服也为上衣和纱笼,衣宽如袍,头披单色鲜艳纱巾。除皇室成员,一般不穿黄色衣饰。上班一族为了工作方便,一般着轻便的西服,只有在家或探亲访友或在重大节日时,才着传统服装。在各种正式场合,男士着装除民族服装或西服,可穿长袖巴迪衫。巴迪衫是一种用蜡染花布做成的长袖上衣,质地薄而凉爽,现已渐渐取代传统的马来礼服,成为马来西亚的国服。

(三)饮食习俗

马来人忌食猪肉、饮酒。在马来餐厅,餐桌上通常有一个水壶,其用途是用来洗手的。马来人一般都是用右手抓饭来吃,所以餐前及餐后洗手是马来人餐桌上的礼节。

马来西亚饮食和其他东南亚国家的菜肴类似,口味较重,多以胡椒和咖喱调味。其中,较出名的食物有椰浆饭、沙嗲(鸡肉、牛肉及羊肉串)、干咖喱牛肉、马来糕点、竹筒饭、沙律啰惹、咖喱鸡、印度飞饼、黄姜饭、叻沙、海南鸡饭、肉骨茶等。

（四）节日和禁忌

马来西亚的主要节日有开斋节、农历新年(即春节)、国庆节、哈芝节、屠妖节、圣诞节、劳动节、卫塞节、(在任)元首诞辰等。

在马来西亚，不可用食指指人，若要指示方向只能用拇指。与马来人打招呼、握手、馈献礼品或接物时不可用左手。用左手接物或打招呼等会被认为对他们不敬。马来人忌讳别人触摸其头部，任何人都不可随意触摸别人的头部。不要把脚底展露在他人面前，用脚底对着别人是对别人的侮辱。

五、旅游资源和著名景点

（一）旅游资源和旅游业

马来西亚地处热带，旅游资源丰富而具有特色，为旅游业的发展提供了良好的基础。马来西亚实行以政府为主导的旅游业发展模式，旅游业已经成为马来西亚国民经济的重要支柱性产业。旅游业收入不仅占到马来西亚国内生产总值的15.2%，而且提供了23.5%的就业岗位。2018年，马来西亚共接待游客1.893亿人次，旅游总收入达2206亿林吉特。新加坡、印尼、中国、泰国等是马来西亚主要旅游客源地。旅游业是马来西亚第三大经济支柱，据该国旅游行政管理部门统计，2020年，赴马来西亚游客量为430万人次。

（二）主要旅游城市和旅游景点

马来西亚终年阳光充足，气候宜人，郁郁葱葱的热带雨林和植被覆盖大地，千姿百态的海岛、洞穴、珊瑚和礁石星罗棋布，优美的海滨风光、奇花异草和珍禽异兽随处可见，使得马来西亚成为一个独特的热带自然风情旅游目的地，每年吸引着来自世界各地的无数游客。马来西亚主要的旅游城市除了首都吉隆坡，还有马六甲、槟榔屿、新山、怡保等地。

1. 吉隆坡

吉隆坡是马来西亚的首都及最大城市。在东南亚，吉隆坡是一座在文化、教育、体育、财政、经济、商业、金融都具有极大影响力的国际大都会，许多在东南亚召开的国际级外交会议都会在吉隆坡或新加坡举行，因此吉隆坡和新加坡一起被视为是东南亚外交的两大中心。在日本东京大学经济学术论坛发布的"2022亚洲城市100强城市"榜单中，吉隆坡排名第7。

吉隆坡旅游景点众多，代表性的是石油双塔(见图4-5)、独立广场、国家清真寺等。吉隆坡是一个硕大无比的"世界建筑博览馆"，外形别致风格各异的建筑遍布全城。2020年以前，吉隆坡每年有高达1230万人次外国游客到访，超越北京、罗马、台北、上海等城市，在"全球最吸引外国游客的城市"中排名第10。

图 4-5　吉隆坡石油双塔（薛阳　供图）

2. 马六甲

马六甲是马来西亚历史悠久的古城，是马六甲州的首府。它位于马六甲海峡北岸，马六甲河穿城而过。该城始建于公元1403年，曾是满剌加王国的都城。从公元16世纪起，历受葡萄牙、荷兰、英国的殖民统治。数百年来，华人、印度人、阿拉伯人、暹罗人及爪哇人相继来到马六甲，经过长期的交流，语言、宗教、风俗习惯等汇聚成特有的文化风貌。这里有中国式的住宅，有荷兰式的红色楼房（见图4-6）和葡萄牙式的村落。市内古代修建的街道至今依然保存较好，很多房屋墙上镶着图案精美的瓷砖，木门上装着瑞狮门扣，窗上镶龙嵌凤，古色古香，处处显示出马六甲这个历史古都的独特风貌。位于马六甲市郊的中国山又名"三保山"，是马来西亚为纪念中国明朝三保太监郑和而命名的，见证着中马两国人民的历史友谊。

图 4-6　马六甲荷兰红屋（薛阳　供图）

3. 槟榔屿

槟榔屿是马来半岛西北部一个风光明媚的小岛，因盛产槟榔而得名"槟榔屿"，是马来西亚13个联邦州之一。槟榔屿北隔玻璃市州与泰国南部相邻，西隔马六甲海峡与印尼苏门答腊岛相对，扼守马六甲海峡北口，地理位置十分重要。槟榔屿有槟榔山、极乐寺、青龙庙、康华利斯古堡和度假海滩等众多旅游景点，每年吸引着大量游客。槟城有长达11千米的白色海滩,全年都可享受弄潮戏水的乐趣。康华利斯古堡位于海滩边,是为纪念英国东印度公司的法兰斯船长而建。古堡围墙高大,大炮指向马六甲,曾作为防御要塞。此处设有一座船桅形的高大灯塔,为夜间过往船只导航。

教学互动

马来西亚最古老的中国庙宇——青云亭

青云亭是马来西亚一座古老的中国庙宇,位于马六甲市西南,始建于公元1645年,后经重新装修,成为一座用马来西亚楠木建造的木结构庙宇。门口的匾额上写着"南海飞来"4个大字。庙内主要供奉的是观音菩萨,因此也称"观音亭"。

青云亭是优美的中国式建筑的典范,庙堂里陈设的木雕和漆器,全是从中国运来的精品。寺内只有一块石碑,上面铭刻着纪念中国明代著名的航海家、三保太监郑和于公元1406年访问马六甲的事迹。郑和是到达马六甲最早的中国人。

青云亭寺内香火甚盛。庙门口有一金色的狮子,周身金光耀眼,只有狮子的头顶部金色已脱落,原因是信徒们认为走过狮子身旁,抚摸它们的头顶会带来意想不到的好运。

——资料来源:根据有关资料整理

思考并讨论:

阅读上面资料,讲一讲郑和下西洋的事迹,讨论马来西亚古老的中国庙宇青云亭的由来。

本章小结

"新马泰"是中国较早开展出境旅游的国家,至今仍是中国游客东南亚出境旅游的热门目的地。本章主要介绍了东南亚国家中新加坡、泰国和马来西亚的基本情况,通过对这些国家和地区的地理环境、历史文化、政治经济、旅游环境、民俗风情和旅游资源等知识进行全面梳理,期望读者们对这些国家和地区有一个全面了解。读者们也可以根据实际工作和生活中的需要,对本地区其他一些国家和地区的有关情况进行进一步学习与了解。

能力训练

1. "新马泰"是中国较早开放的出境旅游线路,这条线路在中国出境旅游市场上长盛不衰。请对这条经典出境旅游线路加以介绍并进行评价。

2. 泰国是中国游客喜爱的且容易到达的出境旅游目的地,请就泰国的主要旅游城市和民俗风情写一篇讲解词,并进行讲解训练。

在线答题

知识训练

第五章
大洋洲

 本章概要

本章主要内容包括:大洋洲的澳大利亚、新西兰等国家旅游地理、历史人文、政治经济、旅游环境、民俗风情和旅游资源等基本知识。学好本章内容,可以为做好本旅游区相关国家的游客团队接待和出境大洋洲地区国家旅游领队工作打好基础。

 学习目标

知识目标

1. 了解大洋洲的主要旅游客源地和旅游目的地,比较重要的是澳大利亚和新西兰等国家。
2. 理解大洋洲地区主要国家和地区在中国出入境旅游市场中的重要地位。
3. 掌握澳大利亚、新西兰等国家的基本知识,包括地理环境、历史文化、政治经济、民俗风情和主要旅游资源等。

能力目标

1. 能说出大洋洲主要国家的旅游地理基本知识,如国家名称、地理位置、首都和主要旅游城市、著名旅游景点等知识。
2. 能理解大洋洲主要国家的历史事件、文化成就、政治经济状况和民俗风情等,并能够对其中的重要问题进行阐释。
3. 能用所学知识对大洋洲重点国家和地区,主要是澳大利亚和新西兰的主要旅游城市和代表性景点进行导游讲解。

素养目标

1. 通过对澳大利亚等大洋洲国家后来居上成为高度发达的经济体的学习,借鉴发达国家的经验,为做好本职工作打好基础。
2. 通过对澳大利亚、新西兰等国家多元文化的学习,扩宽学生的文化视野。

知识导图

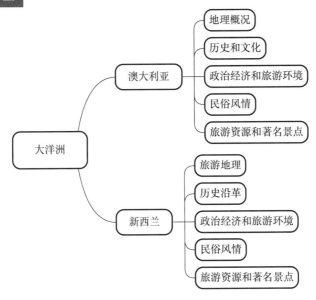

章节要点

大洋洲各国是亚太地区的重要组成部分,也是世界上经济社会发展较快的地区。其中,澳大利亚和新西兰是高度发达的资本主义国家,和中国有着紧密的经济联系和社会交流,是中国重要的客源地和旅游目的地。澳大利亚和新西兰的历史文化、民俗风情,以及主要旅游城市和景点是本章学习的要点。

章首案例

出境团队游业务急速"扩容"

原本热闹的暑期旅游市场再添"一把火"。2023年8月10日,中华人民共和国文化和旅游部发出通知,即日起,恢复全国旅行社及在线旅游企业经营中国公民赴有关国家和地区(第三批)出境团队旅游和"机票+酒店"业务。记者发现,包括土耳其、澳大利亚、日本、韩国、英国、美国等一批出境旅游热门目的地国家在名单当中。

文旅部消息发出后,记者从携程旅游获悉,其出境游产品瞬时搜索增长超过20倍,其中国庆出发时段最受关注,日本、澳大利亚、新西兰等国家跟团产品热度飙升。

——资料来源:根据新华网、新浪财经等平台有关新闻资料整理

阅读案例并思考:

2023年7—8月是暑期旅游季,你对这个暑期旅游市场的表现有何印象?除上述新闻中提到的出境旅游热门目的地国家,你还知道有哪些?

第一节 澳大利亚

一、地理概况

(一)自然地理

1. 位置和国土面积

澳大利亚联邦简称澳大利亚,位于南太平洋和印度洋之间,东濒太平洋的珊瑚海和塔斯曼海,西、北、南三面临印度洋及其边缘海。澳大利亚国土面积769.2万平方千米,在世界排名第6。

2. 自然地理特征

澳大利亚是世界上唯一的国土覆盖一整块大陆的国家。澳大利亚东部是山地,中部是平原,西部是高原,沿海地区到处是宽阔的沙滩和葱翠的草木。全国最高峰科修斯科山海拔2228米,中部的艾尔湖是澳大利亚的最低点,湖面低于海平面16米。澳大利亚虽然四面环海,但是约70%的国土属于干旱或半干旱地带,中部沙漠、半沙漠约有35%的地区不适合人类居住。澳大利亚跨两个气候带,北部属于热带,南部属于温带。主要气候类型有热带草原、热带沙漠和地中海气候,东部沿海地区属于热带雨林和热带湿润气候,南部少部分地区属于温带海洋性气候。澳大利亚四季分明,但季节和中国完全相反。

澳大利亚三伏天的圣诞节

到了澳大利亚,你会发现有太多地方跟北半球是相反的,咱那头(中国)现在(12月26日)是冬天,东北更是天寒地冻的,大家都穿着羽绒服,澳大利亚现在是夏天,30多摄氏度,人们都穿着短袖。圣诞节基本是在冬天吧?圣诞老人穿着大棉袄,满世界地给小朋友发糖果。(但是)澳大利亚的圣诞节,是在三伏天,圣诞老人就差光着膀子了!夏天的风在12月心急火燎地吹过悉尼的港湾,太阳虽然也从东边升起,西边落下,但晌午的太阳它是在北边,而我们的是在南边。街道上的车来来往往,我们是靠右行驶,左舵开车,他们是靠左行驶,右舵开车。超市里一瓶矿泉水五块九毛九,牛奶两升的五块五毛钱,牛奶比水都便宜。

——资料来源:根据抖音账号"罐头旅行"有关视频整理

请思考:

澳大利亚的季节特征给你怎样的感想?领队出境澳大利亚旅游之前应该提醒游客注意些什么?

(二)人文地理

1.人口和民族

澳大利亚总人口2639万(2023年7月),主要分布在东南沿海地区。澳大利亚最早的居民是澳大利亚土著人,在欧洲人到来之前,他们与世界上的其他地方的民族完全隔绝,以打猎和采集为生。公元18世纪,英国最早在澳大利亚移民,随之先后有来自世界120个国家,主要包括欧洲的英国、德国、希腊、意大利等,还有亚洲的日本、中国和越南等国家140个民族的移民来到澳大利亚谋生。因此,澳大利亚是一个典型的移民国家,被社会学家喻为"民族的拼盘"。目前,澳大利亚的主要族群有英裔澳大利亚人、亚裔澳大利亚人、澳大利亚本土居民,74%为英国及爱尔兰裔,亚裔占5%,土著人占2.7%,其他民族占18.3%。

2.语言和宗教

澳大利亚的官方语言为英语,汉语为除英语外第二大使用语言。约63.9%的居民信仰基督教,5.9%的居民信仰佛教、伊斯兰教、印度教等其他宗教。无宗教信仰或宗教信仰不明的人占30.2%(2023年)。

3.首都和行政区划

澳大利亚首都是堪培拉,主要城市有悉尼、墨尔本、布里斯班、珀斯、阿德莱德、纽卡斯尔、霍巴特等。

澳大利亚全国划分为6个州和2个地区。6个州分别是新南威尔士、维多利亚、昆士兰、南澳大利亚、西澳大利亚、塔斯马尼亚;2个地区分别是北方领土地区和首都地区。6个州分别是1901年之前曾各自独立的英国殖民区,其他没有被当时的殖民区管辖的地方,在1901年之后就成为联邦政府直接管辖的领地。州具有联邦政府不得干预的立法权。

4.国家象征

澳大利亚国旗是长方形,长与宽之比为2∶1。澳大利亚为英联邦成员国,英国国王为澳大利亚国家元首。因此,澳大利亚国旗与英国国旗有密切的关系,旗底为深蓝色,左上角为英国国旗图案,表明澳大利亚与英国的传统关系。"米"字下面为一颗较大的白色七角星,象征组成澳大利亚联邦的6个州和2个联邦领地(北领地和首都领地)。右边为五颗白色的星,其中一颗小星为五角,其余均为七角。五颗小星代表南十字星座(是南天小星座之一,星座虽小,但明亮的星很多),表明该国处于南半球。

澳大利亚国徽图案左边是一只袋鼠,右边是一只鸸鹋,这两种动物均为澳大利亚特有,都是只会向前走,不轻易后退,象征澳大利亚是一个永远迈步向前的国家。国徽中间是一个有6组图案的盾,盾形上方为一枚七角星,象征意义和国旗类似。周围饰以金合欢,底部的绶带是英文书写的"澳大利亚"。

1977年,澳大利亚举行全民公决,确定《澳大利亚,前进》为澳大利亚国歌。澳大利亚国花是金合欢。澳大利亚没有官方认定的国鸟,但民间普遍把鸸鹋作为象征澳大利亚的鸟类,并把袋鼠认为是象征澳大利亚的动物。

二、历史和文化

(一)历史沿革

1.早期历史和英国殖民

早在4万多年前,土著居民便生息繁衍于澳大利亚这块土地上。公元1606年,荷兰人威廉姆·简士来到澳大利亚,并命名此地为"新荷兰"。公元1770年,英国航海家库克船长(Captain James Cook)发现澳大利亚东海岸,将其命名为"新南威尔士",并宣布这片土地属于英国。

一开始,英国人把澳大利亚作为一个流放囚犯的地方。公元1788年1月18日,由菲利普船长率领的一支有6艘船的船队共1000余人的"第一舰队"抵达澳大利亚的植物学湾,其中有736名囚犯。8天后的1788年1月26日,他们正式在澳大利亚杰克逊港建立起第一个英国殖民区,这个地方后来人口不断增长而成为澳大利亚的第一大城市悉尼,这个名字是为了纪念当时的英国内政大臣悉尼(Sydney)。后来,每年1月26日成为澳大利亚的国庆日。公元1790年,第一批来自英国的自由民移居澳大利亚,以悉尼为中心,逐步向内陆发展,至公元1803年,殖民区已拓展到今日的塔斯马尼亚。

2.澳大利亚独立国家的形成

1900年,全部6个殖民地的居民举行全民公决,决定把6个殖民地统一成一个联邦国家,并通过了《澳大利亚联邦宪法》和《不列颠自治领条例》。据此,澳大利亚各殖民区改为州,6个殖民区统一成为联邦,成立澳大利亚联邦,并通过第一部宪法。1927年,澳大利亚首都迁往堪培拉。1931年,英国议会通过《威斯敏斯特法案》,使澳大利亚获得内政外交独立自主权,成为英联邦中的一个独立国家。1986年,英国议会通过《与澳大利亚关系法》,澳大利亚获得完全立法权和司法终审权。

(二)社会文化

澳大利亚政府在"自由、民主、公正"的原则下,倡导多元文化政策。土著文化、西方传统和亚太文化在这里交汇,赋予澳大利亚社会文化多元性的显著特征。移民带来的先进的制度和文化使得澳大利亚的社会文化在一个较高的起点上得到快速发展,在很多领域取得快速发展。

1. 文学

澳大利亚文学起始于殖民时期,以流放犯和乡野劳动者的口头歌谣为开端。公元19世纪晚期,澳大利亚的丛林诗人为寻求更多自己的"澳大利亚化"归属感,开始走出英国传统文化的影子,如马库斯·克拉克于公元1874年创作的《无期徒刑》,使得澳大利亚本土文学开始有了国际影响。20世纪20年代起,更加优秀的澳大利亚文学作品开始涌现,如《库纳尔杜》《卡布里康尼亚》和《可怜的家伙,我的故乡》等。1973年,澳大利亚小说家、剧作家帕特里克·怀特获得诺贝尔文学奖,代表作《人树》《风暴眼》等,成为20世纪非常重要的英文作家,为澳大利亚文学带来了世界声誉。

2. 教育

澳大利亚有比较发达的教育体系,学校分公立、私立两种,包括学龄前教育、中小学教育和高等教育,实行从学前教育到高中13年学制,16岁之前必须接受义务教育。全国中小学、大学和专科技术学院几乎都是政府公立学校,教育管理由所在州政府负责。2022年,澳大利亚共有40所公立大学、2所国际大学、1所私立大学,世界知名的大学有澳大利亚国立大学、墨尔本大学等。澳大利亚教育质量具有一流水准,澳大利亚的学历资格被世界各国,包括我国所广泛承认。

3. 体育

澳大利亚是体育运动大国。他们酷爱体育运动,认为体育运动就是生活。在国际体育运动竞技场上,澳大利亚的板球、曲棍球、网球、橄榄球都具有世界一流水平;在自行车、赛艇、游泳等运动领域居世界前列;足球、赛马、赛车、篮球、高尔夫球和田径等运动领域也有较高的水平和世界影响。

澳大利亚承办过两次夏季奥运会,分别是1956年墨尔本奥运会和2000年悉尼奥运会。澳大利亚运动员获得的奥运奖牌数量长期高居世界前5名,优势运动项目是游泳和田径。此外,澳大利亚是全球网球运动的胜地之一,影响世界的澳大利亚网球公开赛每年1月在墨尔本进行,是世界网球运动的四大满贯之一。澳大利亚水上运动水平高超,长期在奥运会上表现突出,有"水上雄狮"之称。伊恩·詹姆斯·索普是澳大利亚游泳巨星,曾获得5枚奥运金牌,是迄今为止获得金牌数量最多的澳大利亚人。

知识活页

澳大利亚网球公开赛

三、政治经济和旅游环境

(一)政治制度

澳大利亚是联邦制君主立宪制国家,名义上的国家元首是英国国王,并任命总督为其代表,澳大利亚总督实际上不干预政府的运作,国家最高的行政领导人是澳大利亚联邦政府总理,掌握最高行政权。联邦政府由众议院多数党或政党联盟组成,该党领袖任总理,内阁部长由总理任命,一般任期3年。2022年5月,阿尔巴尼斯领导工党赢得澳联邦大选,工党时隔9年再次执政。联邦议会是澳大利亚最高立法机构,也叫国会,成立于1901年,由女王(澳总督为其代表)、众议院和参议院组成。澳大利亚高等法院是最高司法机构,对其他各级法院具有上诉管辖权。

（二）社会经济

澳大利亚是一个高度发达的资本主义国家，自然资源丰富，农牧业发达，有"骑在羊背上的国家""坐在矿车上的国家""手持麦穗的国家"之称。澳大利亚是世界重要的矿产品生产和出口国。2022年，澳大利亚国内生产总值（GDP）为1.67万亿美元，同比增长3.6%，人均GDP约6.5万美元。

澳大利亚货币是澳大利亚元，简称澳元。根据2023年7月的汇率，1澳元≈0.67美元。

（三）旅游环境

1972年，中澳两国建交，双方在各个领域有着广泛合作。澳大利亚对国际贸易依赖较大，主要贸易伙伴依次为中国、美国、日本、韩国、英国、新加坡、印度、新西兰、德国、马来西亚、泰国等。中澳在旅游领域也有着良好的合作关系。

澳大利亚是一个非常重视生态环境保护和建设的国家，也是世界上较早出台环境保护法的国家，政府和国民的生态环境意识都很强。在澳大利亚，不论个人、企业，还是政府机构，只要违反了环保法律法规，都要受到严厉的惩罚。他们对生态环境的管理和保护非常有序、高效，所以整个澳大利亚就像是一个生态乐园。因此，在赴澳大利亚开心旅行时，要注意遵守当地的法律法规。

四、民俗风情

澳大利亚土著人仍然保留着自己的风俗习惯。在澳大利亚人口中，目前英裔白人占了绝大多数，因此，澳大利亚绝大多数人形成了接近英国的传统习俗。

（一）礼仪

澳大利亚人在礼仪方面和英国人十分相似，如讲究礼貌、待人谦恭有礼。人们相见时，会热情地打招呼、握手致意，彼此称呼对方的名字。在社交场合，澳大利亚人无论对待熟悉的朋友还是一般的客人，都彬彬有礼。澳大利亚人的时间观念很强，约会需要提前联系并准时赴约。如果被邀请到澳大利亚人家中做客，赴约的时候要带礼物，给女主人的礼物最好是一束鲜花，也可以给男主人送一瓶葡萄酒。告别时，客人要对主人的款待表示感谢。澳大利亚社会遵循英国社会"女性优先"的原则，认可英国人的"绅士风度"。

澳大利亚人在社交场合也有一些禁忌，如不允许打哈欠、伸懒腰，在公共场所不能大声喧哗，否则会被视为不礼貌，没有教养。澳大利亚人忌讳数字"13"和日期"星期五"，忌讳兔子及兔子图案，喜欢袋鼠、琴鸟和金合欢图案。忌送菊花、杜鹃、石竹和黄颜色的花作为礼物，不可对人眨眼，不能用竖大拇指表示赞扬（当地人认为这是下流的动作）等。

(二)服饰和饮食

澳大利亚人特别是英国后裔,在公共场合十分注重服饰和仪表。正式场合,男士一般西装革履,女士是西装上衣和西装裙子。在购物、旅游等休闲活动中,人们更加偏爱时装。但是,澳大利亚时装与众不同,具有线条硬朗、色彩鲜明的原始风格,这是受澳大利亚土著文化的影响,人们将各式各样的土著艺术融入了时装设计中。

澳大利亚传统的饮食文化以英格兰、爱尔兰的烹饪风格为主。从20世纪50年代后期开始,随着世界各地移民的大量涌入,带来了地中海和亚洲地区的烹饪风格,澳大利亚饮食习俗开始多元化。鱼和海鲜是澳大利亚饮食的特色,其中皇帝蟹、牡蛎、鲍鱼、龙虾、三文鱼非常受欢迎。英国风格传统快餐在澳大利亚很流行,代表食品是炸鱼片和炸薯条。亚洲美食则以中国、泰国、日本、韩国和越南的美食为主。澳大利亚畜牧业发达,美味的牛肉、羊肉等很受游客欢迎。此外,澳大利亚还是"水果之乡"、著名的葡萄酒产地,有四大葡萄酒产区,它们分别是南澳大利亚、新南威尔士、维多利亚(包括塔斯尼亚岛)、西澳大利亚,生产的葡萄酒各有特色,品质均为世界一流。

(三)节日习俗

澳大利亚全国性的节日有元旦(1月1日)、国庆日(1月26日)、澳新军团日(4月25日)、女王诞辰日(6月9日)、墨尔本赛马节(11月第一个星期二)以及圣诞节(12月25日)等。

1. 国庆日

每年1月26日的国庆日,澳大利亚各大城市都会举行各种大型庆祝活动。近年来,澳大利亚的国庆活动越来越强调"多元文化构成澳大利亚"的价值观念,即各族居民分享传统习惯、文化、语言和宗教信仰。

2. 澳新军团日

澳新军团日是纪念1915年4月25日澳新军团将士为孤立德军,在巴尔干一带攻占加利波利惨遭重创、英勇牺牲的日子。加利波利战役是澳新军团作战史上最惨痛、最悲壮,也最光荣的记忆,后来成为澳大利亚和新西兰的重要节日。现在,澳新军团日在澳大利亚、新西兰两国均被定为公众假日,以弘扬人们为国牺牲的勇敢精神。

五、旅游资源和著名景点

(一)旅游资源和旅游业

澳大利亚自然旅游资源极为丰富。澳大利亚四面临海,沙漠和半沙漠却占全国面积的35%。澳大利亚沿海地区到处是宽阔的沙滩和葱翠的草木,在东部沿海有全世界最大的珊瑚礁——大堡礁。澳大利亚农牧业旅游资源丰富、多样,在澳大利亚旅游,能够让人饱览醉人的大自然美景,感受澳大利亚人的活力和闲适,暂时摆脱喧嚣的尘世生活,重拾清新自然的生活真谛。

旅游业是澳大利亚经济的重要组成部分。2022年,赴澳外国游客为220.8万人次,同比上升1197%。2023年3月,澳大利亚旅游局局长暨行政总裁韩斐励(Phillipa Harrison)访华时对记者表示,相信最晚到2025年中国游客赴澳大利亚旅游市场将整体恢复,并会在此前基础上有所增长。2020年以前,中国是澳大利亚入境旅游人次、消费总额均排名第一的客源国。2019年,澳大利亚共接待中国游客144万人次,占澳大利亚所有国际入境游客的15%,中国游客在澳大利亚的消费总额高达124亿澳元(约为579亿元人民币)。澳大利亚贸易委员会预测,到2025年,澳大利亚将迎接来自英国、美国、中国、新加坡、韩国和印度等国家的总计上千万名海外游客的访问。这使得旅游业成为澳大利亚第三大出口业、第一大服务出口业,旅游业在GDP中的占比甚至超过农业。

澳大利亚著名的旅游城市和景点有堪培拉、悉尼、墨尔本、布里斯班、阿德莱德、珀斯、黄金海岸、达尔文、大堡礁、艾尔斯岩(乌鲁鲁)等。

(二)主要旅游城市及著名景点

1.堪培拉

堪培拉是澳大利亚联邦的首都,位于澳大利亚东南部山脉区的开阔谷地上。堪培拉始建于1913年,1927年联邦政府从墨尔本迁到这里,堪培拉成为全国政治中心。堪培拉交通发达,有铁路连接各大城市,以银行、饭店和公共服务业为主要经济部门。堪培拉气候温和,四季分明,全年降雨量平均,四季都有阳光普照的日子,旅游业发达。堪培拉的主要人文景观有新国会大厦、澳大利亚战争纪念馆、澳大利亚国立大学、堪培拉大学、澳大利亚国立美术馆、澳大利亚国立博物馆及澳大利亚国家图书馆等。

2.悉尼

悉尼位于澳大利亚的东南沿岸,面积1687平方千米,是澳大利亚新南威尔士州的首府,也是澳大利亚面积最大、人口最多的城市。悉尼拥有高度发达的金融业、制造业和旅游业,被誉为南半球的"纽约"。悉尼连续多年被联合国人居署评为"全球最宜居的城市"之一,曾举办过1938年英联邦运动会、2000年悉尼奥运会及2003年世界杯橄榄球赛。悉尼著名景点有维多利亚女王大厦、悉尼歌剧院、悉尼海港大桥(见图5-1)、邦迪海滩、悉尼塔、悉尼镇、澳大利亚野生动物园等。悉尼金斯福德·史密斯国际机场,简称悉尼机场,是澳大利亚最繁忙的国际机场。

图5-1 悉尼歌剧院与悉尼海港大桥(薛阳 供图)

3. 墨尔本

墨尔本是位于澳大利亚南部滨海城市，面积8831平方千米，人口523万（2023年），是澳大利亚第二大城市、著名的国际大都市，以及澳大利亚文化、工业中心。墨尔本是维多利亚州首府，1927年前是澳大利亚联邦政府所在地，为纪念英国首相威廉·兰姆——第二代墨尔本子爵而命名。墨尔本是世界著名的旅游城市，墨尔本国际机场是澳大利亚第二繁忙的机场。

墨尔本有"澳大利亚文化之都"的美誉，是南半球最负盛名的文化名城，也是国际闻名的时尚之都，其服饰、艺术、音乐、电视制作、电影、舞蹈等潮流文化均享誉全球。墨尔本著名高校有墨尔本大学、蒙纳士大学、RMIT等。墨尔本是南半球第一个主办过夏季奥运会的城市，一年一度的澳大利亚网球公开赛、F1赛车澳大利亚分站、墨尔本杯赛马等国际著名赛事都在墨尔本举行。

墨尔本主要旅游景点有旧国会大厦、唐人街、墨尔本皇家植物园、墨尔本皇家展览馆、库克船长的小屋。墨尔本休闲娱乐项目和场所有电车餐厅、皇家赌场等。

（三）澳大利亚著名自然景观

1. 大堡礁

大堡礁位于澳大利亚东北部，是世界最大、最长的珊瑚礁群，属于南半球。它纵贯于澳大利亚的东北沿海，北从托雷斯海峡，南到南回归线以南，绵延伸展共有2011千米，最宽处161千米。大堡礁有2900个大小珊瑚礁岛，自然景观非常特殊。风平浪静时，游船从礁群与海岸之间通过，船下连绵不断的多彩多姿的珊瑚景色，是吸引世界各地游客来猎奇观赏的极佳海底奇观。1981年，大堡礁作为自然遗产被列入《世界遗产名录》。

2. 邦迪海滩

邦迪海滩位于悉尼，是澳大利亚传统冲浪救生训练基地。其名字来自本土居民的语言"Bondi"，意思是海水拍岸的声浪。邦迪海滩长达1千米，虽然只是一个沙滩滨海小镇，却是澳大利亚具历史的冲浪运动中心。在夏季的周末，这里有各类冲浪活动，也有非正式的乐队在岸上表演，还有民俗活动、艺术展览活动等。沿着邦迪到库吉的悬崖观景路而行，一路上可以慢慢闲逛、游游泳，还可以到咖啡馆里喝上一杯咖啡，是澳大利亚人休闲旅游的好地方。

3. 黄金海岸

黄金海岸（见图5-2）位于澳大利亚的昆士兰州东部沿海，是一处绵延42千米、由数十个美丽沙滩组成的度假胜地。这里有明媚的阳光、连绵的白色沙滩、湛蓝透明的海水、浪漫的棕榈林，主要游乐项目有跳伞、冲浪的等诸多户外项目。除此以外，澳大利亚还有很多著名的旅游目的地，如布里斯班的阳光海岸、"黑天鹅城"珀斯等。

图 5-2　黄金海岸（薛阳　供图）

教学互动

墨尔本赛马嘉年华全攻略！带你体验最疯狂的澳大利亚

墨尔本杯赛马是澳大利亚著名的赛事，创办于公元 1861 年，在澳大利亚被誉为"让举国屏息呼吸的赛事"，这项运动由维多利亚赛马会于每年 11 月的第一个星期二举行，赛事地点在墨尔本的费明顿马场。

这个从 19 世纪 60 年代延续至今的华丽盛世，让整个澳大利亚为之停转。澳大利亚政府甚至还专门设定了公众假期——墨尔本公共假日，每年现场观众人数都在 10 万以上。男士西装革履，女士都会戴上高贵的帽子，这是一种传统，更是一种狂欢派对！所以，如果没来过墨尔本赛马嘉年华，怎么算经历过最疯狂的澳大利亚？墨尔本杯赛马节更是完美地汇集了体育、美食、葡萄酒、时尚、商业和社交等墨尔本和澳大利亚的顶级元素，能够让每个参与其中的人都感受到它所散发的独特魅力。

——资料来源：根据有关资料整理

思考并讨论：

澳大利亚有哪些著名的旅游景点？除此之外，澳大利亚旅行还能给人们带来哪些有趣的旅游娱乐体验？

第二节　新　西　兰

一、旅游地理

新西兰又称纽西兰，位于太平洋西南部，领土由南岛、北岛及一些小岛组成，以库克海峡为界,南岛邻近南极洲,北岛与斐济及汤加相望。新西兰国土面积约27万平方千米,人口522.81万(2023年4月)。

新西兰主要族群有英裔新西兰人、毛利人、亚裔新西兰人,主要宗教为基督教。新西兰国旗为长方形,长宽之比为2∶1。旗底为深蓝色,左上方为英国国旗,右边有4颗镶白边的红色五角星。新西兰是英联邦成员国,"米"字图案表明同英国的传统关系;4颗星表示南十字星座,表明该国位于南半球,同时还象征独立和希望。新西兰有两首地位等同的国歌:《天佑新西兰》与《天佑女王》。

二、历史沿革

公元14世纪,毛利人在新西兰定居。公元1642年后,荷兰人和英国人先后来到这里。1840年,新西兰沦为英国殖民地,1907年成为英国的自治领,1947年获得完全自主,成为主权国家,现为英联邦成员国。

三、政治经济和旅游环境

新西兰的政治体制属于君主立宪混合英国式议会民主制,为英联邦成员国之一。自1935年起,工党和国家党轮流执政。2020年10月,新西兰工党在大选中以超过议会半数议席的绝对优势获胜,阿德恩连任总理。2023年1月,阿德恩宣布辞去总理职务,克里斯·希普金斯接任总理。

新西兰是一个高度发达的资本主义国家,也是"全球最美丽的国家"之一。新西兰以农牧业为主,农牧产品出口约占出口总量的50%。羊肉和奶制品出口量居世界第一位,羊毛出口量居世界第三位。新西兰农牧业生产高度机械化。近年来,新西兰陆续建立了一些重工业,如炼钢、炼油、炼铝和制造农用飞机等,工业化程度高。2022年,新西兰国内生产总值(GDP)为2427亿美元,人均GDP约4.7万美元。

新西兰有良好的旅游环境。2018年,新西兰被联合国评为"全球最清廉的国家",2019年2月,2018年全球幸福指数中新西兰排名第八位。新西兰有三大国际机场:惠灵顿国际机场、奥克兰国际机场、达尼丁国际机场。新西兰的主要旅游客源地为澳大利亚、中国、美国和英国等。2022年,赴新西兰的外国游客143万人次,比2021年增加了122万人次。

四、民俗风情

1.礼仪

在新西兰,人们相见时习惯用握手礼,通常是紧紧相握,眼神直接接触。新西兰人和英国人一样,推崇绅士风度,尊重女性,日常礼仪奉行"女士优先"原则。握手的时候,男士应该等女士先伸出手。第一次见面,身份相同的人称呼彼此时叫姓,并加上"先生""小姐"等,熟悉后,彼此直呼对方的名字。

在新西兰,如获得邀请去别人家里做客,可以给男主人送一盒巧克力或者一瓶威士忌,给女主人可以送花作为礼物。

2.习俗和禁忌

在新西兰,生活节奏较慢,人们生活较为闲适。新西兰人性格保守,对于酒的限制非常严格,餐厅只有获得许可才能出售葡萄酒或烈酒,并且客人在餐厅必须购买正餐后才能买酒。

新西兰人的时间观念比较强,约会需要事先约定,准时赴约。宾客可提前几分钟到,表示对主人的尊重。交谈的话题可以是气候、体育、国内外政治、旅游等,应避免谈论个人隐私、宗教、种族等方面的话题。

在新西兰,拍照必须经过别人的同意,遇到可爱的孩子不要随便触碰,除非得到孩子父母的允许。新西兰的毛利人有些禁忌也应特别注意,比如不允许从头顶上尤其是小孩子的头顶上递东西等。

五、旅游资源和著名景点

(一)旅游资源和旅游业

新西兰旅游资源丰富,有14个国家公园、3个海洋公园、3项世界遗产,其中1项为双重遗产(汤加里罗国家公园)。新西兰非常美丽的地方包括岛屿湾,那里主要城市有派西亚、拉塞尔和怀唐伊。新西兰首都惠灵顿、最大城市奥克兰均位于北岛。新西兰其他重要城市还有基督城、达尼丁、汉密尔顿、北帕默斯顿等。

(二)主要旅游城市和旅游景点

1.惠灵顿

惠灵顿是新西兰的首都,位于新西兰北岛南端,是新西兰的第二大城市,与悉尼和墨尔本一起成为大洋洲的文化中心。许多艺术家在此定居或活动,还有许多艺术咖啡馆和丰富的夜生活。惠灵顿的主要景点有国会大厦、惠灵顿植物园、国家博物馆、海滨码头、卡皮蒂岛,以及惠灵顿维多利亚大学等。

2.奥克兰

奥克兰是新西兰北部的滨海城市,也是新西兰第一大城市,面积1086平方千米。奥克兰也是全世界拥有帆船数量最多的城市,所以被称为"帆船之都""风帆之都"。

新西兰的首都最先设在奥克兰,后来迁至惠灵顿。全球重要的跨国公司都在奥克兰设有办事处,奥克兰事实上成为新西兰的"经济首都"。奥克兰是新西兰的经济、文化、航运和旅游中心,是南半球主要的交通航运枢纽、南半球较大的港口,也是世界著名的国际大都市、世界上较发达的城市。由于其发达的经济,怡人的自然环境,高水准的生活和迷人的风景,所以奥克兰连续多年被评为"世界上最宜居的城市"之一,是"全世界最美丽的城市"之一。奥克兰著名的大学有奥克兰大学、奥克兰理工大学,著名景点有奥克兰中央公园、山羊岛海洋保护区、天空塔等。

3.基督城

基督城即克赖斯特彻奇（Christchurch），华人简称为基督城，人口仅次于奥克兰和惠灵顿。基督城是新西兰的"花园之城"，也是新西兰南岛最大的城市，是新西兰除奥克兰和惠灵顿以外来往世界各地的第三大门户。基督城拥有浓厚的英国气息，艺术文化气息浓厚，设施完备。基督城的著名旅游景点有天主教堂、艺术中心、坎特伯雷博物馆等。

（三）自然旅游资源及著名景点

1.皇后镇

皇后镇位于新西兰南岛南阿尔卑斯山脉中，是一个被南阿尔卑斯山包围的美丽小镇，也是一个依山傍水的美丽城市。皇后镇全处都是观光地点，夏季蓝天艳阳，秋季为鲜红与金黄的叶子染成缤纷多彩的面貌，冬天的气候清爽晴朗，还有大片覆着白雪的山岭，而春天又是百花盛开的日子。皇后镇的著名景点有船长峡谷、卡瓦劳大桥、瓦卡蒂普湖。皇后镇还有"冒险之都"的声誉，主要活动有蹦极、漂流、冲浪、汽艇等运动，是喜欢冒险者的乐园。

2.库克山

库克山是新西兰最高的山峰，位于新西兰南岛南阿尔卑斯山脉中，周围有很多海拔3000米以上的山峰，终年积雪。库克山公园位于南岛中西部，坐落在南阿尔卑斯山景色壮丽的中段，是一个狭长的公园，公园长达64千米，最窄处只有20千米，占地7万公顷。这座公园也是蒂瓦希普纳默至南岛中西部地区世界自然遗产保护区的一部分。

教学互动

新西兰毛利人传统美食"窑烤"

"窑烤"是毛利人一种传统的烹饪方法。人们在地面的土坑内放上烧红的圆石，把肉类和蔬菜包裹好放入坑内，最后覆土填充空隙，保持坑内热量不散失。出炉后的"窑烤"美食鲜美可口，带有烟熏风味。在2019年新西兰克赖斯特彻奇艺术节上，来自新西兰南岛一个部落的毛利人在新西兰克赖斯特彻奇艺术节上展示了大型"窑烤"制作。

——资料来源：新华网

思考并讨论：

根据新西兰毛利人传统美食"窑烤"，你能否设计一项能让游客参与的旅游活动项目？

本章小结

本章主要介绍了大洋洲的澳大利亚和新西兰等国家的基本情况。通过对这些国家的地理环境、历史文化、政治经济、旅游环境、民俗风情和旅游资源等知识进行全面梳理,期望读者们对这些国家有一个全面了解。读者们也可以根据实际工作和生活中的需要,对本地区其他一些国家和地区的有关情况进行进一步学习与了解。

能力训练

案例分析:

澳大利亚出境旅游领队的突发事件

有一次,公司发了一个赴澳大利亚的出境旅游团,团中有一对夫妻,全程非常配合导游领队工作,积极参加自费旅游项目,购物时出手大方。他们每天还会和领队导游分享好吃的,相处非常愉快。行程最后一天晚上入住酒店后,这对夫妻请领队吃饭,说有事情需要帮忙:想让领队先把护照暂时还给他们,说明天就要回国了,想在酒店附近买点东西,给家人带回去。领队想这对夫妻一路走来,相处也很愉快,不像是要跑的客人,所以就把护照暂时还给了他们,且反复交代购物回来后立即交回。但没想到的是,第二天却找不到这两个人了,所有行李也都带走了。领队第一时间联系公司,反映具体情况,公司立即协助联系其家人处理该紧急突发事件。

——资料来源:薛阳根据领队工作见闻整理

阅读案例,完成下列任务:

1. 案例中反映的是怎样的严重问题?
2. 案例问题给我们怎样的启示?今后工作中应该如何防范这类突发事件?

第六章
南　亚

 本章概要

本章主要内容包括：南亚地区的印度、巴基斯坦等国家和南亚国家旅游地理、历史人文、政治经济、旅游环境、民俗风情和旅游资源等基本知识。学好本章内容，可以为做好本旅游区相关国家的游客团队接待和出境本地区旅游领队工作打好基础。

 学习目标

知识目标

1. 了解南亚地区的主要旅游客源地和旅游目的地，比较重要的是印度和巴基斯坦等国家。
2. 理解南亚地区主要国家在中国出入境旅游市场中的地位。
3. 掌握印度、巴基斯坦等国家的基本知识，包括地理环境、历史文化、政治经济、民俗风情和主要旅游资源等。

能力目标

1. 能说出南亚地区主要国家的旅游地理基本知识，如国家名称、地理位置、首都和主要旅游城市、著名旅游景点等。
2. 能理解南亚地区主要国家的历史事件、文化成就、政治经济状况和民俗风情等，并能够对其中的重要问题进行阐释。
3. 能运用所学知识对南亚地区重点国家，主要是印度和巴基斯坦的主要旅游城市和代表性景点进行导游讲解。

素养目标

1. 通过融入中国"一带一路"合作倡议相关内容，培养学生的国家观、全局观及合作意识。
2. 通过对印度、巴基斯坦等国家历史上与中国进行的频繁的文化和商业交流，培养学生的文化自信。

知识导图

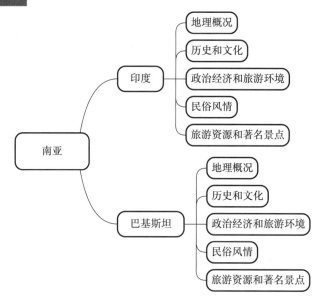

 章节要点

南亚各国具有相对独立性,其中的印度和巴基斯坦是世界上重要的发展中国家,具有重要的地区影响力。印巴两国的历史文化、民俗风情,以及主要旅游城市和景点是本章学习的重点。

 章首案例

"发现巴铁"中文旅游网站开通

作为2023年"中巴旅游交流年"的重要组成部分,巴基斯坦驻华使馆于2023年5月22日在北京凤凰中心举行活动,开通中文旅游网站"发现巴铁"(http://www.discover-batie.org/)。该网站囊括了巴基斯坦各主要自然、人文旅游景点的介绍,并链接各大博物馆、购物中心的网站,以及酒店预订界面。巴基斯坦外交国务部长希娜·拉巴尼·哈尔在致辞中表示,历史上的丝绸之路和当代的喀喇昆仑公路将巴中两国联系在一起,促进了文化交流和人员往来。通过该链接,中国游客可以探索巴基斯坦悠久的历史、雄伟的山脉、纯净的湖泊以及多元的文化,进一步开拓两国人文交流、和平发展之路。

——资料来源:《北京日报》

阅读案例并思考:
你认为中国和巴基斯坦的关系如何?你对两国之间的旅游合作有何评论?

南亚地区位于亚洲南部的喜马拉雅山脉中、西段以南,至印度洋之间的广大地区,东濒孟加拉湾,西濒阿拉伯海。按顺时针方向,环绕南亚的有西亚、中亚、东亚、东南亚及印度洋等地理单元。从测绘学来看,南亚以印度洋板块为主体,是一个相对完整的地理单元,又称为"南亚次大陆"。南亚旅游区包括尼泊尔、不丹、印度、巴基斯坦、孟加拉国、斯里兰卡、马尔代夫等国家。南亚次大陆在历史上是人类文明的重要发祥地,古代印度是"世界四大文明古国"之一。南亚地区各国和中国一样都属于发展中国家,也都是中国共建"一带一路"重要国家,旅游资源丰富,与中国旅游合作发展潜力很大。

第一节 印 度

一、地理概况

(一)自然地理

1. 位置和国土面积

印度共和国简称印度,位于南亚喜马拉雅山脉和印度洋之间,国土面积约298万平方千米(不包括中印边境印占区和克什米尔印度实际控制区等),面积居世界第7位,是南亚次大陆最大的国家。印度东北部同中国、尼泊尔、不丹接壤,孟加拉国夹在东北国土之间,东部与缅甸为邻,东南部与斯里兰卡隔海相望,西北部与巴基斯坦交界。印度东临孟加拉湾,西濒阿拉伯海,海岸线长5560千米。

2. 自然地理特征

印度北部是喜马拉雅山脉,中部是印度河-恒河平原,南部是德干高原及其东西两侧的海岸平原。印度的平原约占国土总面积的40%,山地占25%,高原占30%,其他占5%,山地、高原大部分海拔不超过1000米。印度全国地形总特征是低矮平缓,不仅交通方便,而且适宜农业生产,农作物一年四季均可生长,有着得天独厚的自然条件。印度大部分地区属于热带季风气候,西部的塔尔沙漠是热带沙漠气候。印度受喜马拉雅山脉屏障影响,冬季无寒流或冷高压南下影响,因此,夏季有较明显的季风,冬季基本无明显的季风。根据降雨量和气温的变化,印度大致分为雨季(6—10月)与旱季(3—5月)以及凉季(11月—次年2月)。

(二)人文地理

1. 人口和民族

印度总人口14.2亿(2022年)。印度有100多个民族,其中印度斯坦族约占人口的46.3%，其他人口较多的民族包括马拉提族、孟加拉族、比哈尔族、泰卢固族、泰米尔族等。

印度于2023年成为世界上人口最多的国家

联合国公布的资料显示：2022年11月15日，世界人口达到80亿，这是人类发展的一个里程碑。全球人口从70亿增长到80亿花了12年的时间，而从80亿到90亿则需要大约15年的时间（到2037年），这表明全球人口的总体增长速度正在放缓。然而，一些国家的生育率仍然很高。生育率最高的国家往往是人均收入最低的国家。

联合国人口基金会2023年4月19日发布的《2023年世界人口状况报告》显示，根据最新获得的数据预测，2023年年中，印度的人口将为14.286亿，成为世界人口第一大国。

请思考：
印度超过中国，成为世界第一人口大国，对此你有何评论？

2.语言和宗教

印度的官方语言是印地语和英语。印度是世界上受宗教影响较深的国家，被称为"宗教博物馆"。印度主要宗教有印度教、伊斯兰教等，影响最大的是印度教，约80.5%的人口信仰印度教。其次是伊斯兰教，印度穆斯林约占总人口的13.4%。产生于古印度的佛教是"世界三大宗教"之一，但是佛教在现在的印度影响已经很小。

印度教是印度的国教，在南亚有广泛的影响。印度教将种姓制度作为核心教义，要求教徒严格遵守种姓制度。印度教不是某位教主创立的思想体系，而是在长期社会发展过程中形成的，它是广泛吸收婆罗门教、佛教和耆那教教义以及民间信仰、风俗习惯、哲学思想等的综合产物。

3.首都和行政区划

印度的首都是新德里。印度的一级行政区域包括有28个邦（省）、6个联邦属地及1个国家首都辖区。每一个邦都有各自的民选政府，而联邦属地及国家首都辖区则由联合政府指派政务官管理。

4.国家象征

印度国旗为长方形，长宽之比为3∶2。全旗由橙、白、绿3个相等的横长方形组成，正中心有一个含24根轴条的蓝色车轮形图案。橙色象征了勇气、献身与无私，也是印度教士法衣的颜色；白色代表了真理与和平；绿色则代表繁荣、信心与人类的生产力。

印度国徽图案来源于孔雀帝国时期的阿育王石柱顶端的石刻。圆形台基上站立着4只金色的狮子,象征信心、勇气和力量。台基四周有象、马、牛。1950年,这些富有古老文化元素的雄狮图案被印度人民选为国徽,以此来弘扬印度悠久的历史和文化。

印度国歌是《人民的意志》。印度的国花是荷花,国鸟是蓝孔雀,国树是菩提树。

二、历史和文化

(一)历史沿革

南亚次大陆是人类文明的重要发祥地之一,古代印度与古埃及、古巴比伦和古代中国并称为"四大文明古国"。古印度文明的疆域曾包括今印度共和国、巴基斯坦、孟加拉国、阿富汗斯坦南部部分地区和尼泊尔等南亚部分国家。

1. 印度古代早期文明——哈拉帕文化

哈拉帕文化是印度次大陆已知的较早的城市文化,以哈拉帕和摩亨佐达罗等古城遗址为代表。这些地区出土了大量的精美陶器,反映了当时兴盛发达的手工业和较高的艺术水平。公元前18世纪中叶,哈拉帕文化突然衰落。

2. 印度古典文明时代

哈拉帕文化衰亡200多年后,雅利安人入侵印度并开始其统治,这一时段的史料保留在《吠陀》等经典中,故称作"吠陀时代"。这个时期的文化也称"吠陀文化",是由西北方进入印度的雅利安人带来的新文化体系。吠陀文化是古典印度文化的起源,至今仍然对南亚地区有着巨大影响。印度种姓制度和婆罗门教就产生于这个时期。

公元前6世纪,佛教产生于古代印度。公元前6世纪末期,波斯帝国皇帝大流士一世征服了印度西北部地区。之后,马其顿国王亚历山大大帝征服了西亚,其兵锋所及最远之处就是印度。

3. 帝国时期

亚历山大撤出印度之后,被称为"月护王"的旃陀罗笈多推翻了摩揭陀的难陀王朝,建立起印度历史上的第一个帝国式政权孔雀王朝。孔雀王朝在阿育王时期到达巅峰,完成了对南方羯陵伽的征服,将南亚次大陆大部分地区在形式上统一于帝国政权之下。

从公元前2世纪初开始,大夏希腊人、塞人和安息人先后侵入印度,最后由大月氏人在北印度建立了强大的贵霜帝国。公元127—180年为贵霜帝国的鼎盛时期,当时的迦腻色伽一世是贵霜帝国影响最大的君主,这时的贵霜帝国与罗马帝国、安息帝国和中国汉朝一起被称为"世界古代四大帝国"。

贵霜帝国衰亡后,旃陀罗笈多一世建立的笈多王朝,成为孔雀王朝之后印度的另一个强大王朝,也是由印度人建立的最后一个帝国政权,常常被认为是印度古典文化的黄金时期。笈多王朝的文化非常繁荣,婆罗门教再度兴起并开始向现代印度教转变,佛教和耆那教继续拥有广泛信徒,在文学上也有很高的成就。

公元700年前后,印度陷入分裂和混乱,直到伊斯兰教征服印度。

4. 伊斯兰时期

伊斯兰力量对印度的征服开始于公元11世纪,是由中亚的突厥人进行的。公元1206年,阿富汗古尔王朝统治印度的总督库特布丁·艾伊拜克以德里为中心,建立印度德里苏丹国。这是中亚突厥人在印度建立的一个伊斯兰教国家。公元1526年,德里苏丹国被莫卧儿王朝取代。

莫卧儿帝国是突厥化的蒙古人帖木儿的后裔巴布尔在印度建立的封建专制王朝。莫卧儿帝国在第三代皇帝阿克巴时期走向强盛。第五代皇帝沙贾汗时,莫卧儿帝国空前强大,但由于沙贾汗大兴土木和赋税繁重而产生严重的统治危机。第六代皇帝奥朗则布时期,将帝国版图扩大到整个南亚次大陆和阿富汗。但是在奥朗则布统治晚期,20多年的德干战争耗尽了国力,莫卧儿帝国走向衰落。

5. 近代欧洲殖民时期

莫卧儿帝国衰落的同时,英国、法国、荷兰和葡萄牙等殖民帝国在印度争夺殖民地。公元19世纪中期,印度爆发民族大起义(又称"印度土兵起义")。起义最终被镇压,公元1858年,英国的维多利亚女王被授予印度女皇称号,成立英属印度,莫卧儿帝国灭亡,印度成为英国直接统治的殖民地。直到1947年,英国在印度的统治宣告结束。

6. 印巴分治和现代印度

第一次世界大战前后,印度人民和英国殖民统治之间的矛盾不断激化。1920年,圣雄甘地发起非暴力不合作运动,英国殖民统治开始动摇。第二次世界大战结束后,英国实力急剧衰落,1946年发生印度皇家海军起义,英国在印度的殖民统治已经不可能维持。1947年,英国驻印度最后一任总督路易斯·蒙巴顿提出"分而治之"的"蒙巴顿方案"。根据该方案,巴基斯坦和印度两个自治领分别于1947年8月14日和8月15日成立,英国在印度的统治宣告结束,印度次大陆开启了现代社会的新历史。

(二)印度文化和艺术

1. 文学

印度文学的起源是《吠陀》,大约形成于公元前1000年,是婆罗门教的经典,也是印度最古老的诗歌总集,共有4部,即《梨俱吠陀》《阿达婆吠陀》《娑摩吠陀》和《夜柔吠陀》,以《梨俱吠陀》《阿达婆吠陀》文学价值较高。从公元前4世纪—公元2世纪,印度出现《摩诃婆罗多》和《罗摩衍那》两大史诗,享誉世界。

拉宾德拉纳特·泰戈尔是印度近代文学杰出的代表,主要作品有《吉檀迦利》《飞鸟集》《园丁集》《新月集》《最后的诗篇》等。1913年,泰戈尔以《吉檀迦利》成为第一位获得诺贝尔文学奖的亚洲人。1941年,泰戈尔临终前写作《文明的危机》,控诉英国殖民统治,相信祖国必将获得独立解放。

2. 数学

印度在数学上有突出贡献。印度人创造了阿拉伯数字:0、1、2、3、4、5、6、7、8、9。这一组包括0在内的10个符号可以用来记录一切自然数,是数学史上无与伦比的光辉成绩。马克思在《数学手稿》中把阿拉伯数字誉为"最妙的发明"之一。阿拉伯数字原本是古代印度人的发明,阿拉伯人是其通行全球的"最大功臣",因此被称为"阿拉伯数字"。世界各国数字的写法有很多种,但是国际上通用的是阿拉伯数字。

3. 传统艺术

印度古典艺术主要包括雕塑、舞蹈等,不仅具备印度文化的一般特点,而且与印度的宗教、哲学关系极为密切。

孔雀帝国阿育王统治时期,印度的建筑、雕刻出现了印度美术史上的第一个高峰。阿育王为铭记战功,弘扬佛法,在印度各地敕建了30余根纪念碑式的石柱,称为"阿育王石柱",其中非常著名的是贝拿勒斯城外鹿野苑的石柱。其柱头上刻有4头背对背蹲踞的雄狮,中间层圆形基座周围刻有象、马、牛,动物间都用象征佛法的宝轮隔开,下一层是倒垂的钟形莲花。整个柱头华丽而完整,并且打磨得如玉一般的光润,这是孔雀王朝时代雕刻艺术一个较为显著的特色。阿育王石柱图案被用作印度的国徽,还被用在印度货币和关防上面,是印度传统文化的象征。

印度舞蹈历史悠久。在古代,古典舞蹈在印度教神庙里表演给神看,而到了现当代,印度古典舞蹈已转变为一种严肃的古典艺术。古典舞源自对神无比虔诚、洁净、无私的爱,舞者用手势、眼神、表情、身体表现和诠释宗教故事中的万事万物。一个古典舞者需要以非常严谨和端正的态度,经过多年严格训练,才能获得上台表演的资格。因此,印度古典舞也被称为"印度的芭蕾"。对印度人来说,舞蹈不仅是艺术,还是信仰。现代印度舞蹈在世界舞蹈艺术中占有重要地位,大致可分为古典舞、民间舞和宝莱坞舞蹈(电影舞蹈)。按照受众划分,印度的古典舞在当代属于精英艺术,民间舞和宝莱坞舞蹈则偏向于大众娱乐。

4. 电影

印度电影始于19世纪末。1896年,在孟买第一次放映了卢米埃尔兄弟的影片。之后,外国制片人不断带来各种新影片,激起了印度人的制片兴趣。萨达达以两位摔跤家的表演和训练猴子为素材拍摄了印度最早的两部短片,被誉为印度电影的先驱,印度电影快速发展起来。现在,印度已经是世界上重要的电影出产地区,2002年出产创纪录的1200部电影,为印度带来"电影王国"的美称。印度电影一半以上产于孟买,孟买电影基地有"东方好莱坞"美誉,宝莱坞制片厂是其中的著名代表。20世纪50年代,印度电影《流浪者》在中国就产生了长期影响。现代印度电影作品《贫民窟的百万富翁》《三傻大闹宝莱坞》《摔跤吧!爸爸》等为印度电影带来了世界声誉。

5. 教育和科学技术

印度实行12年一贯制中小学教育。高等教育共8年,包括3年学士课程、2年硕士课程和3年博士课程。此外,印度还有各类专业技术教育、成人教育等。印度著名的大学有德里大学、尼赫鲁大学、印度理工学院、加尔各答大学、孟买大学和贝拿勒斯印度教大学等。加尔各答大学创建于公元1857年,是印度历史最悠久、规模最大的综合性大学。

印度科学技术发展迅速,科学家和工程师数量居世界第3位,仅次于美国和俄罗斯。印度在天体物理、空间技术、分子生物、电子技术、计算机和医药等高科技领域已经达到较高的水平。

三、政治经济和旅游环境

（一）政治制度

印度为联邦制国家，是主权的、社会主义的、世俗的民主共和国，采取英国式的议会民主制。印度公民不分种族、性别、出身、宗教信仰和出生地点，在法律面前一律平等。

印度实际上是一个资本主义联邦制共和国，总统是国家元首，但其职责是象征性的，以总理为首的部长会议（即印度的内阁）是最高行政机关，掌握行政权力。印度的联邦议会由总统和两院组成，掌握立法权，两院包括联邦院（上院）和人民院（下院）。最高法院是最高司法机关，有权解释宪法、审理中央政府与各邦之间的争议问题等。

（二）社会经济

印度独立后实行计划经济，社会经济发展很快，农业由严重缺粮到基本自给，工业形成较为完整的体系。1991年，印度开始实行全面经济改革，放松对工业、外贸和金融部门的管制，是世界上发展较快的国家，其软件、金融等服务业在全球有重要影响。2011年，印度计划委员会通过"十二五"（2012—2017年）计划指导文件，提出国民经济增速9%的目标。2017年后，印度不再实行五年计划。根据国际货币基金组织数据，2022年，印度国内生产总值（GDP）3.39万亿美元，增长率6.8%，人均GDP 2380美元。

印度货币名称是印度卢比。汇率：1美元≈81.9874印度卢比（2023年7月）。1人民币≈11.4068印度卢比（2023年7月）。

（三）旅游环境

中印友好交往的历史源远流长。早在公元前2世纪，中印就通过丝绸之路建立了密切联系，双方文化交流密切，产生于古代印度的佛教对中国文化有深刻影响。印度独立后不久，于1950年同中国正式建交。由于中印都是亚洲大国，2002年，中国同印度的关系得到改善和发展。2009年，金砖国家峰会国际合作机制形成，巴西、俄罗斯、印度和中国为创始会员国。2015年，印度作为观察员国加入上海合作组织。2017年，印度成为上海合作组织正式成员国。2021年，中印双边贸易额达1256.6亿美元，同比增长43.3%，这使得中印旅游合作面临着困难中有机遇的政策环境。

四、民俗风情

（一）礼仪和禁忌

印度大部分人信仰印度教，还有一部分人信奉伊斯兰教、基督教、佛教等。因此，印度社会礼仪宗教色彩明显。印度人见面施握手礼，但男子见到女子应该施合十礼，

知识活页

金砖国家

并微微鞠躬,男子要避免触碰女子,在公共场合不允许与女子单独交谈。印度人摇头表示赞同,点头表示反对,手抓耳朵表示自责。印度人认为左手肮脏,除了上洗手间,均不得使用左手。进寺庙或厨房之前要先脱鞋。

印度人重视时间观念,约会时应准时赴约。社会交往中,印度人喜欢谈论印度文化方面的成就、印度的传统以及外国人的事情和生活,忌讳谈论宗教矛盾、印巴关系、工资以及两性关系的话题。到印度人家中做客,可以给主人赠送水果、糖等礼物,或者给主人的孩子带些小礼物。印度人特别爱喝红茶,喜欢中国红茶,忌讳送牛制品的礼物。

印度教徒视牛为"圣兽",敬之如神,只允许喝牛奶,不能宰杀和吃牛肉。因此,在印度,牛可以到处自由游荡,神圣不可侵犯。在印度的一些城市、乡村,到处可见牛群。游客去印度的寺庙参观,忌讳有以牛皮制成的服饰,如牛皮鞋、牛皮带、牛皮包等,否则会被视为犯了禁戒。

(二)服饰

印度服饰有鲜明的民族特色。印度男子平时多身穿无领或圆领的长衫和宽松长裤,包头巾。长衫一般不过膝,长裤垂至脚面,头巾长达几米。头巾的包法各式各样,多达十几种,其中以拉贾斯坦人和锡克人的头巾较为艳丽。在比较正式而又要求表现民族特点的场合,印度男子都穿"尼赫鲁服"。这种服装是印度民族独立运动时期象征印度民族精神的服装,即"民族服装"。在现代城市,西装革履打领带比较普遍。

印度女子的服装比较艳丽,主要有裙子、纱丽和紧身上衣等。裙子各式各样,五颜六色。有些绣上花,赏心悦目;有些镶上镜片,光彩照人。纱丽是印度女子非常钟爱的传统服装,在穿纱丽的时候,首先要穿上紧身上衣,将双肩和胸脯紧紧包裹起来,而小臂和腰部完全裸露在外。下身要穿短裤或衬裙,然后将纱丽披在身上,一直到脚踝处。由于纱丽非常轻薄,容易透光,所以衬裙的颜色与纱丽要相配。印度穆斯林女子则习惯头戴面纱,有些人甚至在吃饭或喝水时也不摘下来。

(三)饮食

印度人饮食口味淡而清滑,喜欢吃印度烙饼和咖喱大米饭。印度人肉类食品偏爱鸡、鸭和鱼、虾,蔬菜喜欢番茄、洋葱、土豆、白菜、菠菜,尤其喜欢吃土豆。除了红茶,印度人还喜欢喝咖啡、凉开水等。

印度人吃饭大多使用盘子,但不使用刀、叉或筷子等餐具,而是用手抓取食物。一般用右手拿食物、礼品和敬茶,不用左手,也不用双手。印度人60%的人是素食主义者,所以要宴请印度人的时候要先了解对方的习俗。

(四)节日

印度的节日有共和国日、独立日、灯节、元旦等。

1. 共和国日

印度的共和国日是每年的1月26日,始于1950年1月26日,印度议会通过《印度共和国宪法》,建立共和国。

2. 独立日

印度的独立日是每年的8月15日,始于1947年8月15日。这一天,印度人民摆脱英国殖民统治取得独立。

3. 灯节

印度的灯节是在每年的公历10月、11月,是印度教徒最大的节日,全国庆祝3天。

4. 元旦

元旦是印度新年,从每年10月31日起为新年,共5天,第四天为元旦。新年第一天,谁也不许对人生气,更不准发脾气。有些地区的人们以禁食一天一夜来迎接新年的到来,由元旦凌晨开始直到午夜为止。由于这种习俗怪异,印度的元旦被人称为"痛哭元旦""禁食元旦"等。

五、旅游资源和著名景点

(一)旅游业和旅游资源

印度国土面积广阔,历史悠久,文化厚重,古迹名胜众多,旅游资源丰富。旅游业是印度政府重点发展的产业,印度政府在旅游业中参与程度较高,每个邦都设有旅游公司,中央政府设有印度旅游开发总公司。近年来,印度的在线旅游、酒店、旅行社、景区等领域都有很大发展。数据显示,2017年,印度接待外国游客突破1000万人次,大幅超过2016年的880万人次。2018年,印度出境旅游达2500万人次,其中入境中国达80万人次。2018年,印度旅游业占GDP的近10%,旅游业就业人口占总就业人数的8.1%。印度旅游业发展呈现良好的上升态势。

(二)主要旅游城市和旅游景点

印度旅游城市很多,除了首都新德里外,孟买、加尔各答、金奈、班加罗尔、海得拉巴、昌迪加尔等都是著名的旅游城市,每个城市都有独具印度风情的旅游景点。

1. 新德里

新德里位于印度的西北部,在喜马拉雅山脉西段南部,是印度的首都,也是全国政治、经济和文化中心。新德里还是印度北方最大的商业中心、印度第一大城市。新德里地理环境和位置优越,恒河支流亚穆纳河从城东缓缓流过,河对岸是广阔的恒河平原。新德里是在古老的德里城基础上扩建而成,1931年起成为首府,1947年印度独立后成为首都。新德里和老德里的中间部分是印度的象征性景观印度门,印度门以南为新德里,印度门以北为老德里。

德里城内宗教气氛浓厚,古代建筑众多,用红砂石建造的莫卧儿帝国的皇宫红堡、公元前200多年孔雀王朝的阿育王石柱、印度最高古塔古特伯高塔以及印度最大的清真寺贾玛寺等,都是驰名世界的名胜古迹。新德里的市中心是姆拉斯广场,总统府和国会大厦也是这座城市的代表性建筑。

2. 阿格拉古城和泰姬陵

阿格拉古城位于印度北方邦西南部,在亚穆纳河西岸,距首都新德里200千米。公元1526年,莫卧儿帝国第一个帝王巴布尔在此建都,随后的100多年,他和他的继任者们不断建造新的建筑,其中以被列入世界文化遗产名录的阿格拉古堡和泰姬陵尤为著名。

阿格拉古堡是莫卧儿帝国皇帝阿巴克花费十年心血建起的一座奢华的宫殿,其孙子沙·贾汗继位后,又增建了一些殿宇,使其成为一座无比壮丽的皇家首都。阿格拉城堡的内、外两层城墙均为红砂岩建造,因此也被称为"红堡",与德里的红堡齐名。城堡外形雄伟壮观,城堡内部的宫殿最多时有500多座,虽经历漫长的岁月,多已失修,但画梁和墙壁上精巧的雕刻与设计,仍隐约保存着昔日富丽堂皇的风貌。阿格拉古堡与泰姬陵隔河相望,共同见证着印度古代文化的辉煌。

泰姬陵全称为"泰姬·玛哈尔陵"(见图6-1),位于阿格拉亚穆纳河右侧,是一座由白色大理石建成的巨大陵墓清真寺,是莫卧儿帝国皇帝沙贾汗为纪念他心爱的妃子穆塔兹·玛哈尔建造的。建筑由殿堂、钟楼、尖塔、水池等构成,全部用纯白色大理石建筑,用玻璃、玛瑙镶嵌,具有极高的艺术价值。泰姬陵是印度穆斯林艺术最完美的瑰宝,是世界遗产中的经典杰作之一,被誉为"完美建筑",又有"印度明珠""大理石之梦"的美称。

图6-1 泰姬陵

3. 孟买

孟买是印度西部滨海城市、印度第一大港口、棉纺织业中心,也是马哈拉施特拉邦首府、印度第二大城市。孟买是印度的西部门户,是著名的商业和娱乐业之都及重要的贸易中心。孟买还是印度最富裕的城市,这里的百万富翁和千万富翁冠绝印度所有城市。

孟买不仅有印度教的庙宇,还有许多清真寺和基督教、天主教的教堂,诸多的教堂使得这座城市充满了浓郁的宗教气息。孟买的地标性建筑为印度门,外形酷似法国的凯旋门,是重要的旅游景点之一。其他著名景点还有阿旃陀石窟、海滨大道、国立现代

阿旃陀石窟

美术馆、杰汉吉尔艺术画廊等。孟买还拥有2处联合国教科文组织确认的世界遗产,分别是贾特拉帕蒂·希瓦吉火车站和象岛石窟。

除此以外,印度的第三大城市加尔各答,以及南印度著名旅游胜地果阿等,都有很高的旅游价值。

第二节 巴基斯坦

一、地理概况

(一)自然地理

巴基斯坦伊斯兰共和国简称巴基斯坦,意为"圣洁的土地""清真之国"。巴基斯坦位于南亚次大陆西北部,南濒阿拉伯海,东、北、西三面分别与印度、中国、阿富汗和伊朗接壤,西邻伊朗。巴基斯坦国土面积为79.6万平方千米(不包括巴控克什米尔地区),海岸线长980千米。

巴基斯坦全境3/5为山区和丘陵地带,南部沿海一带为荒漠,向北伸展则是连绵的高原牧场和肥田沃土。喜马拉雅山、喀喇昆仑山和兴都库什山在巴基斯坦西北部汇聚,形成了奇特的自然景观。全国最高峰是乔戈里峰(海拔8611米)。源自中国的印度河进入巴基斯坦境内后,自北向南绵延2300千米后,注入阿拉伯海。印度河为巴基斯坦农业生产发展创造了条件。巴基斯坦除南部受季风影响,属热带气候,雨季较长,其他地区属亚热带气候。巴基斯坦北部地区干燥寒冷,有的地方终年积雪。巴基斯坦年平均气温27℃。

(二)人文地理

巴基斯坦总人口2.4亿(2023年),官方语言为乌尔都语和英语,95%以上的居民信奉伊斯兰教,少数信奉基督教、印度教和锡克教等,是一个多民族的伊斯兰国家。巴基斯坦的主要民族有旁遮普族、信德族、普什图族、俾路支族等,其中旁遮普人占63%,信德人占18%,普什图人占11%,俾路支人占4%。

巴基斯坦首都是伊斯兰堡,行政区包括4个省、1个联邦直辖区和2个克什米尔特区,省下有县和乡行政区划。4个省(括号内为首府)分别是俾路支(奎达)、开伯尔-普什图赫瓦(白沙瓦)、旁遮普(拉合尔)、信德(卡拉奇)。1个联邦直辖区是伊斯兰堡首都特区。巴控克什米尔地区分为北部地区(吉尔吉特)和自由克什米尔(穆扎法拉巴德)2个克什米尔特区。

巴基斯坦国旗呈长方形,长与宽之比为3:2。基本图案由白色和深绿色2个长方形组成,左侧是白色竖长方形,宽度占整个旗面的1/4,右侧为深绿色长方形,中央有一颗白色五角星和一弯白色新月。白色象征和平,代表信奉印度教、基督教等宗教的居民和其他少数民族。绿色象征繁荣,新月象征进步,五角星象征光明,这些元素还象征对伊斯兰教的信仰。

巴基斯坦国徽同国旗颜色相同,都以深绿色和白色为主。国徽顶端是五角星和新月图案,象征对伊斯兰教的信仰以及光明和进步;中间是盾徽,盾面分为4个部分,分别绘有棉花、小麦、茶、黄麻4种农作物,象征立国之本。盾徽两侧饰以鲜花、绿叶,象征和平;下端的绿色饰带上用乌尔都语写着"虔诚、统一、戒律"。

巴基斯坦国花为素馨花,国歌是《保佑神圣的土地》。

二、历史和文化

巴基斯坦历史悠久,早在5000年前,这里就孕育着灿烂的印度河文明。闻名遐迩的青铜时代的摩亨佐达罗古城遗址可与古尼罗河文明相媲美。历史上,巴基斯坦和印度原是一个国家,后沦为英国殖民地。1947年,根据《蒙巴顿方案》,印度和巴基斯坦实行分治。同年8月,巴基斯坦宣布独立,成为英联邦一个自治领,包括巴基斯坦东、西两部分。1956年3月,巴基斯坦伊斯兰共和国正式成立,仍为英联邦成员国。1971年3月,东巴基斯坦宣布成立孟加拉人民共和国,同年12月孟加拉国正式独立,脱离巴基斯坦。当年12月,爆发第三次印巴战争,印度又占领了巴控克什米尔地区的部分土地。1972年7月,印巴签署了《西姆拉协定》,双方同意在克什米尔地区尊重1971年双方停火后形成的实际控制线。

知识活页

克什米尔争端

三、政治经济和旅游环境

(一)政治制度

巴基斯坦建国后曾于1956年、1962年和1973年先后颁布过3部宪法,之后又多次通过宪法修正案。根据宪法,巴基斯坦采用议会制共和制政体。巴基斯坦属于资本主义国家,国家结构形式采用联邦制,政治体制是双首长(总统、总理)制。巴基斯坦现任总统阿里夫·阿尔维,于2018年9月9日就任;看守政府总理安瓦尔·卡卡尔,于2023年8月14日就任。

巴基斯坦议会是联邦立法机构,行使立法权。1947年巴基斯坦建国后长期为一院制,1973年宪法颁布后实行两院制,由国民议会(下院)和参议院(上院)组成。国民议会经普选产生,参议院按每省议席均等的原则,由省议会和国民议会遴选产生。巴基斯坦的司法机构最高法院和4个省的高等法院、各县法院、地方法院及调解法院组成,行使司法权。

(二)社会经济

巴基斯坦拥有多元化的经济体系,是一个经济快速增长的发展中国家。巴基斯坦在1947年独立后的40余年中取得了高于世界平均速度的经济增长。2008年,受美国金融危机影响，巴基斯坦经济形势持续恶化。2009年以来，在巴基斯坦自身调整努力和国际社会帮助下，经济运行持续向好。2022年7月—2023年6月，巴基斯坦国内生产总值（GDP）达3715.54亿美元，同比增长0.29%。巴基斯坦的经济结构由主要是农业为基础转变为以服务业为基础。农业只贡献国内生产总值的22%；而服务业占53%，批发和零售贸易占这个产业的30%。

巴基斯坦货币名称是巴基斯坦卢比。汇率：1人民币≈39.7931巴基斯坦卢比；1美元≈285.7143巴基斯坦卢比（2023年7月）。

（三）旅游环境

巴基斯坦奉行独立和不结盟外交政策，注重发展同伊斯兰国家和中国的关系。巴基斯坦致力于维护南亚地区和平与稳定，在加强同发展中国家团结合作的同时，发展同西方国家的关系。巴基斯坦支持中东和平进程，已同世界上120多个国家建立了外交和领事关系。

从20世纪50年代初，中国和巴基斯坦就建立了贸易关系。1951年5月，中巴两国正式建立外交关系。1982年10月，中巴两国成立了中巴经济、贸易和科技合作联合委员会。2006年，两国签署自由贸易协定并于2007年7月开始实施。2009年2月，两国签署《中巴自贸区服务贸易协定》，当年中国成为巴第二大贸易伙伴。2015年7月，巴基斯坦加入上海合组织。中国和巴基斯坦关系牢固、友好，巴基斯坦被中国人民亲切地称为"巴铁"，双方文化交流密切，有良好的旅游合作环境。

在巴基斯坦旅游一定要遵守伊斯兰教传统，在公共场所不要穿背心、短衫或短裤。参拜清真寺时，着装要严谨。在进入清真寺之前，还必须脱去鞋子。切勿穿黄色的服装，因为巴基斯坦人认为那是僧侣专用的色彩。

四、民俗风情

（一）礼仪和禁忌

巴基斯坦人热情好客，待人诚实，讲究礼节。但是巴基斯坦是伊斯兰国家，在社交礼仪上必须符合伊斯兰宗教信仰方面的要求。普通朋友见面时握手，亲密的朋友之间可拥抱。久别重逢的老朋友，总要热情拥抱3次以上，然后手拉着手祝福，常用的祝福语是"艾萨拉玛来古姆"（真主保佑你平安）、"瓦来古姆艾萨拉姆"（真主也保佑你平安）。接着，他们会相互问候，寒暄的时间很长。巴基斯坦人与外国朋友见面，会热情地握手表示欢迎。对于尊贵的客人，常常要献上用鲜花制成的花环。巴基斯坦人特别注意男女之别，很多公开场合女士不露面，青年男女互不来往，即使见到女士，男士也不能主动握手。

同巴基斯坦人交往时，忌讳用手拍打对方的肩背，因为在巴基斯坦这被认为是警察拘捕犯人的动作。手帕不能作为礼品赠送给巴基斯坦人，巴基斯坦人认为手帕是用来擦眼泪的，赠送手帕会带来悲伤的事情。交往中，不要谈论敏感的政治问题，说话的语气要平缓,态度要谦虚,不可以毫无顾忌地高谈阔论或哈哈大笑,在巴基斯坦人看来,这些是缺少修养的表现。

(二)服饰习俗

巴基斯坦人的服饰必须严格地遵守伊斯兰教教规。到朋友家做客要服饰整洁,无论天气多热,男性都要穿长衫、长裤,最好穿西服、系领带。女性穿衣时除手、脚外,身体的其他部位不得暴露在外。日常生活中,巴基斯坦男子一年四季都穿着宽松的长衫、长裤。在夏天,他们也绝不会穿背心短裤,更不会打赤膊,但往往会穿凉鞋,甚至赤脚。冬天,他们通常会身披一条毯子御寒,却不喜欢穿棉衣或毛衣。巴基斯坦女性的日常穿着,主要是一件不露胳膊、不露腿部的宽大的长袍,出门在外时,她们还必须以面纱遮盖自己的面容,只允许露出眼睛。在巴基斯坦,女性不允许穿裙子。尽管如此,巴基斯坦妇女依旧尽一切可能想方设法地打扮自己。平日,她们喜欢将指甲染成深红色,佩戴耳饰、颈饰、臂饰、鼻饰、足饰等各式各样的首饰。有时,她们所佩戴的首饰往往还被赋予某种特别的寓意。比如,佩戴鼻环是已婚的标志。

(三)饮食习俗

巴基斯坦人的主食主要是米饭和面食,副食有牛羊肉、鸡肉、鸡蛋、鱼、蔬菜等。如有客人,心灵手巧的家庭主妇会用香麻、黄油、咖喱、胡椒、辣酱等进行调味,将食材炒、煎、烧、烩、涮制成各种各样富于民族特色的饭菜迎接待客。巴基斯坦传统名菜主要有咖喱鸡、涮羊肉、烧羊肉、煎牛排、鱼肚等。巴基斯坦人喜爱甜食,常用甜菜泥、西式点心、染色的甜米饭、甜发面饼等招待客人。巴基斯坦人喜欢吃的水果有梨子、柑橘、橙子、香蕉、葡萄等。

五、旅游资源和著名景点

(一)旅游业和旅游资源

巴基斯坦旅游资源丰富,有着独特的自然风光和人文景观,还有漫长的海岸线,是良好的海滩休闲旅游地。但是巴基斯坦旅游业发展较慢,旅游者多为定居在欧美的巴基斯坦人和海湾国家公民。2003年,巴基斯坦正式成为中国公民自费出国旅游目的地国。近年来,随着中国提出的"一带一路"国家合作的深入,巴基斯坦的经济和旅游业得到快速发展。

巴基斯坦主要城市有首都伊斯兰堡,还有卡拉奇、拉合尔、白沙瓦、拉瓦尔品第、伊斯兰堡、奎塔、费萨拉巴德、木尔丹、海德拉巴、苏库尔、吉尔吉特、瓜达尔港等。旁遮普省是巴基斯坦境内最大的游客目的地,接待游客数量占全国的95%,其中拉合尔古堡、巴德夏希清真寺、沙利马尔花园等景点被评为全巴基斯坦最受欢迎的景点,深受国内外游客喜爱。巴基斯坦的旅游业发展潜力巨大。

(二)主要旅游城市和旅游景点

1.伊斯兰堡

伊斯兰堡是巴基斯坦的首都,也是全国政治中心。伊斯兰堡位于巴基斯坦东北部,北靠马尔加拉山,东临拉瓦尔湖,南距拉瓦尔品第11千米,整个市区面积约909平方千米。

伊斯兰堡首都区有很多具有传统伊斯兰特色的现代化建筑,分行政、使馆、居民、工业、商业、绿化等区,有真纳大学、伊克巴尔函授大学、核子科学技术研究所等。伊斯兰堡依山傍水,风光绮丽,一年四季,马路两旁绿树流翠,繁花似锦。伊斯兰堡整个城市掩映在绿树丛中,已成为一座世界著名的花园城市。伊斯兰堡的主要景点有费萨尔清真寺、塔克西拉、拉瓦尔品第古城和伊斯兰堡公园等。

费萨尔清真寺坐落在巴基斯坦首都伊斯兰堡西部的巴基斯坦国际伊斯兰大学旁。1986年由沙特阿拉伯费萨尔国王基金会资助8000万沙特里亚尔(约合1500万美元)建成。费萨尔清真寺占地面积18.97万平方千米,整个建筑设计独特,庄严凝重,并带有浓厚的伊斯兰文化特色,是巴基斯坦规模最大的清真寺。

塔克西拉位于伊斯兰堡西北约50千米处,是一座有2000多年历史的佛教古城遗迹,也是举世闻名的犍陀罗艺术中心。中国高僧法显、玄奘等曾经都到过这里,轮廓鲜明的古城遗址今天仍依稀可辨。塔克西拉博物馆里收藏着许多出土文物,其中各种各样的佛像尤其引人注目。

此外,在伊斯兰堡和拉瓦尔品第之间有一个著名的小山公园,山顶有一片绿地,专供来访的各国领导人植树留念。1964年2月,周恩来总理在此植有乌桕树,之后有多位中国国家领导人在此植树留念,是中巴友谊的象征。

2.卡拉奇

卡拉奇位于巴基斯坦南部海岸、印度河三角洲西北部,南濒临阿拉伯海,居莱里河与玛利尔河之间的平原上,是信德省的首府、巴基斯坦第一大城市,有印度河流域的主要港口。

卡拉奇既有狭窄的小巷、破旧的古城、碎石子小路,也有高雅的现代建筑。这里有宽广且阳光充足的海滩,游泳、深海垂钓、游艇、高尔夫还有骑马都是游客们喜欢的休闲活动。饭店提供巴基斯坦和西方的饮食,以满足不同游客的需求。在卡拉奇的市场还可以购买到各种独特的手工艺品,包括漂亮的地毯。卡拉奇的主要景点有巴基斯坦国立博物馆、裘宽迪、真纳墓、哈埋矶湖等。1984年2月,卡拉奇同中国上海结为友好城市。2019年10月,卡拉奇同中国青岛结为友好城市。

3.拉合尔

拉合尔位于富庶的印度河上游冲积平原,在首都伊斯兰堡东南约300千米。拉合尔是巴基斯坦第二大城市、旁遮普省的首府、巴基斯坦文化和艺术中心,也是一座有2000多年历史的古城。拉合尔曾是莫卧儿帝国的首都,有"巴基斯坦灵魂"之称。公元630年,中国唐代高僧玄奘曾来此访问。

拉合尔由建于阿克巴时期的旧城和其南部的新城组成。旧城有7米高的红色砖石城墙,建有14座城门,城墙外有护城河。东部朝印度德里方向的城门叫"德里门",而德里红堡朝向拉合尔方向的正门则取名"拉合尔门",它昭示了这两座城市之间的深厚历史渊源。拉合尔很多历史古迹和清真寺,以莫卧儿王朝的拉合尔古堡、贾汗吉尔陵、巴德夏希清真寺等较为著名。巴德夏希清真寺是世界上较大的一座清真寺,在费萨尔清真寺建成前,这里曾经是巴基斯坦最大的一座清真寺,它在莫卧儿帝国皇帝奥朗则布时期兴建,广场可供10万人同时做礼拜。

本章小结

南亚旅游区在自然地理上有相对独立性,7个国家均属于发展中国家。本章重点介绍其中比较重要的印度和巴基斯坦两个国家的基本情况,对这两个国家的地理环境、历史文化、政治经济、民俗风情和旅游资源等知识进行了全面学习。读者们也可以根据实际工作和旅游的需要,对尼泊尔、不丹、孟加拉国、斯里兰卡、马尔代夫等国家和地区的有关情况进行进一步学习与了解。

在线答题

知识训练

能力训练

印度的泰姬陵是著名的世界文化遗产,也是印度重要的旅游景点。请写一篇关于泰姬陵的讲解词,并进行讲解训练。

第三篇

欧洲旅游区

欧洲旅游区位于亚欧大陆的西部,东半球的西北,北临北冰洋,西濒大西洋,南濒地中海和黑海。欧洲南部隔地中海与非洲相邻,东部和东南部与亚洲毗连,宛如亚欧大陆向西突出的一个大半岛。欧洲在地理上习惯分为北欧、南欧、西欧、中欧和东欧5个地区,主要国家有英国、法国、德国、意大利、俄罗斯、西班牙、葡萄牙、希腊、丹麦、瑞典、芬兰等。欧洲历史悠久,文明程度很高,是近代资本主义文明的发源地、现代工业社会和城市化开始的地方,也是人类生活水平较高、经济社会、环境以及人类发展指数较高、适宜居住的大洲之一。欧洲旅游资源非常丰富,旅游业非常发达,是世界各地游客向往的目的地之一。

第七章
西　欧

本章概要

本章主要内容包括：西欧的荷兰、英国、法国等国家旅游地理、历史人文、政治经济、旅游环境、民俗风情和旅游资源等基本知识。学好本章内容，可以为做好本旅游区相关国家的游客团队接待和出境西欧地区国家旅游领队工作打好基础。

学习目标

知识目标
1. 了解西欧主要旅游客源地和旅游目的地，比较重要的是荷兰、英国、法国等国家。
2. 理解西欧地区主要国家在中国出入境旅游市场中的重要地位。
3. 掌握荷兰、英国、法国等国家的基本知识，包括地理环境、历史文化、政治经济、民俗风情和主要旅游资源等。

能力目标
1. 能说出西欧主要国家的旅游地理基本知识，如国家名称、地理位置、首都和主要旅游城市、著名旅游景点等知识。
2. 能理解西欧主要国家的历史事件、文化成就、政治经济状况和民俗风情等，并能够对其中的重要问题进行阐释。
3. 能用所学知识对西欧地区，主要是荷兰、英国、法国的主要旅游城市和代表性景点进行导游讲解。

素养目标
1. 通过对英国、法国等西方国家在近代史上通过科技进步等对人类文明所做贡献的学习，更好地理解现代人类社会。
2. 通过对英国、法国等西方国家在近代对中国的侵略，培养学生的辩证思维。

客源地与旅游目的地概况

 知识导图

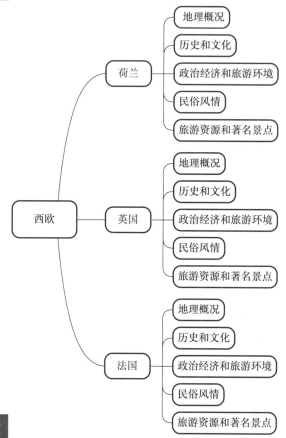

 章节要点

  西欧是世界上较早启动现代化的地区,其中的荷兰、英国和法国至今在世界上也仍有着重大的影响,英国还是现代旅游业的发源地。荷兰、英国和法国的历史文化、民俗风情,以及主要旅游城市和景点是本章学习的重点。

章首案例

出境游迎来暑期热潮,欧洲游市场风云万变

  进入6月,传统的暑期旅游季即将拉开帷幕,各个旅游目的地都在关注着中国,这个曾经庞大的旅游客群,特别是欧洲。而中国游客对于欧洲的热情不减当年。

  在欧洲深耕多年的远海国际旅游集团董事长王威对品橙旅游分析道:西欧国家旅游资源成熟,且开放的国家可以形成完整的旅游路线,是大多数旅欧游客的优质之选。

——资料来源:品橙旅游,发布于2023年6月15日

阅读案例并思考:
西欧主要有哪些国家?可以形成怎样的旅游路线?

第一节 荷 兰

一、地理概况

(一)自然地理

荷兰国土面积为41528平方千米,位于欧洲西北部,是亚欧大陆桥的欧洲起点。荷兰东与德国为邻,南接比利时,西、北濒临北海,地处莱茵河、马斯河和斯凯尔特河三角洲,海岸线长达1075千米。

荷兰地势低平,24%的面积低于海平面,1/3的面积仅高出海平面1米。荷兰国名"尼德兰",本意即为低地国家。荷兰属海洋性温带阔叶林气候,沿海地区平均气温夏季16℃,冬季3℃;内陆地区夏季17℃,冬季2℃。年平均降水量797毫米。

(二)人文地理

荷兰人口1784万(2023年7月),76.9%为荷兰族,摩洛哥、土耳其、苏里南等为人口较多的少数族裔。荷兰官方语言为荷兰语,弗里斯兰省讲弗里斯语。本土居民多信奉天主教、新教。

荷兰的首都是阿姆斯特丹,政府驻地在海牙。荷兰由12个省和海外领地组成。

荷兰国旗呈长方形,长与宽之比为3∶2,由红、白、蓝3个平行且相等的横长方形相连而成。蓝色表示国家面临海洋,象征人民的幸福;白色象征自由、平等、民主,还代表人民纯朴的性格特征;红色代表革命胜利。

荷兰国徽为斗篷式,顶端带王冠的斗篷中有一盾徽,蓝色盾面上有一只头戴三叶状王冠的狮子,一爪握着银色罗马剑,一爪抓着一捆箭,象征团结就是力量。荷兰国歌是《威廉颂》,这也是世界上最古老的一首国歌。

荷兰国花是郁金香,它与风车、奶酪、木鞋并称"荷兰四宝"。荷兰人民一直把郁金香作为美丽、华贵、庄严的象征。荷兰的国鸟是琵鹭,因嘴像琵琶而得名。荷兰的国石是钻石。

二、历史和文化

(一)历史沿革

公元16世纪以前,荷兰长期处于封建割据状态。公元16世纪初,荷兰受西班牙统治。公元1568年,荷兰爆发延续80年的反抗西班牙统治的战争。公元1581年,北部七省成立荷兰共和国(正式名称为尼德兰联合共和国)。公元1648年《威斯特伐利亚和约》签署后,西班牙正式承认荷兰独立。公元17世纪,荷兰曾为海上殖民强国,经济、文化、艺术、科技等各方面均非常发达,被誉为该国的"黄金时代"。公元18世纪后,荷兰殖民体系逐渐瓦解,国势渐衰。公元1815年,成立荷兰王国。公元1848年,宪法正式确立君主立宪制。第一次世界大战期间,荷兰保持中立。第二次世界大战初期,荷兰宣布中立。1940年5月,荷兰遭德军入侵,王室和内阁成员流亡英国。第二次世界大战后,荷兰放弃中立政策,加入北约和欧共体(欧盟)。

自2020年1月起,"荷兰"这一名称被停用,荷兰政府规定国内公司、使馆、各个政府部门和大学,只使用其官方名称"尼德兰"(Netherlands)来指代该国。因为"荷兰"(Holland)这个名字仅指该国12个省中的2个省,即阿姆斯特丹所在的北荷兰省,以及鹿特丹和海牙所在的南荷兰省。荷兰政府希望可以通过"改名"进一步提升自己的国际形象。

(二)社会文化

荷兰拥有品位高雅、灿烂辉煌的文化艺术,各大型博物馆的收藏品价值非凡,戏剧与音乐领域成果丰硕。

1. 文学艺术

荷兰民间文学产生于公元13世纪。当时以佛兰德为中心的南方,由于受法兰西文化的影响以及市民阶级的觉醒,陆续出现了《骑士传奇》《列那狐传奇》等动物故事和宗教诗等文学作品。在中世纪,荷兰文学是西欧传统文学的一部分,作品包括讲述骑士故事的史诗和寓言故事,如《列那狐的故事》《普通人》等。

公元16世纪,人文主义文学出现,荷兰的主要代表人物是伊拉斯谟,他的作品《愚人颂》对教会和社会进行了讽刺,后被译成了多种语言文字。公元17世纪,荷兰哲学和文学主要代表人物是斯宾诺莎,他和法国的笛卡尔、德国的莱布尼茨并称为西方哲学的三大理性主义者。斯宾诺莎的哲理故事是17世纪荷兰文学精粹之一。荷兰文学在这一时期处于繁荣阶段,还涌现出霍夫特、布雷德罗、冯德尔和赫伊亨斯等著名诗人与作家。

经典音乐方面,荷兰拥有大量的管弦乐团,分布在荷兰各地。其中极负盛名的为阿姆斯特丹皇家音乐厅管弦乐团,经常在国外演出,著名的小型乐团有十八世纪管弦乐团、阿姆斯特丹巴洛克管弦乐团以及阿姆斯特丹的斯宏伯格乐团。

2. 教育

荷兰实行12年(5—16岁)全日制义务教育,全国共有7000多所各级各类学校。荷兰高等教育分为大学和高等职业教育。荷兰现有13所公立研究型大学,著名高校有莱顿大学、乌特勒支大学、阿姆斯特丹大学、格罗宁根大学、鹿特丹伊拉斯谟大学、代尔夫特理工大学等。荷兰高等教育水平位居世界前列,2022年,荷兰有10所研究型大学跻身《泰晤士高等教育》世界著名大学前200名。

三、政治经济和旅游环境

（一）政治制度

荷兰宪法规定荷兰是世袭君主立宪王国。荷兰的国家元首为奥兰治—拿骚家族成员担任的世袭君主，也就是我们常说的"国王"。荷兰立法权属国王和议会，行政权属国王和内阁。枢密院为最高国务协商机构，主席为国王本人，其他成员由国王任命。荷兰现任国王是威廉·亚历山大，现任首相是马克·吕特。

（二）社会经济

荷兰是发达的资本主义国家，是西方十大经济强国之一。荷兰自然资源相对贫乏，但天然气储量丰富，自给有余，还能出口。荷兰工业发达，电子、化工、水利、造船以及食品加工等领域技术先进，金融服务和保险业发达，是世界主要造船国家之一，陆、海、空交通运输十分便利，是欧洲大陆重要的交通枢纽。荷兰的农业生产现代化程度高，农业发达，是世界第三大农产品出口国。乳、肉产品供应国内有余，是世界主要蛋、乳出口国之一。花卉是荷兰的支柱性产业之一，全国共有1.1亿平方米的温室用于种植鲜花和蔬菜，因而享有"欧洲花园"的美誉。

2022年，荷兰人均国内生产总值（GDP）为5.3万欧元，经济增长率达4.5%。

知识活页

欧洲联盟

（三）旅游环境

荷兰与中国于1954年建立代办级外交关系，1972年升格为大使级。1981年，因荷政府批准荷兰公司售台潜艇，两国外交关系降为代办级。1984年，中荷恢复大使级外交关系。2014年，习近平主席对荷兰进行国事访问，双方一致决定将双边关系提升为"开放务实的全面合作伙伴关系"。荷兰国王威廉·亚历山大曾于2015年、2018年两次访华，首相吕特2013、2015、2018、2019年多次来华进行工作访问。2022年5月，习近平主席同威廉·亚历山大国王就中荷建立大使级外交关系50周年互致贺电。同年11月，习近平主席在巴厘岛会见荷兰首相吕特。

荷兰是中国在欧盟内第二大贸易伙伴，双方文化交流活跃。这都为中荷的旅游合作提供了良好的政治环境。

四、民俗风情

（一）礼仪

荷兰人在正式场合与客人相见时，一般施握手礼，要与在场的人一一握手，包括孩子。与朋友相见，大多习惯拥抱礼。在荷兰与朋友相约应事先预约时间并准时赴约。拜访客人的时，送鲜花、巧克力或类似的礼物是当地习俗。新颖别致的礼物很受欢迎，礼物都要精心包装。

荷兰人喜欢人们赞美他们的家具、艺术品、地毯以及其他的室内陈设。荷兰的政治、旅行和体育运动等是普通交谈中常见的话题。另外,很多荷兰知识分子对中国传统文化(汉学)了解颇深,这也会很快拉近和朋友之间的距离。

(二)服饰

大部分荷兰人的穿着打扮和欧洲大陆的其他国家大同小异。在正式社交场合,如参加集会、宴会,男士穿着都较庄重,女士衣着典雅秀丽。极富特色的是荷兰马根岛上居民的服饰。该岛女孩的衬衣都是红绿间隔的条子。

(三)饮食

荷兰人把胡萝卜、土豆和洋葱混合烹调而成的菜叫"国菜",每年的10月3日,家家户户都要吃这种"国菜"。荷兰人早餐多为冷餐,一般多是面包、黄油、奶酪、火腿、香肠和果酱等。荷兰人不太喜欢喝茶。牛奶是他们日常生活中不可缺少的饮料,喝奶如同我国喝茶一般。荷兰人倒咖啡有特别的讲究,只能倒到杯子的2/3处,倒满被认为是失礼的行为。

(四)禁忌

荷兰人忌讳"13""星期五"。他们认为,"13"象征着厄运,"星期五"象征着灾难。他们忌讳交叉式握手和交叉式的谈话,认为这些都是极不礼貌的举止。荷兰的古城史塔荷斯特被视为"神秘的女人村"。这里的妇女对现代化设施、器械以及社会风尚都很反感,甚至表示憎恶。另外,她们还特别忌讳别人对着她们拍照。荷兰人忌讳有人询问他们的宗教信仰、工资情况、婚姻状况、个人去向等问题,认为私人事宜不需要他人过问。

五、旅游资源和著名景点

(一)旅游业和旅游资源

荷兰近年来已发展成炙手可热的旅游胜地,越来越受到全球各地游客的青睐。旅游业在荷兰也越来越受重视。荷兰旅游业占GDP比重达到4.3%(荷兰统计局,2017年)。此外,旅游业还为荷兰创造了更多就业机会。

(二)主要旅游城市和旅游景点

1.阿姆斯特丹

阿姆斯特丹是荷兰王国的首都,位于艾瑟尔湖西南岸,市内地势低于海平面约5米。阿姆斯特丹河流众多,阿姆斯特尔河从市内流过,从而使该城市成为欧洲内陆水运的交汇点。此外,全市还有160多条大小水道,由1000余座桥梁相连。漫游城中,桥梁交错,河渠纵横,从空中鸟瞰,波光如缎,状似蛛网,阿姆斯特丹被人们称为"北方威尼斯"。

阿姆斯特丹又是欧洲文化艺术的名城。全市有40家博物馆。国家博物馆收藏有各种艺术品100多万件,其中不乏蜚声全球的伦勃朗、哈尔斯和弗美尔等大师的杰作。市立现代艺术博物馆和凡·高美术馆以收藏17世纪荷兰艺术品而闻名,凡·高去世前两天完成的《乌鸦的麦田》和《吃马铃薯的农夫》就陈列在这里。

2. 鹿特丹

鹿特丹位于荷兰西部,是荷兰第二大城市。它是在莱茵河及其两条支流——马斯河和斯海尔特河的北海入海口处的三角洲上发展起来的,也是荷兰最大的工业城市。鹿特丹长期为欧洲最大的海港,以集装箱运量计算,19世纪80年代曾是世界上第一大港口,在2010年为世界第10。

鹿特丹在二战期间曾经遭到德国空军轰炸,现在的城市建筑基本上是战后新建的,外观新颖别致,大多为西欧风格,造型独特,具有现代气息。市区有规模宏大的银行、保险公司和国际贸易中心机构。在老城区,许多街道路面是用石头铺成的,保留数百年前的风貌。鹿特丹是一座位于马斯河沿岸的城市,市内河道很多,有各种各样的船只停泊在河边。在河畔,在桥边,荷兰独特的风车随处可见,构成一幅幅如画的风景。

3. 库肯霍夫郁金香公园

郁金香是荷兰的国花,库肯霍夫郁金香公园便以郁金香闻名于世。公园内郁金香的品种、数量、质量以及布置手法堪称世界之最,其他任何公园和园艺博览会都无法与其相提并论。除了花卉之外,公园内还放养了30余种鸟类和小动物,水池中有天鹅在悠然游弋,草坪上有孔雀在轻盈漫步,树丛间有松鼠在欢快跳跃,是人们休闲旅游的极佳选择。另外,作为"风车之国",荷兰几乎随处可见风车,库肯霍夫郁金香公园也不例外(见图7-1)。

图7-1 库肯霍夫郁金香公园风车塔(薛阳 供图)

第二节 英　国

一、地理概况

（一）自然地理

1. 位置和国土面积

英国的全称是大不列颠及北爱尔兰联合王国，因主体民族是英格兰人（盎格鲁人、撒克逊人），统称英国。英国位于欧洲大陆西北的不列颠群岛，被北海、英吉利海峡、凯尔特海、爱尔兰海和大西洋包围。英国本土面积24.41万平方千米（包括内陆水域）。除本土之外，英国还拥有14个海外领地。

2. 自然地理特征

英国本土由大不列颠岛上的英格兰、威尔士和苏格兰以及爱尔兰岛东北部的北爱尔兰以及一系列附属岛屿组成，是一个岛国。英国西北部多低山高原，东南部为平原。泰晤士河是国内最大的河流，塞文河是英国最长的河流。英国属温带海洋性气候，盛行西风，全年温和湿润，四季寒暑变化不大，但天气多变，时晴时雨。植被属于温带落叶阔叶林带。

（二）人文地理

1. 人口和民族

英国人口6702.6万（2021年），主要民族有英格兰人、威尔士人、苏格兰人、爱尔兰人，其中英格兰人（盎格鲁人、撒克逊人）为主体民族，占全国总人口的83.9%。

2. 语言和宗教

英国名义上没有官方语言，但以英语为主要语言和通用语言，英语也是世界性语言。英国居民主要信奉基督新教（英格兰教会"圣公会"、苏格兰教会"长老会"）。在英国，也有天主教、伊斯兰教、印度教、锡克教、犹太教和佛教等宗教社团。

3. 首都和行政区划

英国首都是伦敦，其他主要城市还有伯明翰、利兹、格拉斯哥、谢菲尔德、曼彻斯特、爱丁堡、利物浦等。英国分为英格兰、苏格兰、威尔士和北爱尔兰4个部分。其中，英格兰划分为43个郡；苏格兰下设32个区，包括3个特别管辖区；威尔士下设22个区；北爱尔兰下设26个区。

4. 国家象征

英国国旗被称为"米字旗"，由深蓝底色和红色、白色"米"字组成。该国旗是由原英格兰的白底红色正十旗、苏格兰的蓝底白色交叉十字旗和北爱尔兰的白底红色交叉十字旗重叠而成,形成一个"米"字。旗中带白边的红色正十字代表英格兰守护神圣乔治,白色交叉十字代表苏格兰守护神圣安德鲁,红色交叉十字代表爱尔兰守护神圣帕特里克。

英国国徽是英王徽,中心图案为一枚盾徽,盾面上左上角和右下角为红底上3只金狮,象征英格兰;右上角为金底上半站立的红狮,象征苏格兰;左下角为蓝底上金黄色竖琴,象征北爱尔兰。盾徽两侧各有一只头戴王冠、代表英格兰的狮子和一只代表苏格兰的独角兽。盾徽周围是嘉德勋章,用法文写着一句格言,意为"心怀邪念者可耻";下端悬挂饰带上写着"天有上帝,我有权利"。盾徽上端为镶有珠宝的金银色头盔、帝国王冠和头戴王冠的狮子。

英国国歌是《天佑国王》,一般只唱第一段。如在位的是女性君主,国歌改为《天佑女王》,这也是英联邦国家的国歌和皇室颂歌。

英国国花是玫瑰,国石是钻石。英国的国树是夏栎,别称英国栎、夏橡。国鸟是红胸鸲。

二、历史和文化

(一)历史沿革

1.罗马帝国统治时代

考古发现,大约在3500年前,大不列颠岛上就有人类居住了,但是没有文字材料记载。

公元前55年开始,罗马军事统帅凯撒两次率军侵入不列颠,当时岛上的居民主要是克尔特人。凯撒掳掠了一些奴隶和财富后撤走。公元43年,罗马皇帝克劳狄一世率军再次入侵不列颠,他征服不列颠后将其变为罗马帝国的行省。公元409年,罗马驻军被迫全部撤离不列颠,罗马对不列颠的统治结束。

2.盎格鲁-撒克逊时代

罗马人撤离后的公元5世纪初,居住在德国易北河口附近和丹麦南部的盎格鲁人、撒克逊人以及来自莱茵河下游的朱特人等日耳曼部落,征服了不列颠。盎格鲁人把不列颠称为"盎格兰"(谐音England,英格兰名称的由来),即盎格鲁人的土地之意。古英语则是继承了他们的语言而来。

公元7世纪初,以盎格鲁人、撒克逊人为主先后建立起7个小国,他们互相征伐200年,这个时期史称"七国时代"。盎格鲁人、撒克逊人入侵不列颠过程中,原来的氏族组织解体,随着生产力发展,土地逐渐变成私有财产,出现了贵族、大土地占有者、依附农和奴隶。村社代替了氏族公社,一般认为是英国社会封建化过程的开始。公元6世纪末,基督教传入英国,在遭到盎格鲁人、撒克逊人不太强烈的抵制后,便站稳脚跟。

3.英格兰民族国家的形成

公元9—10世纪,不列颠不断遭到以丹麦人为主的斯堪的纳维亚人的侵袭,丹麦人侵袭期间,英国封建化进程加快。为了抵抗丹麦人,公元991年,不列颠人与法国的诺曼底公爵订立了一项反对丹麦人的条约并联姻,此后两国不断为了争夺领地和王位继承权发生纠纷和战争。

公元1066年,英王爱德华死后无嗣,法国诺曼底公爵威廉率军入侵,在伦敦加冕为英王威廉一世,史称"征服者威廉"。威廉征服后建立起强大王权,这对巩固封建秩序起了积极作用。公元1215年,约翰王在大封建领主、教士、骑士和城市市民的联合压力下被迫签署《大宪章》,主要内容是保障封建贵族和教会的特权及骑士、市民的某些利益,限制王权,规定非经贵族会议的决定,不得征收额外税金,开英国宪政滥觞。

公元1337—1453年,为了领土扩张和王位继承问题,英国和法国进行了长达100多年的战争,当时欧洲黑死病流行,在战争和疫病的双重打击下,英法两国的经济遭受重创,民不聊生。英格兰几乎丧失所有的法国领地,战争的重要结果是英格兰民族主义的兴起和英法民族国家的形成。战争结束时,英国已走上中央集权的道路,之后英格兰对欧洲大陆推行"大陆均势"政策,转往海外发展,最终成为全球最大的帝国。

4.资本原始积累和英国资产阶级革命

公元16世纪,英国通过圈地运动和海外掠夺两种方式完成了资本原始积累。公元1588年,英国战胜西班牙的无敌舰队,在攫取世界海洋霸权上迈出第一步。公元1640年,英国爆发反对封建专制王权的资产阶级革命,独立派领袖克伦威尔废除君主制,成立共和国,处死国王查理一世,后斯图亚特王朝复辟。公元1688年,英国爆发"光荣革命",通过《权利法案》限制王权,扩大议会权力,奠定了英国君主立宪制的基础。此后,英国议会君主制逐渐形成和发展,对世界各国资本主义制度的形成产生深远影响。

5.世界霸权的获得和失去

英国资产阶级革命后,为资本主义的发展扫清了道路。18世纪中期,从英国人瓦特改良蒸汽机开始,深刻改变人类社会的工业革命开始了。19世纪中期,英国成为世界上最早完成工业革命的国家,成为"世界工厂"。在进行工业革命的同时,英国疯狂对外侵略扩张,英国的殖民地和保护国扩展到全球各地,鼎盛时期领土约3367万平方千米,占到了世界陆地总面积的1/4,成为有史以来领土面积最大的环球殖民帝国,掌握了世界霸权,被称为"日不落帝国"。

19世纪70年代以后,英国逐渐丧失工业垄断地位。后起的美国逐步赶上并超过英国,法国、德国、意大利、俄国、日本等也先后完成工业革命,开始在世界范围内和英国争夺殖民霸权。帝国主义国家之间的矛盾和斗争,最终引起了第一次世界大战,战后英国走向衰落。1931年,英国通过《威斯敏斯特法案》,被迫承认殖民地成为自治领地。第二次世界大战后,英国进一步衰落。1960年开始,英国的殖民地掀起世界范围内的民族独立运动浪潮,英国失去世界霸权地位。

(二)英国文化

公元16世纪末至17世纪初,英国涌现出"三巨人":莎士比亚(文学家)、培根(唯物主义哲学家、思想家)和哈维(近代生理学的奠基人)。他们在艺术、人文和科学领域取得的成就和影响,被称为英国的文艺复兴。此后,英国在文化领域取得了领先全世界的卓越成就。

1. 哲学

英国哲学思想领域著名的代表,是唯物主义哲学家、实验科学的创始人、近代归纳法的创始人弗朗西斯·培根,主要著作有《新工具》《论科学的增进》以及《学术的伟大复兴》等。培根是给科学研究程序进行逻辑组织化的先驱。

2. 文学

英国文艺复兴前后,涌现灿若星辰的文学家。公元14世纪的乔叟,是英国人文主义文学最早的代表,代表作是《坎特伯雷故事集》。公元16世纪后期,英国文艺复兴运动达到高潮,莎士比亚是这一时期最杰出的剧作家和诗人,并成为英国文化的象征,代表有《奥赛罗》《哈姆雷特》《李尔王》和《麦克白》等37部戏剧,被认为是英语的最佳范例。公元17世纪,英国主要的作家是约翰·弥尔顿,代表诗作《失乐园》。公元18世纪,英国著名文学家是笛福和斯威夫特,代表作分别是《鲁滨逊漂流记》和《格列佛游记》。公元19世纪初期,英国涌现出伟大的浪漫主义诗人拜伦,代表作品有《恰尔德·哈洛尔德游记》《唐璜》等,他的诗歌塑造了一批"拜伦式英雄"。雪莱是当时与拜伦齐名的浪漫主义诗人,代表作是《解放了的普罗米修斯》。19世纪30—50年代,英国批判现实主义文学达到顶峰,涌现出一批出色的小说家和作品,主要代表有查尔斯·狄更斯的《大卫·科波菲尔》《雾都孤儿》《艰难时世》《双城记》等。萨克雷的代表作是《名利场》。夏洛蒂·勃朗特的《简·爱》、艾米莉·勃朗特的《呼啸山庄》、安妮·勃朗特的《艾格妮丝·格雷》等使"勃朗特三姐妹"成为英国文坛上的美谈。萧伯纳是19世纪末20世纪初的著名戏剧家、批评现实主义文学的杰出代表,作品有《华伦夫人的职业》等,1925年获得诺贝尔文学奖。20世纪初,英国文学的著名代表还有D·H·劳伦斯,代表作品有《儿子与情人》《查泰莱夫人的情人》等,作品既继承了批判现实主义的传统,又具有鲜明的现代主义艺术风格。

3. 科学技术

英国在许多领域为近代自然科学做出了奠基性贡献。威廉·哈维是英国17世纪著名的生理学家和医生,他发现了血液循环的规律,奠定了近代生理科学发展的基础。著名的物理学家艾萨克·牛顿,被称为百科全书式的"全才",著有《自然哲学的数学原理》《光学》等,发现了万有引力和牛顿三大定律,奠定了近代物理学理论体系的基础,推动了科学革命,真正把人类从中世纪的愚昧中解放出来。英国生物学家达尔文是进化论的奠基人,他的《物种起源》提出了生物进化论学说,摧毁了各种唯心的神造论以及物种不变论。恩格斯将"进化论"列为19世纪自然科学的三大发现之一。英国科学家托马斯·杨提出的能量守恒转化定律,电磁学领域的著名科学家法拉第、麦克斯韦为人类电气时代的到来奠定了基础。瓦特改良蒸汽机、贝尔发明电话、巴贝奇发明可编程计算机、贝尔德发明了电视机等,英国这些灿若星辰的科学家、发明家的创造和发明深刻改变了世界,对现代人类社会的发展和进步做出了辉煌的伟大贡献。

目前,英国在科学技术领域仍位于世界前列。英国是世界高科技、高附加值产业的重要研发基地之一,其科研几乎涉及所有科学领域,在生物技术、航空和国防方面具有较强的竞争力。

4. 体育运动

现代世界上流行的体育项目几乎都起源于英国，至少在规则的标准化和广泛的竞技性方面是如此。典型的有足球、板球、橄榄球和网球等。其他许多现代体育项目的历史也可以追溯到英国体育的变化，如美国橄榄球（源自橄榄球）和棒球（源自圆形足球）。当然，英国人不是第一个想到在球场上踢球的人，但英国人把我们今天所知道的大多数现代竞技运动的结构和规则标准化了。

截至2019年，英国伦敦举办过3届夏季奥林匹克运动会，分别是1908年的第4届奥运会、1948年的第14届奥运会和2012年的第30届奥运会。

5. 英国的教育

英格兰、威尔士和苏格兰实行5—16岁义务教育，北爱尔兰地区实行4—16岁义务教育。义务教育归地方政府主管，中小学公立学校学生免交学费，约占学生总数的90%以上。私立学校师资条件与教学设备较好，但收费高，学生多为富家子弟，约占学生总数的7%。全国文盲率仅为1%。

英国的中央政府负责高等教育则。约40%中学毕业生能够接受高等教育。英国有110多所大学和高等教育学院，著名的高校有牛津大学、剑桥大学、帝国理工学院、伦敦政治经济学院、圣安德鲁斯大学、伦敦大学学院、华威大学、曼彻斯特大学、爱丁堡大学和卡迪夫大学等。英国高等教育已有近900年历史，教育质量位于世界前列，培育出超过百位诺贝尔奖得主，世界排名前100的大学有将近20所位于英国，英国优质大学区域密度位列全球第一。

三、政治经济和旅游环境

（一）政治制度

公元1689年，英国"光荣革命"后通过的《权力法案》，确定了英国议会君主立宪制度，在世界政治制度史上产生了重要影响，是现代资本主义国家政体的典型代表。国王是国家元首、最高司法长官、武装部队总司令和英国圣公会的"最高领袖"，形式上有权任免首相、各部大臣、高级法官、军官、各属地的总督、外交官、主教及英国圣公会高级神职人员等，并有召集、停止、解散议会，以及批准法律、宣战等权力。但英国的实权在内阁，内阁首相实际掌握行政权。议会是最高司法和立法机构，由国王、上院和下院组成。英国没有司法部，法官一律采用任命制。大法官、法官上院议员、上诉法院法官由首相推荐，英王任命。大法官拥有对其他司法人员的任免权。

现任英国国王查尔斯三世，于2022年9月继承王位，称查尔斯三世国王。英国现任首相是里希·苏纳克，于2022年10月上任。

（二）社会经济

尽管第二次世界大战后英国走向衰落，但在今天的世界上，英国仍然是高度发达的资本主义国家,是世界第六大经济体、欧洲第二大经济体。英国的服务业、制造业都比较发达,是世界上重要的贸易实体、经济强国以及金融中心。英国也是全球较富裕、经济较发达和生活水准较高的国家。2022年,英国的国内生产总值(GDP)2.2万亿英镑,同比增长4%。

英国货币名称是英镑。由于英国是世界上较早实现工业化的国家,英镑曾在国际金融业中占统治地位,英镑曾是国际结算业务中的计价结算使用较广泛的货币。第二次世界大战后,英国经济地位不断下降,英镑的世界货币地位被美元取代。但是英国金融业仍很发达,英镑在外汇交易结算中还占有非常高的地位。根据2023年7月国际汇率,1英镑≈9.2413人民币。

(三)旅游环境

在中国近代史上,英国侵略中国的鸦片贸易和鸦片战争给中国造成了严重的伤害,英国政府强迫清政府签订的一系列不平等条约对中国产生的深远的影响。1949年10月1日,中华人民共和国成立后不久,1950年1月,英国政府宣布承认中华人民共和国。但是,直到1972年3月13日,中英两国才签订了大使级外交关系的联合公报。1997年,中国恢复香港地区的主权。1998年,两国政府首脑成功互访,并建立了全面伙伴关系,中英关系正常化。

英国是现代旅游业的发源地,旅游业发达,与中国旅游合作有良好的环境。

四、民俗风情

(一)民族性格

英国人给人的印象是保守又富有幽默感。英国人倾向于接受熟悉的事物,对于新奇或者外来的东西总是持怀疑的态度。英国人比较谦虚,认为自夸是没有教养的表现。英国人非常讨厌自负的人,不相信华丽的辞藻和自夸之词,但是非常看重一个人的幽默感。英式幽默的出发点是自我贬低,最终目的是能够自嘲,通过嘲笑自己的缺点、失败、窘境乃至自己的理想来营造轻松、幽默的氛围。

(二)礼仪礼节

英国男士极有绅士风度,尤其注意尊重女士。在英国人社交活动中,"女士优先"是人人皆知的行为准则。

英国人用餐时的礼仪比较复杂,主要的是坐直,用餐的时候不准不停地交谈。餐具的使用必须符合礼仪,不能把自己使用的汤匙留在汤盆或咖啡杯上,汤匙应放在托碟上,咖啡匙要放在茶托上。吃东西时不要弄出声响,否则就是不懂规矩。喝汤时,要用匙的一侧从里往外舀,不能用匙头,更不能端着汤盆把盆里剩的汤全部喝光。不能在餐桌上抽烟和打饱嗝等。

知识活页

英国脱欧

(三)服饰

英国人讲究服饰,但十分节俭,有时候一套衣服会穿十年之久。平时英国人的着装较为随便,以休闲为主。但是在正式场合,如商务会面或宴会等,他们会穿着相应的正式服装。一般情况下,男士为正式西装,女士为职业装或礼服。一个英国男子一般有两套深色衣服,两三条灰裤子。人们平时都要准备一些浅色衬衣,因为衬衣可以让人显得有气质、成熟、正式。目前,英国人的衣着已向多样化、舒适化发展,比较流行的有便装夹克、牛仔服等。

(四)饮食习俗

英国菜比较简单,制作方式只有两种:放入烤箱烤和放入锅里煮。英国人做菜的时候,很少放调味品,吃的时候再根据个人爱好放些盐、胡椒或芥末、辣酱油之类的。英国的特色菜有烤牛排、炸鱼、炸马铃薯等。

英国街头巷尾到处都有酒吧,喝啤酒已成为伦敦人的传统习惯之一。有的酒吧已有100多年的历史。英国的酒吧一般装修得古色古香,有雕花的门窗、磨花的大玻璃窗面和明亮的吧台。酒吧已成为英国伦敦的一种文化。

(五)禁忌

在公共场所,英国人有排队的习惯,加塞是一种令人不齿的行为。如登门拜访英国人,一定要事先征得受访者同意,并按约定时间准时到达。英国人在交谈时忌讳谈论男士的工资和女士的年龄,他们认为这些是自己的隐私。在英国购物,人们非常忌讳的是砍价,认为这是很丢面子的事情。上厕所时,不能直截了当地说"去上厕所",一般说"请原谅几分钟"或"我想洗手"等。

另外,英国人忌讳"13"和"星期五"等数字与日期,也不准在屋里打伞等。

五、旅游资源和著名景点

(一)旅游资源和旅游业

英国旅游资源丰富,拥有众多的文化遗产、迷人的自然风景、多彩的城市生活。英国是现代旅游业的起源地,旅游业非常发达。英国旅游业收入大约居世界第5,从业人员约330万,占就业人口的10%。2019年,各国赴英国游客总数约4086万人次。受疫情影响,2021年赴英国游客总数约640万人次。

(二)主要旅游城市和旅游景点

英国首都伦敦是世界闻名的旅游城市,其他主要的旅游城市还有伯明翰、利兹、曼彻斯特、爱丁堡、利物浦、卡迪夫、布赖顿、牛津和剑桥等。英国还有很多著名的歌剧院、博物馆、美术馆、古建筑物和主题公园等。

1. 伦敦

伦敦位于英格兰东南部的平原上,泰晤士穿城而过。伦敦是大不列颠及北爱尔兰联合王国首都、世界第一大金融中心,与纽约和香港并称为"纽伦港"。伦敦是英国的政治、经济、文化、金融中心,是全世界博物馆和图书馆数量最多的城市。有19家世界500强企业总部和7座世界排名前100的大学位于伦敦。伦敦是一座全球领先的世界级城市,是全球较富裕、经济较发达、商业较繁荣、生活水平较高的城市,在政治、经济、文化、教育、科技、金融、商业、体育、传媒、时尚等各方面影响着全世界,是全球化的典范。

伦敦有许多令人流连忘返的著名旅游景点,主要有泰晤士河、伦敦塔桥(见图7-2)、瑞士再保险塔、威斯敏斯特宫、千禧桥、伦敦眼、格林尼治天文台、金丝雀码头和圣保罗大教堂等。

图7-2 伦敦塔桥

2. 爱丁堡

爱丁堡位于苏格兰中部低地的福斯湾的南岸,是英国著名的文化古城、苏格兰首府,面积260平方千米。爱丁堡有悠久的历史,公元1329年就已建市,公元1437—1707年为苏格兰王国首都。爱丁堡的许多历史建筑被完好地保存下来,1995年,爱丁堡的旧城和新城一起被联合国教科文组织列入《世界遗产名录》。

爱丁堡还是重要的交通枢纽,爱丁堡国际机场是国际知名的航空港。爱丁堡的金融业非常发达,是除伦敦以外英国最大的金融中心。爱丁堡的教育也很发达,有英国古老的大学之一爱丁堡大学,其现在还是世界顶尖名校。

爱丁堡文化气息浓厚,有苏格兰国家博物馆、苏格兰国家图书馆和苏格兰国家画廊等重要文化机构,有皇家麦尔大道、爱丁堡城堡、荷里路德宫、圣吉尔斯大教堂等历史厚重的名胜。此外,还有苏格兰威士忌中心、格雷史东之屋、圣路德公园等著名旅游景点。每年8月,一年一度的爱丁堡国际艺术节都会使爱丁堡成为举世瞩目的焦点,使爱丁堡成为仅次于伦敦的英国第二大旅游城市。

爱丁堡国际艺术节

3. 伯明翰

伯明翰位于英格兰中部,接近英格兰地理位置的中心,距伦敦160千米,因此常被形象地称为"英格兰的大心脏"。伯明翰是仅次于伦敦的英国第二大国际化城市。伯明翰拥有数量众多的世界级公司、研发中心、世界知名大学和创新企业家,是英国主要制造业中心之一,工业部门繁多,以重工业为主。

伯明翰是世界最大的金属加工地区,机床、仪表、车厢、自行车、飞机、化学、军工等工业势力强大,汽车工业规模最大,有"英国底特律"之称。伯明翰是全世界较大、较集中的工业区,英国25%以上的出口产品是在伯明翰区域制造的。

伯明翰这座城市有着迤逦的风光、优美的建筑和深厚的文化艺术积淀,处处散发着迷人魅力。城市里到处都是迷人的店铺、人声鼎沸的酒馆及活力四射的夜总会。另外,体育是伯明翰人生活中的重要组成部分。1990年,伯明翰被正式命名为"欧洲体育之城"。伯明翰的著名旅游景点有吉百利工厂、伯明翰大学、佳能山公园、市政厅广场等。

4. 曼彻斯特

曼彻斯特位于英格兰西北部平原艾威尔河东岸、英格兰西北部都市群的中心,面积115.65平方千米,是英国重要的交通枢纽与商业、金融、工业、文化中心,是英国第二大繁华城市。

曼彻斯特是棉纺织工业的发祥地,也是世界上第一座工业化城市。人们可以从这里看到英国工业的发展历史,200多年前,在这里诞生了世界上最早的近代棉纺织大工业,揭开了工业革命的序幕,曼彻斯特也随着棉纺工业的出现成为新一代大工业城市的先驱。

曼彻斯特还是城市重建的一个典范,现在这里充满了电子气息,以电子、化工和印刷为中心,拥有重型机器、织布、炼油、玻璃、塑料和食品加工等700多种行业,是英格兰西北部地区政治和文化中心,也是商业和就业中心。曼彻斯特的著名景点有艾伯特广场、劳瑞中心、唐人街、凯瑟菲尔德城市遗址公园等。

曼彻斯特唐人街

第三节 法 国

一、地理概况

(一)自然地理

1. 位置和国土面积

法国全称"法兰西共和国",位于欧洲西部,大西洋东岸,周边邻国有比利时、卢森堡、德国、瑞士、意大利、摩纳哥、西班牙和安道尔等。法国西北隔英吉利海峡与英国相望。1994年,英法海底铁路隧道开通,两国交通更加紧密。法国国土面积55万平方千米,是欧盟面积最大的国家,在欧洲排名第3。

2. 自然地理特征

法国地形略呈六边形,三面临水,南邻地中海,西濒大西洋,西北是英吉利海峡。

法国地势东南高西北低,平原占国土总面积的2/3。法国的主要山脉有阿尔卑斯山脉、比利牛斯山脉、汝拉山脉等,许多山峰终年积雪。法意边境的勃朗峰海拔约4805米,为西欧最高峰。法国主要河流有卢瓦尔河、罗讷河、塞纳河。法国位于西风带,终年盛行西风。法国中西部大部分地区属于温带海洋性气候,冬暖夏凉,常年有雨,降雨量适中;东部地区属大陆性气候,冬季寒冷干燥,夏季高温多暴风雨;南部地中海沿岸地区属于地中海气候,夏季炎热干燥,冬季温和,春秋季多暴雨,这个地区被称为"蓝色海岸",是法国冬季旅游胜地。

(二)人文地理

1.人口和民族

法国人口约6804万(2023年1月),主体民族是法兰西人,边境地区还有布列塔尼人、科西嘉人、阿尔萨斯人、佛拉芒人、巴斯克人等少数民族,约占总人口的7.9%。

2.语言和宗教

法国的官方语言是法语,法语也是联合国的工作语言之一。法国居民绝大多数信奉天主教,少数人信奉伊斯兰教、新教和犹太教。

3.首都和行政区划

法国的首都是巴黎,主要城市有马赛、里昂、图卢兹、尼斯、南特、斯特拉斯堡、蒙彼利埃、里尔等。法国的行政区划分为大区、省和市镇,省下设专区和县,但不是行政区域,专区和县是司法和选举单位。法国本土共划为13个大区,其下又分为96省、5个海外单省大区、5个海外行政区和1个具有特殊地位的海外属地。

4.国家象征

法国国旗是三色旗,是法国大革命时巴黎国民自卫队队旗。白色代表国王,蓝、红色代表巴黎市民,是王室和巴黎资产阶级联盟的象征。今天的法国人民也认为,三色旗上的蓝色象征自由,白色象征平等,而红色代表了博爱,正如法国人民"自由、平等、博爱"的宣言。1946年,法国宪法确认三色旗为法国国旗。

法国的国歌是《马赛曲》,作者是鲁日·德·里斯尔。歌曲创作于公元1792年奥地利、普鲁士武装干涉法国革命的危急时刻,表达了法国人民争取民主、反对暴政的坚强信心和大无畏精神。公元1792年12月,《马赛曲》被革命政府宣布为"共和国之歌"。公元1795年,国会正式确定其为国歌。

法国国花是鸢尾花,国石是珍珠。法国国鸟是高卢鸡(公鸡),体现了法兰西人勇敢、顽强的性格。

二、历史和文化

(一)历史沿革

1.史前与高卢时期

远古时期,法国的土地上就有人类居住。公元前7世纪,属于印欧语系的凯尔特人已在法国东部和中部地区定居。古罗马人把居住在今天法国、比利时、瑞士、荷兰、德国南部和意大利北部的凯尔特人统称为高卢人,把高卢人居住的地区统称为高卢。公元前50年,罗马军事统帅凯撒征服高卢全境,高卢成为罗马的行省。直到公元476年西罗马帝国灭亡,罗马对高卢的统治长达500年。

2. 中古早期

这一时期的法国主要经历了墨洛温王朝和加洛林王朝两个王朝的统治。公元4世纪,在罗马帝国走向衰落的时候,原居住在波罗的海和北海沿岸的西哥特人、勃艮第人、法兰克人等日耳曼部族侵入高卢地区,其中法兰克人最为强大,他们建立的法兰克王国构成了中古早期西欧的主要历史。法兰克王国的建立者是墨洛温家族出身的军事首领克洛维,其领土范围包括今天法国、德国以及荷兰、比利时的一部分。

加洛林王朝的国王查理统治时期,通过扩张和征服,将法兰克王国发展成一个庞大帝国,称查理帝国。帝国的版图包括今天的法国、比利时、德国、荷兰、瑞士以及匈牙利、西班牙和意大利的一部分。公元814年,查理大帝去世,他的三个孙子为争夺帝国政权和领土互相争战。公元843年,三人签订《凡尔登条约》,帝国分为三部分:西法兰克王国(也就是后来的法兰西)、东法兰克王国和中部法兰克王国。这奠定了今天欧洲政治版图的基础。

3. 中古中晚期

这一时期的法国主要包括卡佩王朝、瓦卢瓦王朝和波旁王朝。这一时期,对法国影响最大的事件,首先是英法百年战争。英法百年战争以法国的胜利而告终,英国丧失在法国的所有领地。公元15世纪后期,法国王权得到加强,路易十一时期基本统一了法兰西全境,法国开始成为统一的民族国家。

波旁王朝的路易十四(见图7-3)在位期间,加强封建中央集权统治,大力削弱地方贵族的权力。任用柯尔伯为财务总监,推行重商主义政策,支持工商业的发展。法国专制王权进入极盛时期,这一时期是法国从封建社会向资本主义社会过渡的重要时期。

图7-3　法国巴黎西南郊凡尔赛宫的路易十四雕像(薛阳　供图)

4.近现代的法国

公元1789年开始的法国大革命结束了法国1000多年的封建统治,开始了法国资本主义社会形成和发展的时期。从公元1792年法兰西第一共和国成立到第二次世界大战,法国先后经历了法兰西第一帝国、法兰西第二共和国、法兰西第二帝国、法兰西第三共和国的统治。1940年,二战期间的法国贝当政府向德国投降,法兰西第三共和国覆灭。

法国投降后,戴高乐将军在英国领导"自由法国"运动,团结国内和殖民地反法西斯力量继续抗战。1946年,法兰西第四共和国正式建立,通过了新宪法,对共和国总统的权力进行了严格的限制。1958年,阿尔及尔暴动,国民议会被迫授予戴高乐将军全权,并委托其制定新宪法。1958年9月,全民公决通过新宪法,法兰西第五共和国成立。当代的法国,仍属于法兰西第五共和国。

(二)法国文化

1.法国启蒙运动

公元18世纪,欧洲爆发了一场启蒙运动,而法国是启蒙运动的中心,法国启蒙运动涌现出一大批伟大的思想家,伏尔泰、孟德斯鸠、卢梭以及狄德罗等为代表的百科全书派是其中的杰出代表。孟斯德鸠的思想着重于政治制度的改革,代表作是《论法的精神》,提出了立法权、行政执法权、司法权三权分立的思想,影响深远。启蒙运动不仅为法国大革命做了充分的思想准备,它还在政治上、思想上和理论上为西方后来的经济社会高速发展奠定了坚实的思想基础,对整个西方近代文明产生了深远的、关键的影响,最终使法国走进现代文明发达国家行列。

2.法国文学

法国文学群星璀璨,在世界文学史上留下了大量不朽的作品。产生于公元11—12世纪的《罗兰之歌》是中世纪法国英雄史诗的代表作。文艺复兴时期的文学家拉伯雷代表作是《巨人传》。公元17世纪,法国的古典文学迎来了自己的辉煌时期,相继出现了莫里哀、司汤达、巴尔扎克、大仲马、雨果、福楼拜、小仲马、左拉、莫泊桑、罗曼·罗兰等文学巨匠。他们的许多作品成为世界文学的瑰宝。其中,司汤达的《红与黑》、巴尔扎克的《高老头》、大仲马的《基督山伯爵》、罗曼·罗兰的《约翰·克利斯朵夫》、雨果的《巴黎圣母院》和《悲惨世界》等被翻译成世界许多国家的文字广为流传。

3.法国艺术

近代以来,法国在绘画、雕刻和音乐等领域也涌现出一大批影响世界的艺术家。18世纪的欧洲画坛,洛可可艺术风格的代表是法国画家布歇,代表作是《猎神之浴》;新古典主义画派代表是大卫,代表作是《马拉之死》。19世纪初,法国浪漫主义绘画的奠基人是席里柯,代表作是《梅杜萨之筏》;德拉克罗瓦被誉为"浪漫主义的狮子",代表作是《自由引导人民》;19世纪六七十年代,法国产生了印象主义美术,马奈被印象派画家奉为精神领袖,代表作有《草地上的午餐》。印象派画家重要的代表还有莫奈,代表作是《日出·印象》。浪漫主义雕塑家代表有吕德,代表作是群像浮雕《马赛曲》。法国著名的浪漫主义音乐家是柏辽兹,他的交响乐很像是用音乐写成的小说,代表作是《幻想交响乐》等。当代著名钢琴演奏家理查德·克莱德曼也有着世界性的影响力。

4.法国教育

法国教育在20世纪五六十年代进行了两次重大改革,逐渐形成现今极具特点、复杂多样的教育体制。法国学生在6—16岁为义务教育阶段,公立小学和中学免收学费,免费提供小学和初中教材。高等学校除私立学校,一般也只用缴纳少量注册费。

法国高等教育发达,著名大学有巴黎大学、斯特拉斯堡第一大学、里昂大学以及巴黎综合理工学院、国家行政学院、巴黎高等商业学院、巴黎高等师范学院等。巴黎大学是法国历史最悠久、规模最大的综合性大学,公元13世纪初已具雏形,经多次改组和调整,现分为13所大学。巴黎大学与意大利博洛尼亚大学并称为"世界最古老的大学",被誉为"欧洲大学之母"。还有巴黎综合理工学院、巴黎高等师范学院、巴黎高等矿业大学等,法国企业和科学界领袖大多出自此类学府。

三、政治经济和旅游环境

(一)政治制度

法国是典型的半总统制半议会制的民主共和制的国家。现行第五共和国宪法:总统为国家元首和武装部队统帅,掌握行政权,任期5年,由选民直接选举产生。总统任免总理并批准总理提名的部长。法国议会实行两院制,由法国国民议会和法国参议院组成,由选民直接选举产生,拥有制定法律、监督政府、通过预算、批准宣战等权力。法国有两个相对独立的司法管辖体系,即负责审理民事和刑事案件的普通法院与负责公民与政府机关之间争议案件的行政法院。

现任法国总统埃马纽埃尔·马克龙,2017年首次当选,任期5年,2022年连任。

(二)社会经济

法国是较早进入资本主义社会和完成工业革命的国家,社会经济非常发达。法国是较为发达的工业国家,在核电、航空、航天和铁路方面居世界领先地位。法国主要工业部门有汽车制造、造船、机械、纺织、化学、电子、日常消费品、食品加工和建筑业等,其中钢铁、汽车和建筑业为法国三大工业支柱。位于法国巴黎的世界500强企业就有27家,主要有农业信贷银行、法国巴黎银行、法国电力公司、法国兴业银行、迪奥公司、法国BPCE银行集团、法国国家人寿保险公司等。标致、雪铁龙、雷诺等汽车制造企业,空中客车飞机制造公司世界知名,迪奥、路易威登等奢侈品在世界有广泛影响,法国核电技术走在世界前列。法国商业十分发达,巴黎是世界性的消费中心,大量的高档时装、香水、化妆品以及波尔多红酒吸引着世界各地的消费者前来购物消费。

2021年,法国经济在疫情中强劲反弹,创造了2.94万亿美元的GDP,增长6.8%,人均GDP 43518.5美元,为欧元区表现较好的国家。根据法国国家统计和经济研究所数据,2022年法国经济增长率为2.6%。

在历史上,法国货币名称是法郎。1993年,《马斯特里赫特条约》生效,欧盟正式诞生。之后,欧盟成员国开始推动使用统一货币。2002年,欧元成为欧元区唯一合法货币,法国是欧元区的主要国家,使用的法定货币是欧元。根据2023年6月汇率,1欧元≈7.8520人民币,1人民币≈0.1274欧元。

(三)旅游环境

法国是联合国安理会常任理事国、欧盟创始国及北约成员国。法国还是联合国教科文组织、国际刑警组织、欧洲议会等重要国际和地区组织总部所在地,同191个国家建有外交关系。1964年1月27日,中法两国建立大使级外交关系。建交后,两国关系总体发展顺利。法国是中国在欧盟的第三大贸易伙伴和第三大实际投资来源国。中法经贸往来频繁,法国在中国投资主要集中在能源、汽车、化工、轻工、食品等领域,大部分为生产型企业。从2005年12月开始,中法两国的文化交流日益活跃。2004年9月,中国公民赴欧旅游首发团抵达法国。2019年,中国赴法国游客人数达到创纪录的220万人次,这些平均5天行程的游客为法国带来了35亿欧元的收入,体现了中法良好的旅游合作。

知识活页

申根协定

四、民俗风情

(一)礼仪礼节

法国人诙谐幽默,天性浪漫,善于交际,爱好社交。男士在社交中注重骑士风度,尊重女性。在社会交往中,法国人的礼节主要有握手礼、拥抱礼和吻面礼。在一般的社交场合见面的时候,人们基本上都是行握手礼,年轻女性给年长女性打招呼经常施屈膝礼。另外,熟悉的朋友见面的时候经常以亲面颊代替相互间的握手。

法国人非常注重和他人建立良好的人际关系。和法国人见面的时候,可以自己做介绍,也可以由第三者介绍。如果是自我介绍的话,需要讲明自己的姓名,名片要主动递给对方。法国人在讲话的时候都非常幽默、谈吐文雅。交谈时,如果对方出现耸肩的动作,则表示他很高兴。法国人特别爱聊天并善于聊天,但是聊天的内容不会涉及粗俗话题。和法国人约会的时候一定要准时、守时,否则不会被原谅。

(二)服饰习俗

法国人非常注重仪容仪表,特别是女性,即使年长女性也是如此,出门不仅讲究衣着,还要化妆美容。

法国服饰有引领世界潮流的"巴黎式样":正式场合,法国男士穿西装、系领带,女士穿套装或连衣裙,颜色多为蓝色、灰色或黑色,多用纯毛面料。出席庆典仪式,要穿礼服。男士多为配蝴蝶结的燕尾服,或是黑色西服套装。女士则穿单色大礼服或小礼服。平时法国人的穿着则以舒适为主:夏季喜欢穿针织T恤、纯棉或丝绸制作的衬衫、布裤、牛仔裤或各种裙子;冬季一般内穿一件毛衣,外套一件宽松夹克或呢大衣。

法国首都巴黎是世界著名的时装中心,被称为"时装之都"。每年春夏和秋冬,巴黎都会举行大型时装周,国际上流社会多紧跟法国时装的流行趋势。纽约、东京、伦敦、罗马、米兰等著名城市的设计师每年至少到法国一次,学习流行款式和搜集时装情报。

(三)饮食习俗

法国饮食习俗是一日三餐,午餐和晚餐为正餐。正餐中的法国菜系和中国菜系、土耳其菜系并称为世界三大菜系。法国菜以西餐为主,烹饪技术世界一流,法国菜口感之细腻、酱料之美味、餐具摆设之华美,堪称一种艺术。

法国正式宴会讲究上菜顺序,桌面上只能存在一道菜,撤去前一道才能上第二道,但餐具根据本次用餐情况全部摆放到就餐人餐盘两侧,从外到里使用。一般来说,第一道菜是开胃浓汤,之后上冷盘,主要是沙丁鱼、火腿、奶酪、鹅肝酱和色拉等;接着是主菜,一般是禽类、蛋类、肉类和蔬菜等;然后是甜点和馅饼,面包随时取用;最后为水果和咖啡。经典的法国菜品有法式煎鹅肝、法式烩土豆、法国洋葱汤、香煎龙利鱼、法国羊鞍扒等。

法国正餐少不了酒水。一般情况下是餐前喝一口酒,餐中水产和禽类菜配干白葡萄酒,肉类菜配干红葡萄酒。法国人消耗葡萄酒较多,几乎每餐必备,未成年人也允许饮用葡萄酒。法国是世界著名的葡萄酒产地,著名的有法国白兰地(葡萄发酵后的蒸馏白酒,著名品牌有巴蒂尼、喜都、克里耶尔等)、波尔多干红葡萄酒(波尔多有五大酒庄,以拉菲最为著名)等。法国人用餐的时间比较长,一顿饭常常需要几个小时,他们喜欢在餐桌上聊天,觉得非常悠闲。此外,法国人特别喜欢咖啡。

五、旅游资源和著名景点

(一)旅游业和旅游资源

法国是世界第一大旅游接待国。2019年,法国全年接待游客约9000万人次。旅游业产值占国内生产总值的8%,直接、间接创造就业岗位200万个(法国外交部资料)。法国旅游发展署估计,2022年法国国际旅游收入达579亿欧元,较2019年增长12亿欧元,同比增加2.1%。

法国旅游资源丰富,首都巴黎、地中海和大西洋沿岸的风景区及阿尔卑斯山区都是举世闻名旅游胜地。此外,还有一些历史名城,如卢瓦尔河畔的古堡群、布列塔尼和诺曼底的渔村、科西嘉岛等。

(二)主要旅游区和旅游景点

1.巴黎

法国首要的旅游目的地是首都巴黎。巴黎位于法国北部巴黎盆地的中央,横跨塞纳河两岸。广义的巴黎有小巴黎和大巴黎之分。小巴黎指大环城公路以内的巴黎城市内，面积105.4平方千米；大巴黎包括城区周围的上塞纳省、瓦勒德马恩省、塞纳-圣但尼省、伊夫林省、瓦勒德瓦兹省、塞纳-马恩省和埃松省7个省，共同组成巴黎大区，面积约为1.2万平方千米，总人口占全国人口的1/6。这片地区在古代就已经被称作"法兰西岛"，建都已有1400多年的历史，它不仅是法国的政治、经济和文化中心，也是西欧的政治、经济和文化中心。

巴黎是法国最大的工商业城市，也是举世闻名的旅游目的地，代表性景点有戴高乐星形广场、埃菲尔铁塔（见图7-4）、巴黎圣母院、凯旋门、卢浮宫、香榭丽大街、协和广场、凡尔赛宫等。

图7-4　法国巴黎埃菲尔铁塔（薛阳　供图）

知行合一

巴黎圣母院发生大火，建筑损毁严重

新华社巴黎2019年4月15日电（记者唐霁、徐永春）：位于法国首都的巴黎圣母院15日傍晚发生大火，造成巴黎圣母院塔尖倒塌，建筑损毁严重。目前，尚无人员伤亡的报告。

法国总统马克龙和总理菲利普事发后赶到现场。马克龙表示，巴黎圣母院发生大火，"整个国家都感到心情沉痛"。英国、德国、美国等国领导人当天对巴黎圣母院大火表示关注。德国总理默克尔在社交媒体上说："巴黎圣母院着火令人悲痛，它是法国和欧洲文化的象征。"

巴黎圣母院是哥特式建筑，位于巴黎市中心塞纳河畔，始建于公元1163年，于公元1345年完工。作为巴黎极具代表性的古迹之一，巴黎圣母院因法国作家雨果的同名小说而闻名于世，每年吸引游客大约1300万人次。这场大火给世界各国文化遗产的保护提出了深刻警示。

——资料来源：新华网

请思考：

对待我国的旅游资源特别是世界文化遗产，我们在历史文化遗产保护方面应该坚持怎样的态度？

2.蓝色海岸

蓝色海岸地处法国南部地中海沿岸，西起马赛，东到摩纳哥公国，全长300千米，是法国非常美丽的海岸。1887年，法国诗人斯特凡·列杰奥第一次踏上这片土地的时候就为之动情，赋诗赞美这片蔚蓝色天地。第二年，他的诗集《蓝色海岸》问世，从此，"蓝色海岸"美名远扬，成为这里的代名词。这段海岸北部为阿尔卑斯山所环绕，南面临海，气候温和、阳光充足、风景秀丽，伸向天边的海水蔚蓝无垠。

蓝色海岸西端的马赛,是法国排行第二大的城市,也是欧洲排行第三大的海港。

马赛东边的戛纳,是一座迷人的海滨城市,城市规模不大,却是世界级的电影之都,对世界电影业有着重大的贡献。戛纳电影节始于1946年,每年5月举行一次,持续10天左右。每次电影节期间,也是蓝色海岸最旺盛的旅游季节。

教学互动

戛纳国际电影节

戛纳国际电影节创立于1946年,是当今世界极具影响力、顶尖的国际电影节。戛纳国际电影节与柏林国际电影节、威尼斯国际电影节并称为欧洲三大国际电影节,最高奖项为"金棕榈奖"。

戛纳国际电影节在每年5月举办,其间除影片竞赛外,市场展亦同时进行。戛纳国际电影节分为主竞赛、导演双周、一种关注、国际影评人周、法国电影新貌、会外市场展6个单元。

——资料来源:根据有关资料整理

思考并讨论:

根据戛纳国际电影节的有关资料,你能否设计一个能让游客充满兴趣并积极参与的旅游娱乐项目?

本章小结

欧洲旅游区是中国出入境旅游市场中重要的地区之一,涉及国家较多,可以分为西欧、南欧、中欧、东欧和北欧等若干地区分别学习。本章主要介绍了西欧的重点国家荷兰、英国和法国的基本情况。通过对这3个国家的地理环境、历史文化、政治经济、旅游环境、民俗风情和旅游资源等知识进行全面梳理,期望读者们对这些国家和地区有一个全面了解。读者们也可以根据实际工作和生活中的需要,对本地区其他一些国家的有关情况进行进一步学习与了解。

能力训练

1. 请从出境领队的角度,对英国的自然和人文地理加以介绍,并选择该国一个重要的旅游城市和代表性旅游景点写一篇讲解词,并进行讲解训练。

2. 法国的旅游资源极为丰富,请设计一条赴法国6日游的旅游线路,并对其重要节点旅游城市和旅游资源加以介绍。

第八章
南 欧

本章概要

本章主要内容包括：南欧的希腊、意大利、西班牙、葡萄牙等国家旅游地理、历史人文、政治经济、旅游环境、民俗风情和旅游资源等基本知识。学好本章内容，可以为做好本旅游区相关国家的游客团队接待和出境南欧地区国家旅游领队工作打好基础。

学习目标

知识目标

1. 了解南欧主要旅游客源地和旅游目的地，比较重要的是希腊、意大利、西班牙和葡萄牙等国家。
2. 理解南欧地区主要国家在中国出入境旅游市场中的重要地位。
3. 掌握希腊、意大利、西班牙和葡萄牙等国家的基本知识，包括地理环境、历史文化、政治经济、民俗风情和主要旅游资源等。

能力目标

1. 能说出南欧主要国家的旅游地理基本知识，如国家名称、地理位置、首都和主要旅游城市、著名旅游景点等知识。
2. 能理解南欧主要国家的历史事件、文化成就、政治经济状况和民俗风情等，并能够对其中的重要问题进行阐释。
3. 能用所学知识对南欧地区，主要是希腊、意大利、西班牙和葡萄牙的主要旅游城市和代表性景点进行导游讲解。

素养目标

1. 古希腊和古罗马创造的光辉灿烂的文化是现代西方文化的源头，通过对希腊和意大利历史文化的学习，深化学生这方面的知识结构，扩展学生的文化视野。
2. 通过古希腊、古罗马文化和同时期古代中国春秋战国时期创造的光辉灿烂的文化进行比较，明确东西方文化的不同源头和同样深远的影响，增强学生的文化自信。

知识导图

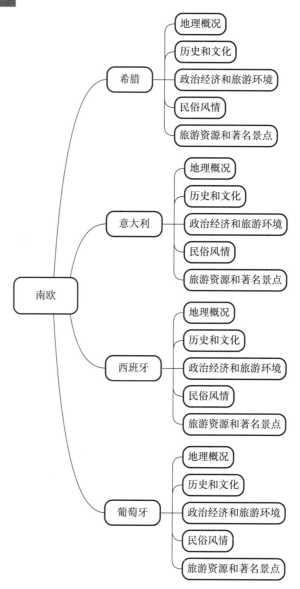

 章节要点

南欧各国濒临地中海，希腊和意大利在历史上创造的古希腊、古罗马文化是现代西方文化的重要源头，葡萄牙和西班牙是近代大航海时代的开创者，这些国家都有着丰富的历史文化遗址遗迹，成为当今旅游业发展的重要资源。南欧各国的历史文化、民俗风情，以及主要旅游城市和景点都是本章学习的要点。

面积不大，风景如画

如果说对中国最友好的欧洲国家是塞尔维亚，那么排名第二的一定是希腊。希腊面积略小于中国安徽省，其面积虽然不大，但风景如画。在这里，可以用二线城市的物价来体验真正的欧洲生活：一个面包，一板酸奶，一瓶果汁，一瓶橄榄油，通通1欧元左右；草莓2欧元，车厘子3欧元，20欧元便可实现水果自由。希腊和中国关系友好，中华文明和希腊在文明进程上惺惺相惜。欧洲游客来希腊旅游通常感兴趣的是阳光、沙滩，中国人会花精力去探寻古希腊的各种文明足迹，去古老神秘的雅典卫城探索西方文明的起源，去蓝白神话的圣托里尼邂逅爱琴海的浪漫日落，去帕尔加小镇感受古城的色彩斑斓，去扎金索斯的沉船湾探索果冻般大海的秘密……

——资料来源：根据抖音账号"欧洲王小导"整理

分析

阅读案例并思考：

希腊有哪些世界著名的旅游景点？除了希腊，关于南欧国家你还知道哪些著名旅游景点？

第一节 希 腊

一、地理概况

（一）自然地理

1. 位置和国土面积

希腊共和国简称希腊，位于欧洲东南部的巴尔干半岛南端，北部与保加利亚、马其顿、阿尔巴尼亚接壤，东北与土耳其的欧洲部分接壤，西南濒爱奥尼亚海，东临爱琴海，南隔地中海与非洲大陆相望。希腊全国总面积为13.1957万平方千米，其中15%为岛屿，有1500多个岛屿，岛屿总面积为2.5万平方千米，海岸线长约15021千米。

2. 自然地理特征

希腊大陆部分三面临海，河流湍急，海岸多曲折港湾。希腊多半岛、岛屿，最大的半岛是伯罗奔尼撒半岛，最大的岛屿为克里特岛。希腊境内多山，3/4均为山地，沿海有低地平原。奥林匹斯山在希腊神话中被认为是诸神寓居之所，海拔2917米，是希腊最高峰。希腊最低点海平面为0米。品都斯山脉纵贯希腊西部，中部为色萨利盆地。希腊属亚热带地中海气候，平均气温冬季0—13℃，夏季23—41℃。

（二）人文地理

1.人口和民族

希腊总人口1043.2万（2022年），约98％为希腊人，其他有土耳其人、马其顿人、保加利亚人等。希腊人是希腊、塞浦路斯的主体民族，他们自称亚该俄斯人或达拉俄斯人，是古希腊人的后裔。有些希腊人分布于美国、俄罗斯、乌克兰、澳大利亚和土耳其等国家，属欧罗巴人种地中海类型，部分属阿尔卑斯类型。

2.语言和宗教

希腊语属印欧语系希腊语族，文字有古希腊文与新希腊文之分。现代希腊官方语言为希腊语，东正教为希腊国教，少数希腊居民信奉天主教和伊斯兰教。

3.首都和行政区划

希腊首都是雅典。希腊全国分为13个大区，大区下设52个州（包括北部享有很大自治权的圣山"阿索斯神权共和国"和359个市镇）。13个大区分别是：伯罗奔尼撒、中希腊、西希腊、爱奥尼亚群岛、南爱琴海、北爱琴海、阿提卡、色雷斯和东马其顿、中马其顿、西马其顿、克里特岛、伊皮鲁斯、色萨利。

4.国家象征

希腊国旗由4道白条和5道蓝条两种色条相间的图案和十字图案组成，亦是希腊的旧军旗，长与宽的比例为3:2。旗面靠旗杆一边的上方是蓝色正方形，其中绘有白色十字。9条蓝白相间的平行长条图案象征希腊独立战争时的口号"不自由毋宁死"，因为这句格言的希腊文共有9个音节，（另一说是9长条象征9位希腊神话中的文艺女神）。旗面上蓝色象征对基督教的信仰。蓝十字象征在公元1821年土耳其独立起义之际，巴特拉的盖尔马诺斯府主教挥扬的白地蓝十字旗。

希腊的国歌是《自由颂》，是世界上歌词最长的国歌。

希腊国徽的图案是绿色橄榄枝环绕着一枚蓝底白的十字盾徽，蓝白两色是代表希腊国家的色彩，象征着天与水之间的这块净土。希腊人把橄榄视为和平与智慧的象征，传说橄榄是希腊人最崇拜的女神雅典娜所种植，而根据《圣经·旧约全书》记载，橄榄枝、鸽子是平安、友好和平的使者，这充分体现了希腊人民对基督的忠诚以及对和平的热爱。

希腊的国花是油橄榄，国石是蓝宝石。

二、历史和文化

（一）历史沿革

希腊是西方文明的发祥地。公元前3000年—前1100年，克里特岛曾出现米诺斯文明。公元前1600年—前1050年，伯罗奔尼撒半岛产生了迈锡尼文明，这是古希腊文化的开端。公元前800年，古希腊形成奴隶制城邦国家。到公元前5世纪时，古希腊奴隶制文明发展到鼎盛时期，其文明成果对后世西方世界产生了深远的影响。公元前

146年,古希腊并入罗马帝国。公元15世纪中期,希腊被奥斯曼帝国统治。公元1821年,希腊爆发争取独立的战争,公元1832年成立王国。1974年,通过全民公投,希腊改为共和制。希腊于1981年加入欧共体,2001年加入欧元区。2004年,希腊首都雅典成功举办2004年雅典奥运会,在现代社会开始扮演重要角色。

(二)传统文化

德国近代哲学家黑格尔说过,在有教养的欧洲人心中,一提到希腊就会涌起一种家园之感。这非常形象地说明了古代希腊在西方文明中的地位。古希腊人在哲学、文学、科学技术和建筑等方面的文化成就对世界文明史产生了根本性的影响。

1. 哲学

古希腊哲学是西方哲学最初发生和发展的阶段。古希腊哲学或称早期希腊哲学,集中于辩论与质询的任务,在很多方面,它同时为现代科学与现代哲学铺设了道路。早期希腊哲学家对后世产生的影响从未间断,包括早期穆斯林哲学到文艺复兴,再到启蒙运动和现代科学。古希腊著名的哲学家有"希腊三贤":柏拉图和他的老师苏格拉底,以及他的学生亚里士多德。

2. 文学

古希腊文学方面的成就集中于诗歌、寓言和戏剧等。相传,由古希腊盲诗人荷马创作了两部长篇史诗——《伊利亚特》和《奥德赛》,统称《荷马史诗》。《荷马史诗》不仅有很高的文学价值,也有极高的史学价值,西方学者将其作为史料去研究公元前11—前9世纪的社会和迈锡尼文明,并将这一时期希腊的历史命名为"荷马时代"。

伊索是古希腊著名的哲学家、文学家,与克雷洛夫(俄)、拉·封丹(法)和莱辛(英)并称世界四大寓言家。伊索的作品集中于《伊索寓言》,伊索寓言主要是通过一些动物的言行来寄寓道德教谕,著名的故事包括《狮子和老鼠》《狐狸和仙鹤》《披着羊皮的狼》《狐狸和葡萄》等。寓言短小精悍,思想性颇强,体现了古代希腊人的智慧,对后世全世界的文学都产生了影响。

古希腊戏剧:公元前6—前4世纪这段时期,是古希腊世界的全盛时期。这一时期,古希腊文学成就最高的是戏剧,它分为喜剧和悲剧。喜剧作家的代表是阿里斯托芬,代表作品有《阿卡奈人》等。悲剧作家的代表则是埃斯库罗斯,代表作品有《阿伽门农》等。

3. 数学

古希腊的数学非常发达,对后世贡献巨大,代表人物包括:古希腊著名的数学家,被誉为"代数学鼻祖"的丢番图;《几何原本》作者,奠定以后欧洲数学的基础的欧几里得;发现无理数和包括勾股定理在内多个数学定理的毕达哥拉斯学派;带动几何发展的数学家阿基米德,阿基米德原理(浮力)的提出也是古典世界物理学方面的重大贡献。

4. 建筑

欧洲建筑是"世界三大建筑体系"之一,奠定了欧洲建筑体系的基础。古希腊建筑非常重要的特点和成就是创造了石梁柱结构体系,创造了"古希腊柱式"这种建筑典范、多立克柱式、爱奥尼柱式、科林斯柱式等对后世西方乃至世界各国建筑产生了深远影响。古希腊建筑体现的重要美学观念是"美是由度量和秩序所组成的",反映出人文主义世界观。古希腊建筑风格特征为庄重、典雅、精致、有性格、有活力。

现存古希腊代表性建筑有雅典卫城、帕特农神庙、胜利女神庙、伊瑞克提翁神庙、雅典城市广场、德尔斐的阿波罗圣地(神庙遗址)、狄奥尼索斯剧场等。这些也是世界各地游客到欧洲进行文化旅游的重要目的地。

三、政治经济和旅游环境

(一)政治制度

希腊现行宪法于1975年6月11日生效。希腊国家体制为总统议会共和制,总统为国家元首,任期5年,可连任一次;立法权属议会和总统,行政权属总理,司法权由法院行使。1986年,希腊通过的宪法修正案使总统的权力缩小。2020年1月,卡特里娜·萨克拉罗普卢成为希腊历史上首位女总统。

(二)社会经济

希腊是一个中等发达的资本主义国家,也是欧盟和北约的成员国。希腊经济对外依存度高,海运、旅游、商贸为其外汇收入三大支柱。与西欧发达国家相比,希腊经济基础相对薄弱,工业制造业较落后。希腊农业较发达,工业主要以食品加工和轻工业为主。

2009年以来,希腊深陷主权债务危机。欧盟、欧洲央行和国际货币基金组织先后向希提供救助贷款2390亿欧元。2015年7月,希腊与欧盟达成总额820亿欧元的第三轮救助协议。2018年8月,希腊正式退出救助计划。2019年9月,希腊取消所有资本管制。2022年4月,希腊提前还清国际货币基金组织救助贷款。同年8月,希腊退出欧盟强化监管机制。近年来,希腊政府积极推行经济和社会改革,大力吸引投资,正逐渐摆脱希腊债务危机的负面影响。

2022年,希腊国内生产总值(GDP)为1921亿欧元,同比增长5.9%,人均GDP为2.0675万美元。希腊是欧元区国家,法定货币是欧元。

(三)外交关系

1972年6月5日,中国与希腊建交,之后中希两国友好合作关系稳步发展,两国间友好、互信关系日益增强,在联合国及其他国际组织中合作密切。2014年2月,中国国家主席习近平在出席索契冬奥会活动期间会见帕普利亚斯总统。同年6月,李克强总理对希腊进行正式访问,双方共同发表《关于深化全面战略伙伴关系的联合声明》。2019年11月,国家主席习近平在雅典同希腊总统帕夫洛普洛斯会谈。两国元首一致同意,巩固政治互信,深化务实合作,促进文明对话,为推动构建人类命运共同体贡献东西方文明古国的智慧。这为双方旅游合作提供了良好的政策环境。

四、民俗风情

(一)礼仪礼节

希腊人在社交场合与客人见面时,常以握手为礼,较为熟悉的朋友、亲人间行贴面礼。对上了年纪的人用尊称并优先招待。希腊人注意着装整洁,在正式社交场合,男士通常穿深色西装,打领带或系领结。希腊人普遍喜欢黄色、绿色、蓝色、白色,认为这些都是积极向上的颜色。

希腊人性格开朗、热情、豪放、好客、健谈,也易激动。希腊人在谈生意时,主人先请客人选择喝浓厚的希腊咖啡或希腊国酒乌佐酒,如果客人贸然拒绝,会被主人视为羞辱。希腊人对其古代多彩多姿的历史、古迹、哲学、艺术、政治等深以为荣,因此对于同样具有悠久历史的中国人深有好感。但是和希腊人交谈的话题应避免谈及希腊国内政治以及希腊和塞浦路斯的关系,以免使自己陷入失言的困境。

在希腊的一些乡村,每逢元旦到来,人们便带着一块大石头作为礼物到亲友家拜年,并把它放在地板上向主人祝愿说:"愿你家有一块像这石头一样大的金子!"

(三)饮食特产

希腊的特产带有浓浓的地中海特色,主要特产有菲达奶酪,它是一种产自希腊的羊奶酪,是"世界十大奶酪"之一。菲达奶酪是用山羊或者绵羊奶做成的,放在盐水中腌熟。在希腊人日常的餐桌上,经常可以看到菲达奶酪的身影。

希腊盛产葡萄酒,主要类型有甜白葡萄酒、艾丹妮红酒、阿斯提柯葡萄酒、松香味希腊葡萄酒、麝香葡萄酒等。圣托里尼是希腊最大的葡萄酒产地。火山区特有的土质和气候,使这里成为非常适宜种植葡萄的地区,产出的葡萄酒具有独特的芬芳,并可预防各种疾病。

橄榄油也是希腊著名的特产,世界上最好的橄榄油产自希腊的克里特岛。克里特人特别喜欢吃橄榄油,每餐必吃,而且最喜欢的是粗面包蘸橄榄油,或者用橄榄油做蔬菜色拉。橄榄油曾被荷马称为"液态的黄金",而希腊是世界上唯一的特级初榨橄榄油产量最高的国家。除了橄榄油、橄榄腌制品,有机橄榄皂以及橄榄木制品在希腊也是随处可见,值得购买。

五、旅游资源和著名景点

(一)旅游业和旅游资源

旅游业是希腊获得外汇来源和维持国际收支平衡的重要经济部门。自20世纪60年代以来,希腊旅游业发展迅速,入境游客人数连年增长。2004年的雅典奥运会为希腊旅游业打下了良好的基础,特别是基础设施得到明显改善。2022年,希腊旅游业强劲复苏,接待游客2780万次,同比增长89.3%,旅游业总收入达176亿欧元,同比增长

67.9%。

作为西方文明发展的源头地之一,希腊历史文化厚重,旅游资源丰富,代表性旅游景点有雅典卫城、德尔菲太阳神庙、奥林匹亚古运动场遗址、克里特岛迷宫、埃皮达夫罗斯露天剧场、维尔吉纳马其顿王墓、圣山、罗得岛、科孚岛等。主要旅游城市除了希腊首都雅典,还有塞萨洛尼基、帕特雷、伊拉克利翁、拉里萨、沃洛斯、罗得岛等。

(二)主要旅游城市和旅游景点

1. 雅典

雅典是希腊共和国的首都和最大的城市,位于巴尔干半岛南端,是欧洲第八大城市,也是"欧盟商业中心"之一。雅典有文字记载的历史长达3000多年,被誉为"西方文明的摇篮"。雅典是欧洲哲学的发源地,诞生了苏格拉底、柏拉图等一大批历史伟人,对欧洲以及世界文化产生过重大影响。公元前5世纪—前4世纪,古希腊在文化和政治上的成就对欧洲及世界产生了重大影响,也被称为西方民主政治的起源地。雅典是现代奥运会起源地,曾于1896年、2004年先后举办过第一届夏季奥运会和第28届夏季奥运会。雅典至今仍保留了很多历史遗迹和大量的艺术作品,其中极为著名的是雅典卫城的帕特农神庙,被视为西方文化的象征。

雅典卫城是希腊最杰出的古建筑群,是综合性公共建筑,为宗教政治的中心地。雅典卫城面积约4平方千米,位于雅典市中心的卫城山丘上,始建于公元前580年。卫城中最早的建筑是雅典娜神庙(见图8-1)和其他宗教建筑。1987年,雅典卫城被列为世界文化遗产。

图 8-1　雅典卫城中的雅典娜神庙

2. 克诺索斯遗址

克诺索斯曾是米诺斯时期克里特岛的首府,克诺索斯遗址是神话传说中米诺斯王用来关押弥诺陶洛斯牛头人的地方。克诺索斯的第一座宫殿建于公元前1900年左右,在一场地震中被毁坏,后来的建筑比先前的更为壮观和精巧。埃文斯复原的也正是这座宫殿。公元前1500年—前1450年,王宫又被部分摧毁。此后的50年一直有人居住,直到最后彻底毁于一场火灾。

教学互动

特洛伊战争

特洛伊战争是以争夺世上最漂亮的女人海伦为起因,以阿伽门农及阿喀琉斯为首的希腊军进攻帕里斯及赫克托尔为首的特洛伊城的十年攻城战。整个故事是以《荷马史诗》中《伊利亚特》为中心,详细地描述了特洛伊战争的情况。

特洛伊战争发生在迈锡尼文明时期。战争起源于对希腊美女海伦的争夺。大约在公元前13世纪,据说斯巴达有一户人家生了一个女儿,取名海伦。海伦从小俏丽无比,渐渐长成一个举世罕见的美女,成为希腊各城邦公子王孙们的偶像和精心保护的珍宝。后来,斯巴达王阿特柔斯的儿子墨涅依斯被海伦看中,两人成亲。不久,墨涅依斯做了国王,两人相亲相爱,成为一对美满的夫妻。

一天,墨涅依斯的王宫里来了一位尊贵的客人。他是特洛伊国王的儿子——帕里斯。特洛伊是小亚细亚半岛(今土耳其)上的一个小王国,和希腊隔海相望。墨涅依斯对帕里斯盛情款待,连年轻的王后海伦也亲自出来接见。没想到,海伦和帕里斯一见钟情,竟和帕里斯一起逃回特洛伊城,还掠走了王宫中的许多财宝。

斯巴达国王墨涅依斯觉得这是一个极大的侮辱,他连夜赶到迈锡尼城,请国王阿伽门农,也是他的哥哥帮他复仇。阿伽门农当时是希腊各国的霸主,他马上邀请了希腊许多小国的国王来开会,会上大家决定联合起来,用武力消灭特洛伊城。阿伽门农被推选为统帅。不久,一支有10万人、1000多条战舰的大军集结完成,浩浩荡荡地攻向特洛伊城。特洛伊战争爆发。

但特洛伊城是一个十分坚固的城市,希腊人攻打了9年也没有打下来。第十年,希腊一位多谋善断的将领奥德修斯想出了一条妙计:有一天的早晨非常奇怪,希腊联军的战舰突然扬帆离开了,平时喧闹的战场变得寂静无声。特洛伊人以为希腊人撤军回国了,他们跑到城外,却发现海滩上留下一匹巨大的木马。特洛伊国王令人拆毁城墙,把木马拉进城,没想到中了希腊人的"木马计"。当天晚上,藏在木马中的全副武装的希腊战士跳了出来,他们悄悄地摸向城门,杀死了睡梦中的守军,迅速打开了城门,并在城里到处点火。隐蔽在附近的大批希腊军队如潮水般涌入特洛伊城。希腊人把特洛伊城的财富掠夺一空,将城市烧成一片灰烬,男人大多被杀死了,妇女和儿童大多被卖为奴隶,海伦也被墨涅依斯带回了希腊。

10年的战争终于结束了。结果是两败俱伤:特洛伊城成为废墟,迈锡尼文明也因战争耗尽了国力,走向了衰落。

——资料来源:根据有关资料整理

思考并讨论：

你一定知道电脑木马病毒，但是你知道木马病毒名称的由来吗？请阅读上面案例，探寻一下答案吧！

第二节 意 大 利

一、地理概况

（一）自然地理

意大利共和国简称意大利，地处欧洲南部地中海北岸，国土面积约30万平方千米，其领土还包围着两个微型国家——圣马力诺与梵蒂冈。意大利领土包括阿尔卑斯山南麓和波河平原地区，以及亚平宁半岛、西西里岛、撒丁岛和其他的许多岛屿，亚平宁半岛占意大利全部领土面积的80%。意大利陆界北部以阿尔卑斯山为屏障，与法国、瑞士、奥地利和斯洛文尼亚接壤，80%国界线为海界，与突尼斯、马耳他和阿尔及利亚隔海相望，海岸线长约7200千米。

意大利的主要山脉有北部的阿尔卑斯山脉、中部的亚平宁山脉等，意大利和法国边境的勃朗峰海拔4810米，是欧洲第二高峰。意大利多火山和地震，亚平宁半岛西侧有著名的维苏威火山，西西里岛上的埃特纳火山是欧洲最大的活火山。意大利最大河流是波河，发源于阿尔卑斯山南坡，水能蕴藏丰富，波河平原土壤肥沃，农业发达。台伯河是流经罗马的主要河流。意大利较大的湖泊有加尔达湖、特拉西梅诺湖、马焦雷湖、科摩湖等。

意大利大部分地区属亚热带地中海气候，平均气温1月2—10℃，7月23—26℃。

（二）人文地理

1.人口和民族

意大利总人口5885万（2022年7月），居民主要是意大利人，官方语言是意大利语。意大利西北部的瓦莱·达奥斯塔、东北部的特伦蒂诺-上阿迪杰、弗留利-威尼斯·朱利亚等少数民族地区分别讲法语、德语和斯洛文尼亚语。意大利大部分居民信奉天主教。

2.首都和行政区划

意大利首都是罗马，其他主要城市有米兰、都灵、那不勒斯、巴勒莫、热那亚、佛罗伦萨、威尼斯等。意大利有20个大区，共101个省，8092个市（镇）。20个大区中，有5个是实施特殊法律的自治大区，它们分别是：瓦莱·达奥斯塔、特伦蒂诺-上阿迪杰、弗留利-威尼斯·朱利亚、西西里和撒丁。

3.国家象征

意大利国旗呈长方形,长与宽之比为3:2。旗面由3个平行相等的竖长方形相连构成,从左至右依次为绿、白、红三色。意大利原来国旗的颜色与法国国旗相同,公元1796年才把蓝色改为绿色。据记载,公元1796年,拿破仑的意大利军团在征战中曾使用由拿破仑本人设计的绿、白、红三色旗。1946年,意大利共和国建立,正式规定绿、白、红三色旗为共和国国旗。

意大利国歌是《马梅利之歌》,歌词由意大利爱国诗人戈弗雷多·马梅利创作,米凯莱·诺瓦洛于同年谱曲。1847年12月,热那亚群众举行了一次爱国示威游行,第一次高歌出这激昂人心的旋律。此后,这首歌很快流传起来。1946年6月2日,意大利共和国成立后,《马梅利之歌》被定为国歌。

意大利的国花是雏菊,国石是珊瑚。

二、历史和文化

(一)历史沿革

1.从原始社会到罗马帝国

旧石器时代早期,意大利半岛就有人类活动痕迹。公元前9世纪,伊特鲁里亚人曾在这里创造灿烂的文明。公元前754年,罗马建城。古罗马先后经历王政、共和、帝国3个阶段,历经1000多年。共和时期,罗马基本完成疆域扩张。帝国时期,罗马成为以地中海为中心跨越欧、亚、非三大洲的大帝国。公元395年,罗马帝国分裂为东、西两部分,西罗马帝国于公元476年灭亡,东罗马帝国于公元1453年灭亡。

2.查理帝国和神圣罗马帝国的统治

中世纪的意大利半岛大部分地区受法兰克王国、查理帝国控制。公元843年,《凡尔登条约》三分帝国,中部法兰克王国成为现代意大利的前身。公元962年至11世纪,意大利北部和中部成为神圣罗马帝国的一部分,而南部则为拜占庭领土,直至公元11世纪诺曼人入侵意大利南部并建立王国。公元12—13世纪,神圣罗马帝国在意大利的统治瓦解,分裂成许多王国、公国、自治城市和小封建领地。公元14世纪,资本主义萌芽最先出现于意大利北部。公元15世纪,人文主义和文艺复兴运动在意大利兴起,文化艺术空前繁荣。公元16世纪,兴起于意大利的文艺复兴运动在欧洲广泛传播,对资本主义在欧洲的确立起到了重要作用。

3.近现代的意大利王国和意大利共和国的建立

公元15世纪末,法国和西班牙争夺亚平宁半岛的斗争激化,导致了持续数十年的意大利战争。公元16世纪起,意大利大部分地区先后被法国、西班牙、奥地利占领。公元18世纪,意大利民族意识觉醒,于公元19世纪兴起意大利民族复兴运动。公元1861年3月,意大利王国建立,后于公元1870年完成意大利的统一。此后,意大利开始同其他欧洲列强进行资本主义殖民扩张和竞争。第一次世界大战时,意大利获得了东北部的特伦蒂诺-上阿迪杰、威尼斯·朱利亚和多德卡尼索斯等地区。1922年10月31日,墨索里尼上台执政,实行长达20余年的法西斯统治。其间意大利入侵埃塞俄比亚,帮助佛朗哥在西班牙打内战,与德国结成罗马—柏林轴心,随后卷入第二次世界大战并沦为战败国。1946年6月2日,意大利废除君主立宪制度,同年7月12日建立意大利共和国。第二次世界大战后,意大利参加马歇尔计划,加入"北大西洋公约"组织,并积极参加欧洲一体化进程,系欧盟创始国之一。

(二)传统文化

1.辉煌灿烂的古罗马文化

古罗马早期受伊特鲁里亚、古希腊文化的影响,后吸收其精华并融合而形成光辉的古罗马文化。公元前3世纪以后,罗马成为地中海地区的强国,其文化亦高度发展。古罗马的文化成就是全方位的,与古希腊文化一起构成西方文化的源头。

语言文字和文学:罗马人在希腊字母基础上创造了拉丁文字母文字,成为许多民族创造文字的基础。文学方面,以凯撒、西塞罗为代表的拉丁文散文,以维吉尔、贺拉斯、奥维德等人为代表的罗马诗歌,是世界各国学者研讨的对象。

历史和哲学、科学:古罗马著名历史学家塔西佗著有《编年史》《历史》《日耳曼尼亚志》等不朽著作,李维著有《罗马史》,罗马帝国埃及总督阿庇安著有《罗马史》,凯撒著有《高卢战记》等,这些历史著作奠定了西方历史学的早期基础。哲学家卢克莱修的《论物性》是流传至今唯一阐述古代原子论的著作,著名学者老普林尼所写的《自然史》是研究古罗马科技史的重要文献。

宗教:在罗马帝国产生和发展起来的基督教,是"世界三大宗教"之首。公元313年,罗马帝国皇帝君士坦丁一世颁布《米兰敕令》,宣布罗马帝国境内有信仰基督教的自由,发还已经没收的教会财产,承认了基督教的合法地位。公元4世纪,罗马皇帝狄奥多西一世宣布基督教为国教,这对欧洲文化的发展带来了深远影响。

法律:古罗马对西方文明重要的贡献之一,就是创造了完备的法律体系,包括市民法(仅适用于罗马公民)、自然法(适用于所有人)和国家关系法(用于调节罗马人与其他民族之间的关系)。公元2—6世纪,《罗马法》通过不断补充和完善,在东罗马帝国国王查士丁尼的主持下编撰完成并颁布施行,后人称其为《民法大全》,又称为《查士丁尼法典》。该法典对西方文明的影响被认为仅次于《圣经》,其基本思想和原则已融入西方乃至世界各国的法律中。

建筑:古罗马建筑是在古希腊建筑的基础上发展起来的。古罗马人将西方建筑体系向前推进一大步。现存的建筑有罗马斗兽场、君士坦丁凯旋门、庞培城、万神殿等。

2.近现代文化

公元14—15世纪,随着资本主义萌芽的出现,意大利文艺空前繁荣,成为欧洲"文艺复兴"运动的发源地,但丁、达·芬奇、米开朗琪罗、拉斐尔、伽利略等文化与科学巨匠对人类文化的进步做出了无可比拟的巨大贡献。如今,在意大利各地都可见到精心保存下来的古罗马时代的宏伟建筑和文艺复兴时代的绘画、雕刻、古迹和文物。

条条大路通罗马

"条条大路通罗马"是著名的英语谚语,出自罗马典故。古罗马原是意大利的一个小城邦。公元前3世纪,罗马统一了整个亚平宁半岛。公元前1世纪,罗马城成为地跨欧、亚、非三洲的罗马帝国的政治、经济和文化中心。罗马帝国为了加强其统治,修建了以罗马为中心,通向四面八方的大道。史料记载,罗马人共筑硬面公路8万千米。这些大道促进了帝国内部和对外的贸易和文化交流。公元8世纪起,罗马成为西欧天主教的中心,各地教徒前往朝圣者络绎不绝。据说,当时从意大利半岛乃至欧洲的任何一条大道开始旅行,只要不停地走,最终都能抵达罗马。更有趣的是,古罗马统治者为了调兵遣将的方便,下令在大道的两旁种上大树,以便为行军的士兵遮挡炎热的阳光。

相传"条条大路通罗马"这句话,最早出自罗马皇帝尤里安之口。尤里安是君士坦丁一世之侄。他博学多才,集学者、作家和将军于一身。在位期间,允许宗教信仰自由,并允许犹太人在耶路撒冷重建圣殿。尤里安本人信奉异教,是君士坦丁之后唯一的非基督教徒帝王。因此教会称他为"叛教者"(Apostate)。

"条条大道通罗马"被喻为达到同一目的可以有多种不同的方法和途径,与汉语成语"殊途同归"或"水流千里归大海"相似。

——资料来源:根据有关资料整理

请思考:

"条条道路通罗马"的意思仅仅是通往罗马的道路多吗?还有什么其他含义呢?

三、政治经济和旅游环境

(一)政治制度

意大利现行宪法于1948年1月1日颁布。2001年10月7日,全民公决通过修改后的宪法。意大利政体实行议会共和制,总统为国家元首和武装部队统帅,代表国家的统一,由参、众两院联席会议选出。总理行使管理国家职责,由总统任命,对议会负责。现政府于2022年10月22日宣誓就职,总理是焦尔吉娅·梅洛尼。

议会是意大利最高立法和监督机构,实行两院制,由参议院和众议院组成。最高司法委员会是最高司法权力机构,拥有独立司法体制以及任命、分配、调遣、晋升法官等权力。

（二）社会经济

意大利是发达工业国，欧盟第三大、世界第八大经济体。意大利实体经济发达，是欧盟内仅次于德国的第二大制造业强国，主要工业门类有石油化工、汽车制造、家用电器、电子仪器、冶金、机械、设备、纺织、服装、制革、家具等。意大利中小企业发达，被誉为"中小企业王国"。但意大利各地区经济发展不平衡，北方工商业发达，南方以农业为主，经济较为落后。2020年，意大利经济遭受疫情严重冲击，在欧盟复苏基金中获得2090亿欧元支持，占基金总额28%，欧委会于2021年6月通过意大利复苏计划，2022年4月、7月分别向意大利发放249亿、210亿欧元复苏基金。

2022年，意大利国内生产总值（GDP）1.9万亿欧元，人均GDP 3.2万欧元。

（三）旅游环境

1970年11月6日，意大利与中国建交。意大利总统佩尔蒂尼、卡尔法罗，总理阿马托等曾先后在任内访问中国。中国李先念主席、江泽民主席、李鹏总理、朱镕基总理等也曾先后应邀访问过意大利。

2019年3月，国家主席习近平曾对意大利进行国事访问。2022年，当地时间11月16日晚，国家主席习近平在巴厘岛会见意大利总理梅洛尼。2023年2月，中共中央政治局委员、中央外事工作委员会办公室主任王毅访问意大利，同意大利总统马塔雷拉、副总理兼外长塔亚尼会见。两国高层的良好互动为中意两国旅游合作提供了良好的政策环境。

四、民俗风情

（一）礼仪和禁忌

意大利人热情好客，待人接物彬彬有礼。意大利人见面时行握手礼或用手示意。在正式场合，穿着十分讲究。意大利人对长者、有地位和不太熟悉的人，要称呼他的姓，加上"先生""太太""小姐"和荣誉称号。在意大利，女士受到普遍尊重，特别是在各种社交场合，如就餐、乘车、乘电梯等女士处处优先。意大利人完全以家庭为中心，祖母非常受人尊重，每年甚至还有一个"最酷奶奶"的评选。和意大利人谈话要注意话题的选择，一般谈论工作、新闻、足球，而不要谈论政治和美式橄榄球。

意大利人忌讳交叉握手，忌讳数字"13"。赠送纪念品时，切忌送手帕，因为在意大利，手帕是亲人离别时擦眼泪用的。送花的时候，花枝、花朵的数量应为单数。忌送菊花，因为菊花盛开的季节正是他们扫墓的时候。到教堂或天主教博物馆参观的时候，无论男女，都不得穿短裤、短裙或无袖衬衫。

（二）饮食习俗

意大利的菜肴源自古罗马帝国宫廷，源远流长，对欧美国家的餐饮习惯产生了深远影响,发展出包括法国餐、美国餐在内的多种派系,故有"西餐之母"之美称,也被称为"欧洲大陆烹调之母"。

意大利菜多以海鲜为主料,辅以牛、羊、猪、鱼、鸡、鸭等肉类和番茄、黄瓜、萝卜、青椒、大头菜、香葱等蔬菜烹制而成。制法常用煎、炒、炸、煮、红烩或红焖,喜加蒜蓉和干辣椒,著名菜品和美食有佛罗伦萨牛排、罗马魔鬼鸡、那不勒斯烤龙虾、巴里甲鱼、奥斯勃克牛肘肉、扎马格龙沙拉、米列斯特通心粉、鸡蛋肉末沙司、板肉白豆沙拉子、青椒焖鸡、烩大虾、烤鱼、冷鸡、白豆汤、火腿切面条等。除了上述大菜,意大利的面条、薄饼、米饭、肉肠和饮料也很受欢迎,吸引着来自世界各地的游客。

五、旅游资源和著名景点

(一)旅游业和旅游资源

意大利旅游业发达,是世界第二大旅游国,2021年共吸引游客4165万人次。意大利主要旅游城市包括罗马、威尼斯、佛罗伦萨等。

意大利旅游资源丰富,气候湿润,风景秀丽,文物古迹很多,有良好的海滩和山区,公路四通八达。意大利是古罗马文化的中心,文明遗迹众多,有显赫一时的古罗马帝国、毁于维苏威火山大爆发的庞贝古城、闻名于世的比萨斜塔、文艺复兴的发祥地佛罗伦萨、风光旖旎的"水城"威尼斯,以及被誉为"世界第八大奇迹"之一的古罗马竞技场。截至2021年7月,列入《世界遗产名录》的意大利世界遗产共有58项。

(二)主要旅游城市和旅游景点

1.罗马

罗马是意大利的首都和最大的城市,也是全国政治、经济、文化和交通中心,罗马也是世界著名的历史文化名城、古罗马帝国的发祥地,因建城历史悠久而被昵称为"永恒之城"。罗马位于意大利半岛中西部,台伯河下游平原地的7座小山丘上,市中心面积有1200多平方千米。罗马是意大利占地面积最广、人口最多的城市,也是世界著名的游览地。罗马的主要景点有罗马斗兽场(见图8-2)、万神殿、罗马国立博物馆、君士坦丁凯旋门等。

图8-2 罗马斗兽场(薛阳 供图)

知识活页

罗马假日

2. 威尼斯

威尼斯是意大利东北部著名的旅游与工业城市,也是威尼托地区(威尼托大区)的首府。威尼斯曾经是威尼斯共和国的中心,十字军东征时也曾在这里集结。威尼斯市区涵盖意大利东北部亚得里亚海沿岸的威尼斯潟湖的118个人工岛屿和邻近一个人工半岛,更有117条水道纵横交叉,风光旖旎。威尼斯(见图8-3)有"因水而生,因水而美,因水而兴"的美誉,享有"水城""水上都市""百岛城"等美称,被称作"亚得里亚海明珠"。

威尼斯文艺复兴时期的建筑、绘画、雕塑、歌剧等在世界有着极其重要的地位和影响,堪称世界极具文化气息和极为浪漫的城市。威尼斯水上城市是文艺复兴的精华,是世界上唯一没有汽车的城市。1987年,威尼斯被列入《世界遗产名录》。威尼斯的主要景点有凤凰歌剧院、圣马可广场、圣马可大教堂、叹息桥等。

图8-3 意大利威尼斯水城

教学互动

意大利米兰旅途中的意外事件

有一次,领队带领南欧多国旅游线路出境旅游团,行程最后一天是意大利米兰。

领队带领团队正常游览时,接到司机电话,说大巴车被偷了,让其尽快回来。客人都回来后,通过清点财物发现有4位游客贵重物品被盗,主要是因为没有随身携带存放自己贵重物品的包包。导游协助游客在大巴车周围的树林以及垃圾桶里面寻找,后来找回3个包包和护照,其中一位游客丢失的贵重物品始终未找到。

因为当天下午团队要离境回国,领队第一时间联系大使馆,寻求帮助,并找到当地的朋友协助该游客前往大使馆办理有关手续,所产生的费用由该游客自行承担,包括车费、陪同翻译费等。随后,领队继续带领团队游客参观游览结束后前往机场,万幸的是大使馆在下班之前及时为该游客办完了相关手续,该游客及时赶到机场与团队会合,平安回国。

——资料来源:根据薛阳的出境旅游领队日记整理

思考并讨论:

团队出境旅游过程中,是否需要向游客反复强调贵重物品应随身携带?护照是重要物品,旅行社一般会要求境外领队全程收取保管游客的护照,你觉得这样有必要吗?

第三节　西　班　牙

一、地理概况

（一）自然地理

西班牙王国简称西班牙,位于欧洲西南部的伊比利亚半岛,西邻葡萄牙,北濒比斯开湾,东北部与法国及安道尔接壤,东临地中海与意大利隔海相望,南隔直布罗陀海峡与非洲的摩洛哥相望,西北、西南临大西洋。西班牙总面积达50.6万平方千米,居欧洲第5。

西班牙地势以高原为主,伴有山地和平原。全境大致可以分为5个地形区:北部山区、中央高原、阿拉贡平原、地中海沿岸山地、安达卢西亚平原。穆拉萨山峻峭高耸,海拔3478米,号称西班牙"民族的脊梁"。山上终年云烟袅袅,清风悠扬,是避暑胜地。西班牙主要河流有埃布罗河、杜罗河、塔霍河、瓜迪亚纳河和瓜达尔基维尔河。

西班牙中部高原属大陆性气候,北部和西北部沿海属海洋性温带气候,南部和东南部属地中海型亚热带气候。

（二）人文地理

西班牙总人口4820万（2023年4月）,主体是卡斯蒂利亚人（即西班牙人）,少数民族有加泰罗尼亚人、加利西亚人和巴斯克人,多数居民信奉天主教。西班牙官方语言和全国通用语言是西班牙语。

西班牙首都马德里,位于伊比利亚半岛中部,是欧洲著名的历史名城。西班牙全国划分为17个自治区、50个省、8000多个市镇,在摩洛哥境内另有休达和梅利利亚两块飞地。

西班牙国旗呈长方形,长宽之比为3∶2。旗面自上而下由红、黄、红色3个平行长方形组成。中间黄色部分占旗面1/2,左侧绘有国徽。红、黄两色是西班牙人民深爱的传统色彩,象征着人民对祖国的一片赤胆忠心。

西班牙国歌是《皇家进行曲》。不过它是有曲无词的,王室曾多次组织音乐家谱写新歌,但无一能够超过这个曲子,于是这首有曲无词的国歌便延续下来。西班牙的国花是石榴花,国石是绿宝石。

二、历史和文化

(一)历史沿革

中世纪时,伊比利亚半岛曾被阿拉伯帝国征服。公元1492年,西班牙"光复运动"胜利后,建立起统一的西班牙王国。同年10月,哥伦布抵达西印度群岛,此后西班牙逐渐成为海上强国,在欧、美、非、亚各洲均有殖民地。公元1588年,西班牙"无敌舰队"被英国击溃,开始衰落。公元1873年,西班牙建立第一共和国。1931年,西班牙建立第二共和国。1936—1939年,西班牙爆发内战。1947年,佛朗哥宣布西班牙为君主国,自任终身国家元首。1975年11月,佛朗哥病逝,胡安·卡洛斯一世国王登基。1976年7月,卡洛斯一世任命原国民运动秘书长阿道夫·苏亚雷斯为首相,西班牙开始向议会民主政治过渡,1978年,宣布实行议会君主制。2014年6月,卡洛斯一世退位,王储费利佩六世登基,是现任西班牙国家元首。

(二)传统文化

作为曾经的海上霸主,西班牙拥有着灿烂辉煌的文化艺术,在建筑、绘画、文学等方面占据着举足轻重的地位。此外,西班牙还是世界上文化遗产较多的国家。截至2021年,西班牙列入《世界遗产名录》的有49项。西班牙全国各地不仅遍布各种文化遗产,博物馆更是星罗棋布,充满着浓厚的文化气息。同时,西班牙也是一个盛产艺术家的国家,毕加索、达利、胡安·米罗、高迪等都是西班牙艺术家。西班牙舞蹈弗拉明戈和斗牛舞也非常有名。

三、政治经济和旅游环境

(一)政治制度

西班牙现行宪法于1978年12月29日生效。宪法规定西班牙实行议会君主制,立法、行政、司法三权分立。王位由胡安·卡洛斯一世的直系后代世袭。国王为国家元首与武装力量总司令,首相则是政府最高首脑,由议会多数党提名后由国王任命。行政权由政府掌握,立法权则由两院制的议会行使。各级法院法官以国王名义独立行使司法审判权。宪法承认并保证各民族地区的自治权。2020年1月7日,西班牙组建联合政府,首相是佩德罗·桑切斯·佩雷斯-卡斯特洪。

(二)社会经济

西班牙是中等发达的资本主义工业国,经济总量居欧盟第4位。西班牙主要工业有纺织、钢铁、水泥、造船、汽车制造、电力等。西班牙农业现代化水平较高,橄榄油产量和葡萄种植面积均居世界第一。20世纪80年代初,西班牙开始实行紧缩、调整、改革政策，采取了一系列经济自由化措施。以1986年加入欧共体为契机，西班牙经济发展出现高潮。20世纪90年代初，由于出现经济过热现象，经济增长速度放慢并陷入衰退。20世纪90年代中期以来，在西班牙政府采取的宏观调控政策的作用下，经济开始回升并持续稳步增长。1998年5月，西班牙成为首批加入欧元区国家后，经济持续快速增长，年增幅高于欧盟国家平均水平。西班牙经济受国际金融危机和欧债危机负面影响较大，2014年起实现恢复性增长。

2022年，西班牙国内生产总值(GDP)1.33万亿欧元，同比增长5.5%，人均GDP2.79万欧元。截至2022年12月，西班牙公共债务达1.50万亿欧元。

(三)旅游环境

1973年3月9日，中国和西班牙建交。2005年11月，中西两国建立全面战略伙伴关系。2018年11月，习近平主席对西班牙成功进行国事访问，于2016年11月、2019年11月两次过境西班牙。2022年11月，习近平主席在出席二十国集团领导人巴厘岛峰会期间会见桑切斯首相。2016年9月，拉霍伊首相来华出席二十国集团领导人峰会。2017年5月，拉霍伊首相来华出席首届"一带一路"国际合作高峰论坛。2023年3月，桑切斯首相出席博鳌亚洲论坛2023年年会并正式访问华。西班牙是中国在欧盟内第五大贸易伙伴，中国是西班牙在欧盟外第一大贸易伙伴。双方在多个领域有着广泛的交流，这为双方旅游合作提供了良好的政治环境。

四、民俗风情

(一)礼仪

在正式社交场合与客人相见时，西班牙人通常行握手礼和吻礼。与熟人相见时，朋友之间常紧紧地拥抱。在西班牙人家做客，哪怕是熟人、朋友、亲属之间，都须事先约定。西班牙人赴约一般喜欢迟到一会儿，尤其是应邀赴宴时，只有在参加斗牛比赛活动时才比较守时。在拜访西班牙客人时，可以携带一瓶葡萄酒、一盒巧克力或一束鲜花作为礼物。石榴花为西班牙国花，如送花最好是石榴花。不要送大丽花和菊花，因为西班牙人认为这两种花和死亡有关。西班牙人接受礼品时很注重包装并有当面拆开赞赏的习惯。

西班牙人喜欢谈论政治，但不要把西班牙政治和他国政治进行比较。西班牙人还喜欢谈论体育和旅行，避免谈论宗教、家庭和工作。和西班牙人交谈时，不要说有关斗牛的坏话。西班牙人通常在7—8月度假，这个期间不宜到西班牙从事商务旅行，此外也不宜在复活节及圣诞节前后前往。

(二)饮食

西班牙人是世界上较讲究饮食的民族。西班牙菜肴融合了地中海和东方烹饪的精华，采用清香健康的橄榄油调味，做法考究，风味独特。西班牙盛产蔬菜、水果、海产品及牛羊肉,而且质量上乘。西班牙人最爱吃海鲜饭,一般用鲜虾、鱿鱼、鸡肉、西班牙香肠,配上洋葱、蒜蓉、番茄汁等焖制而成。

此外,西班牙中部地区的烤羊肉非常有名,烤羊排、烤羊腿是西班牙佳肴中的头号美味。生火腿、鸡蛋土豆煎饼和肉肠是西班牙三大特色小吃,其中生火腿最著名。西班牙的生火腿几乎全部只用粗盐调味,自然风干,少见熏火腿,外形上很像中国浙江金华火腿。吃西班牙大餐时当然少不了西班牙产的葡萄酒,如干红葡萄酒、白葡萄酒、雪利酒、白兰地及用水果酿制的餐后酒等。

(三)禁忌

西班牙属基督教文化圈,许多禁忌与欧美基督教国家相同,如视"13"为不吉利数字,忌用黄色(象征疾病、嫉妒等)、紫色(系教会专用的"神圣颜色")、黑色(象征死亡),忌用菊花(为丧礼用花)等。

(四)节日

西班牙主要节日有国庆节(10月12日)、宪法日(12月6日)。此外,还有一些特殊的节日,如三王节、斗牛节、西红柿节等。

1.三王节

西班牙的三王节在每年1月6日进行,是西班牙重要的节日之一,比圣诞节还热闹。三王节是为了纪念东方来的3个国王,即一个"黑脸国王"、一个"黄脸国王"、一个"白脸国王",因为他们来到西班牙以后,给西班牙带来了幸福和快乐。三王节当天,西班牙各地都有花车游行,花车上"黑脸国王""黄脸国王""白脸国王"不断撒出各式糖果来慰问儿童。

2.斗牛节

每年7月6日—14日是西班牙的斗牛节,有些时候每天都斗,通常以星期日和星期四为斗牛日。西班牙斗牛起源于西班牙古代宗教活动(杀牛供神祭品)。公元13世纪,西班牙国王阿方索十世开始举办这种祭神活动,后来演变为赛牛表演(真正斗牛表演则出现于公元18世纪中叶)。现在西班牙拥有300多家斗牛场,最大的是马德里的文塔斯斗牛场,可容纳2.5万人。

3.西红柿节

西红柿节是西班牙巴伦西亚自治区布尼奥尔镇在每年8月的最后一个星期三举行的节日。"西红柿大战"起源于1945年8月最后一个周三。当时,小镇举行游行活动,一名年轻人在人群中被推倒,起身后顺手拿起路边菜摊上的西红柿砸向周围的人,结果大家打成一团。次年,一群年轻人带着西红柿到广场,又打了一场"西红柿大战"。此后,"西红柿大战"逐渐成为小镇居民一场约定俗成的活动。

五、旅游资源和著名景点

（一）旅游业和旅游资源

西班牙在世界旅游行业发展中有重要影响，世界旅游组织总部就设在马德里。西班牙旅游业发达，2022年入境游总人数达7160万人次。

在伊比利亚半岛上，西班牙有漫长的海岸线和许多优良的天然海滩，是旅游避暑消夏的胜地。西班牙也有着悠久的历史和古老的文明，有大量的历史文化遗迹。在西班牙各地，都能看到罗马式、哥特式、阿拉伯和巴洛克式等多种风格的建筑和名胜古迹，有众多世界文化遗产和自然遗产，这些构成了西班牙丰富的旅游资源。

（二）主要旅游城市和旅游景点

西班牙的主要旅游胜地有马德里、巴塞罗那、塞维利亚等。加泰罗尼亚是吸引外国游客最多的自治区。

1. 马德里

马德里是西班牙首都和全国最大城市，位于西班牙中部，是欧洲著名的历史文化名城，也是一座现代化的大都市。马德里市区面积为607平方千米，有400多年的历史，是全国的政治、文化、经济和金融中心。马德里南下可达直布罗陀海峡，北经比利牛斯山可达欧洲腹地，地理位置十分重要，在历史上素有"欧洲之门"之称。

马德里的名胜古迹遍布全城，文化气氛浓郁。著名的景点有马德里王宫、西班牙广场，以及与卢浮宫、英国国家美术馆齐名的普拉多博物馆等。其他著名的景点还有马德里拉斯文塔斯斗牛场，以及市内1000多座风格各异的凯旋门，记述着西班牙历史上"辉煌"时期无数次征战的战绩。

2. 巴塞罗那

巴塞罗那位于西班牙东北部，濒临地中海，是西班牙第二大城市，也是加泰罗尼亚自治区首府，以及巴塞罗那省（隶属于加泰罗尼亚自治区）的省会。1992年，巴塞罗那因承办第25届奥运会闻名世界。巴塞罗那是西班牙重要的贸易、工业和金融中心，也是地中海沿岸最大的集装箱集散码头、西班牙最大的综合性港口。同时，巴塞罗那也是一座有着2000多年历史的古城和享誉世界的地中海风光旅游目的地。巴塞罗那著名景点有哥伦布塔、毕加索博物馆、圣家赎罪堂等。巴塞罗那气候宜人、风光旖旎、古迹遍布，素有"伊比利亚半岛的明珠"之称，是西班牙著名的旅游胜地。

第四节 葡萄牙

一、地理概况

（一）自然地理

葡萄牙共和国简称葡萄牙，位于欧洲伊比利亚半岛的西南部，东、北连接西班牙，西、南濒临大西洋，海岸线长832千米，领土面积92226平方千米。西班牙地形北高南低，多为山地和丘陵。北部是梅塞塔高原，中部山区平均海拔800—1000米，埃什特雷拉峰海拔1991米，南部和西部分别为丘陵和沿海平原。葡萄牙主要河流有特茹河、杜罗河和蒙德古河。

葡萄牙北部属海洋性温带阔叶林气候，南部属亚热带地中海气候。葡萄牙平均气温1月7—11℃，7月20—零下26℃，年平均降水量500—1000毫米。

（二）人文地理

葡萄牙总人口1034.2万人（2023年6月），主要为葡萄牙人。外国合法居民约78.2万人，主要来自巴西、安哥拉、莫桑比克等葡语国家及部分欧盟国家。葡萄牙的官方语言为葡萄牙语，约85%的居民为天主教徒。

葡萄牙全国分为18个大区和2个自治区，首都是里斯本，人口288万（2023年3月）（里斯本大区）。

葡萄牙的国旗呈长方形，长与宽之比为3∶2。旗面由左绿右红两部分组成，绿色部分是一个竖长方形，红色部分接近正方形。绿色表示民族希望，红色表示为民族希望而献身者的鲜血。红、绿连线的中间绘有小型葡萄牙国徽。

葡萄牙的国歌是《葡萄牙人》，国花是薰衣草。

二、历史和文化

（一）历史沿革

葡萄牙是欧洲古国之一。公元1143年，葡萄牙成为独立王国。公元15—16世纪，葡萄牙与西班牙一起在非、亚、美洲建立大量殖民地，成为海上强国。葡萄牙是欧洲各国中殖民历史非常悠久的一个国家。公元1415年，葡萄牙攻占了北非的休达。公元1580年，葡萄牙被西班牙吞并，公元1640年摆脱西班牙统治。公元18世纪末，法国拿破仑军队入侵葡萄牙。公元1811年,葡萄牙在英国帮助下赶走法国军队。公元1820—1910年,葡萄牙实行君主立宪制。1910年10月,葡萄牙成立共和国。1926年5月,建立军人政府,开始"新政"。1932年,萨拉查就任总理,实行法西斯独裁统治。1974年4月,一批中下级军官组成的"武装部队运动"推翻极右政权,开始民主化进程,同时放弃在非洲的葡属殖民地,葡萄牙正式成为西方民主制度国家。1986年,葡萄牙加入欧共体。1999年,葡萄牙成为首批加入欧元区的国家。

(二)文化艺术

葡萄牙不论在文字、艺术和建筑方面皆有着浓重的拉丁味道,并受天主教文化影响极深。

葡萄牙官方语言葡萄牙语是世界第六大、欧洲第三大广泛使用的语言,大约有2.7亿使用者。2019年,联合国教科文组织正式批准将5月5日定为世界葡萄牙语日,这是非联合国官方工作语言第一次拥有属于自己的语言日。

法多是葡萄牙独特的文化艺术,2011年被列为世界非物质文化遗产。法多是葡萄牙著名的传统民谣,已有150多年历史,在葡萄牙大街小巷的酒馆、咖啡室和商店,甚至在葡萄牙人的家中都可听到它美妙的声音。除了法多,葡萄牙也有其他民歌。葡萄牙民歌大多是在公元19世纪以前形成的,包括劳动歌、叙事歌、人生礼仪歌、宗教节日歌等。

葡萄牙作为一个拥有着悠久历史的老牌欧洲国家,有着许多种流行的乐器,如葡萄牙吉他、铃鼓、方手鼓、响板、风笛、陶罐鼓等。

足球文化在葡萄牙也非常流行。此外,葡萄牙还是文化艺术之邦,有各类博物馆近300座,图书馆1960多所,各类电影院、剧院347所,画廊或展览馆300多个。

三、政治经济和旅游环境

(一)政治制度

葡萄牙是一个议会制共和国,现行宪法于1976年制定,后经历了7次修改。最近一次修订于2005年完成。宪法规定,总统、议会、政府和法院是国家权力机构;总统为武装部队最高司令,依照议会决定任免政府首脑,根据政府提名任免总参谋长和三军将领。总统在听取各党派、国务委员会的意见后才能解散议会,"在必要时"可以解散政府和罢免总理。

葡萄牙现任总统是马塞洛·雷贝洛·德索萨,2016年竞选总统获胜,2021年连任,任期5年。葡萄牙本届政府成立于2022年,任期4年,是葡萄牙1974年民主革命后第23届政府,由社会党执政,总理是安东尼奥·科斯塔。

(二)社会经济

葡萄牙是欧盟中等发达国家,工业基础较薄弱,但矿产资源较丰富,主要有钨、铜、黄铁、铀、赤铁、磁铁矿和大理石等,钨储量为西欧第一位。森林面积347万公顷,覆盖率39%。工业主要有金属提炼、化工、石油等。纺织、制鞋、酿酒、旅游等是葡萄牙国民经济的支柱产业。葡萄牙的软木产量占世界总产量的一半以上,出口位居世界第一,因此葡萄牙有"软木王国"之称。葡萄牙制鞋业比较发达,为全球第11大制鞋出口国。

2020年,葡萄牙经济受疫情严重冲击,连续多年的增长势头被打断。2021年,欧盟批准了对葡萄牙的166亿欧元复苏基金。2022年,葡萄牙经济增长率6.7%,国内生产总值(GDP)2392.53亿欧元,人均GDP 2.1万欧元。2022年,葡萄牙出口总额782.66亿欧元,同比增长23.3%;进口总额1092.91亿欧元,同比增长32.45%。

(三)旅游环境

中国和葡萄牙于1979年2月8日建交,之后,两国在政治、经贸、文化、科技、军事等各领域的友好合作关系不断发展。1987年4月,中葡两国政府通过平等协商签署了关于澳门问题的联合声明,中国于1999年12月20日恢复对澳门行使主权。2005年,温家宝总理访葡期间,两国领导人宣布建立全面战略伙伴关系。2018年,习近平主席访葡期间,双方发表《关于进一步加强中葡全面战略伙伴关系的联合声明》。2019年,葡萄牙总统德索萨对华进行国事访问并出席第二届"一带一路"国际合作高峰论坛。2022年,中葡双边贸易额为90.1亿美元,同比增长2.4%。中葡两国在文化、科技和教育等方面交流往来的逐渐增加,为双方的旅游合作创造了良好的政策环境。

四、民俗风情

(一)社交礼仪

在葡萄牙,人们见面时通常以握手为礼,主人、长者、女士或职位高者先伸手。比较熟悉的男士相见,往往热情拥抱,并互相拍拍肩膀,女士则亲吻对方的双颊。不论男女之间或女士之间,都是辈分高的人亲吻辈分低的额头,后者则亲吻前者的下颌。同辈之间,则在脸颊左右相贴两次。

葡萄牙人善于社交,有"女士优先"的传统。拜访须事先预约,最好带上小礼品,如一束鲜花。有客人来访时,他们总是在门口迎送。葡萄牙人温和宽容、热情好客、恪守传统。即使发生了误会,他们也是互道对不起。父母与子女之间平等相待,父母纵使在批评教育小孩子时也是和颜悦色。

(二)饮食习俗

葡萄牙饮食丰富,以海鲜为主,较为有名的菜肴为绿菜汤、海鲜饭、鳕鱼等。主要食品包括各种米饭、马铃薯、面包、肉类、海鲜和鱼类等。葡萄牙人因钟情鳕鱼而闻名,据说有365种烹饪鳕鱼的方法,一年中每一天都有不同的做法。葡萄牙大部分地区水质优良,生产葡萄酒,葡萄牙的葡萄酒自罗马时期就已经开始出口。这里的葡萄酒曾荣获多次国际大奖。

（三）节日习俗

除了圣诞节、元旦、复活节等传统节日外，葡萄牙还有一些特殊的节日，主要有4月25日的革命纪念日、6月10日的国庆日、10月5日的共和国日、12月1日的恢复独立日等。每当节日到来的时候，葡萄牙人就会举行一系列庆祝活动。

斗牛是葡萄牙人十分喜爱的一种娱乐活动，每年元旦前后都要举行斗牛表演。与西班牙斗牛不同的是，当地斗牛是骑马斗牛，而且并不将牛杀死，只是将牛刺伤，因此人们称这种斗牛为文明的斗牛。

（四）禁忌

葡萄牙忌讳长久注视别人，在他们看来，这是一种非常不礼貌的表现。现代葡萄牙属基督教文化圈，许多禁忌与欧美基督教国家相同，如视"13"为不吉数字，视"13日""星期五"为不祥之日，忌用黄色、紫色、黑色（象征死亡），忌用菊花等。葡萄牙人忌讳他人过问年龄、婚姻状况、经济收入等问题。

五、旅游资源和著名景点

（一）旅游业和旅游资源

葡萄牙气候舒适宜人，有优良的海港，有美丽的都市，有欧洲古城，有大西洋壮观的景色，旅游资源丰富而又独特。

葡萄牙旅游业比较发达，是外汇收入的重要来源。2022年，葡萄牙旅游业复苏强劲，游客主要来自英国、德国、西班牙、法国等国家。葡萄牙主要旅游目的地有里斯本、波尔图、马德拉群岛、奥比都斯、罗卡角等。

（二）主要旅游城市和旅游景点

1.里斯本

里斯本位于伊比利亚半岛西部，是葡萄牙的首都和最大都市。里斯本城北为辛特拉山，城南临塔古斯河，距离大西洋不到12千米，是欧洲大陆最西端的城市，也是南欧著名的国际化大都市。里斯本是葡萄牙的政治、经济、文化、教育中心，是葡萄牙高等教育机构集中的地方，是一个发达的工业城市。里斯本港也是葡萄牙最大的海港。里斯本区是葡萄牙乃至欧洲富庶的地区之一，这一地区的人均GDP远高于欧盟人均GDP的水平。

里斯本西部大西洋沿岸有美丽的海滨浴场，是欧洲著名的旅游目的地，为当代社会新兴的"数字游民"所向往，每年接待游客超过100万人次。贝伦塔是葡萄牙港最经典的地标建筑，也是里斯本的象征，它见证了葡萄牙在大航海时代无数船只的远航与别离、返航与重聚。1983年，贝伦塔被国际教科文组织正式评定为世界文化遗产。

2. 波尔图

波尔图是葡萄牙北部一个面向大西洋的港口城市，是葡萄牙第二大城市、波图省省会及北部大区的行政中心。波尔图市内拥有葡萄牙国内著名的足球俱乐部——波尔图足球俱乐部，还有知名建筑——波尔图音乐厅等。波尔图旧城区与周围产酒区是世界文化遗产。

3. 马德拉群岛

马德拉群岛位于葡萄牙首都里斯本西南约1000千米。主岛马德拉岛地势崎岖，多山泉瀑布，山奇水秀，景色壮观，有"大西洋明珠"的美誉。这里气候四季温和宜人，富多花植物和特殊鸟类，公元18世纪40年代以来一直是欧洲人，尤其是英国人旅游和度假地。马德拉岛的首府在丰沙尔，这里不但风景秀丽、气候温和，更是著名的马德拉葡萄酒的主产地。特别值得一提的是，马德拉岛是国际足球巨星克里斯蒂亚诺·罗纳尔多（C罗）的故乡，每年也有很多球迷慕名而来。

4. 奥比都斯

奥比都斯是一座保存完好的中世纪古城，也是葡萄牙最古典的筑墙防卫殖民地。公元1282年，葡萄牙国王唐阿方索从摩尔人手中夺回这个村庄之后，当时的葡萄牙国王慷慨地把它地作为结婚礼物送给了王后伊莎贝尔。直到公元1834年，它一直都是葡萄牙王后的私人财产。如今，它的城墙、鹅卵石小路以及公元14世纪的古朴风貌都使奥比都斯成为葡萄牙最浪漫的场所。葡萄牙人，甚至全世界的情侣都纷纷把奥比都斯作为婚姻的起点。

5. 罗卡角

罗卡角是葡萄牙境内一个毗邻大西洋的海角，处于葡萄牙的最西端。辛特拉小镇，也是整个欧亚大陆的最西端。在罗卡角的山崖上，建有一座灯塔和一个面向大洋的十字架。葡萄牙著名诗人卡蒙斯的名句"陆止于此，海始于斯"被雕刻在十字架的纪念碑上，以示对航海人和大海的尊重。罗卡角曾被网民评为"全球最值得去的50个地方"之一。每位到此一游的旅客可以花5欧元买到一张证书，证书上不仅有罗卡角的地理位置图和葡萄牙国徽，还赫然印着"某人驾临欧洲大陆最西端"的字样。

本章小结

本章主要介绍了南欧的重点国家希腊、意大利、西班牙和葡萄牙等国家的基本情况。这些国家在西方历史文化发展过程中都有过重大的影响，文化类旅游资源非常丰富。通过对这些国家的地理环境、历史文化、政治经济、旅游环境、民俗风情和旅游资源等知识进行全面梳理，期望读者们对这些国家和地区有一个全面了解。读者们也可以根据实际工作和生活中的需要，对本地区其他一些国家的有关情况进行进一步学习与了解。

能力训练

1.希腊诞生古希腊文化,奠定了西方文化的基础,因此成为世界各国游客向往的旅游目的地。请从出境领队的角度,就希腊国家概况特别是希腊的文化景观写一篇讲解词,并进行讲解训练。

2.意大利的旅游资源极为丰富,请设计一条赴意大利5日游的旅游线路,并对其重要节点旅游城市和旅游资源加以介绍。

第九章
中欧和东欧

 本章概要

  本章主要内容包括：中欧的瑞士、德国和东欧的俄罗斯等国家旅游地理、历史人文、政治经济、旅游环境、民俗风情和旅游资源等基本知识。学好本章内容，可以为做好本旅游区相关国家的游客团队接待和出境中东欧国家旅游领队工作打好基础。

 学习目标

知识目标

1. 了解中欧和东欧主要旅游客源地和旅游目的地，比较重要的是瑞士、德国和俄罗斯等国家。
2. 理解中欧和东欧地区主要国家在中国出入境旅游市场中的重要地位。
3. 掌握瑞士、德国和俄罗斯等国家的基本知识，包括地理环境、历史文化、政治经济、民俗风情和主要旅游资源等。

能力目标

1. 能说出中欧和东欧主要国家的旅游地理基本知识，如国家名称、地理位置、首都和主要旅游城市、著名旅游景点等知识。
2. 能理解中欧和东欧主要国家的历史事件、文化成就、政治经济状况和民俗风情等，并能够对其中的重要问题进行阐释。
3. 能用所学知识对中欧和东欧地区，主要是瑞士、德国和俄罗斯的主要旅游城市和代表性景点进行导游讲解。

素养目标

1. 结合德国科学技术和工业的突出成就，分析原因，学习德国人的工匠精神。
2. 了解中国同欧盟加强全面合作，推动中欧关系长期稳定发展的基本政策，培养学生将未来职业发展同国家利益紧密结合的意识。

第九章　中欧和东欧

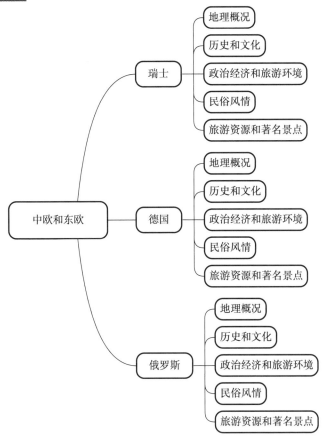

中欧和东欧是欧洲的重要组成部分,其中的瑞士、德国经济发达,俄罗斯是世界上国土面积最大的国家,都和中国有着密切的经济社会联系和旅游合作。瑞士、德国和俄罗斯国家的历史文化、民俗风情,以及主要旅游城市和景点是本章学习的要点。

暑期迎旅游热潮,欧洲出境游价格持续攀升

据央视财经报道,出境游价格不断攀升,欧洲酒店价格涨幅明显,部分翻3倍,旅游从业者感受到了出境游成本增加的压力。加之机票价格居高不下,部分游客预算受到影响。某旅游公司副经理接受采访时称:(欧洲)四星酒店基本都在250—300欧元(每晚)以上,原来的价格,一个四星级酒店基本上是100欧元就能订到,今年(2023年)完全

没有这个价钱。一位深圳市民接受采访时称:原出境游(三人)计划预算是5万元,现在价格已经远超10万元。

——资料来源:澎湃新闻,2023年7月25日

阅读案例并思考:

从从业者的角度,你对2023年7—8月的欧洲旅游市场的状况有何判断?中欧和东欧有哪些国家值得旅游?

第一节 瑞 士

一、地理概况

(一)自然地理

瑞士全称瑞士联邦,是一个中欧国家,东邻奥地利和列支敦士登,西邻法国,南邻意大利,北邻德国。瑞士国土面积41284平方千米。

瑞士境内多山,以高原和山地为主,有"欧洲屋脊"之称,分为中南部的阿尔卑斯山区、西北的汝拉山区和瑞士高原3个自然地形区。瑞士平均海拔约1350米,最高点是接近意大利的杜富尔峰(海拔4634米),最低点是位于提契诺州的马祖尔湖(海拔193米)。

瑞士地处温带的北部,由西向东伸展的阿尔卑斯山,成为瑞士的气候分界线。瑞士气候自西向东由温和湿润的海洋性气候向冬寒夏热的温带大陆性气候过渡。瑞士有寒冷的冬季和炎热的夏天,温差变化幅度大,全年平均气温9℃,年降雨量为1000—2000毫米。

(二)人文地理

瑞士总人口873.8万(2023年)。瑞士官方语言有4种:德语、法语、意大利语及拉丁罗曼语。瑞士信奉天主教的居民占33%,信奉新教的占21%,信奉其他宗教的占14%,无宗教信仰的人占32%。

瑞士首都伯尔尼,市区人口约14.44万(2023年),瑞士联邦政府、议会及瑞士国家银行、各国大使馆及一些国际机构均聚集于此。其行政区划分为3级,即联邦、州、市镇。全国由26个州组成。

瑞士国旗呈正方形,旗底为红色,正中一个白色十字。白色象征和平、公正和光明,红色象征着奋斗和爱国热情,国旗的整组图案象征国家的统一。这面国旗在1889

年曾进行过修改,把原来的红底白十字横长方形改为正方形,象征国家在外交上采取公正和中立的政策。

瑞士国徽是一枚绘有红底白十字国旗图案的盾徽,图案与颜色与国旗相同,其象征意义与国旗一致。瑞士国歌是《瑞士诗篇》,国花是雪绒花。

二、历史和文化

(一)历史沿革

瑞士人的祖先是公元前1世纪居住在美因河和莱茵河之间的凯尔特人的海尔维第部落和雷托部落,因受日耳曼人的侵扰,迁至瑞士中部地区,建立了12座城市和400多个村落。他们有共同的语言、文化和宗教信仰,但从未形成一个国家。

公元751年,居住在莱茵河流域的法兰克人建立了法兰克王国,其疆域辽阔,包括整个西欧和中欧,瑞士亦在其中。公元1291年,乌里、施维茨和下瓦尔登3个州在反对哈布斯堡王朝的斗争中秘密结成永久同盟,这是瑞士建国之始。公元1815年,维也纳会议确认瑞士为永久中立国。公元1848年,瑞士制定宪法,设立最高执行机构联邦委员会,定都伯尔尼,从此瑞士成为统一的联邦制国家。在两次世界大战中,瑞士均保持中立。

(二)社会文化

瑞士作为一个小国,但却是德意志、法兰西和意大利文化交汇的地方,各文化区实行自立的文化政策,3个主要邻国对瑞士三大语区产生的直接影响也决定了瑞士多元文化的特点。这里有历史上著名的"朝圣"之路,有多处联合国教科文组织指定的世界文化和自然遗产,有历史悠久的古老城堡和众多各具特色的博物馆。历史上,曾有众多著名的艺术家来此游历或定居于此,是音乐家和艺术家云集的地方。

三、政治经济和旅游环境

(一)政治制度

瑞士宪法于1848年制订通过,1874年以来曾多次修改。瑞士实行"公民表决"和"公民倡议"形式的直接民主。凡修改宪法条款、签订期限为15年以上的国际条约或加入重要国际组织,必须经过公民表决并由各州通过方能生效。1999年,瑞士公民表决通过新宪法,明确规定瑞士是联邦制国家,各州有自己的宪法。联邦政府管辖外交、财政、金融、联邦税收、货币、国防、海关、铁路、邮电、能源、电视、广播和社会保障等,其他事务由各州管辖。各州必须遵守联邦的全国性法律,并接受联邦的监督。新宪法还确定了国际法高于国内法的原则。

联邦委员会是瑞士国家的最高行政机构。联邦主席由联邦委员会7名委员轮任,对外代表瑞士,任期1年,不得连任。2023年,联邦主席是阿兰·贝尔塞。

(二)社会经济

瑞士是高度发达的资本主义工业国,实行自由经济政策,反对贸易保护主义政策。工业是瑞士国民经济的主体,工业产值约占国内生产总值的50%。机械制造、化工、医药、高档钟表、食品加工、纺织业是瑞士的主要支柱产业。瑞士工业技术水平先进,产品质量精良,在国际市场具有很强的竞争力。瑞士钟表制造全球闻名,素有"钟表王国"之称。

瑞士金融业发达,银行业和保险业是瑞士最大的金融部门。2020年,瑞士全国共有银行约243家。瑞士最大的城市苏黎世是国际金融中心之一,是仅次于伦敦的世界第二大黄金交易市场。瑞士联合银行(UBS)和瑞士信贷银行(CS)是瑞士的两大银行。苏黎世金融服务集团为世界第二大保险公司。

瑞士是世界上较为稳定的经济体。其政策的长期性、安全的金融体系和银行的保密体制使瑞士成为投资者的首选地之一。瑞士也是世界上非常富裕的国家,人均收入处在世界较高行列,同时有着很低的失业率和财政赤字。

2021年,瑞士国内生产总值(GDP)为7316亿瑞郎,增长率为4.2%,人均GDP为84055瑞郎。瑞士的货币名称为瑞士法郎(简称瑞郎)。根据2023年7月国际汇率,1瑞士法郎≈8.3056人民币,1美元≈0.8670瑞士法郎,1欧元≈0.9608瑞士法郎。

(三)旅游环境

1815年维也纳会议确认瑞士为永久中立国,奉行中立政策。瑞士于1950年1月17日承认中华人民共和国。同年9月14日,中国同瑞士正式建立外交关系。建交70多年来,中瑞两国关系总体平稳发展。近年来,中瑞高层交往频繁。这为中国和瑞士之间的旅游合作提供了良好的政策环境。

瑞士国家旅游局开启夏季旅游推广计划

瑞士国家旅游局近日在北京举行夏季发布会,推出以"我需要清爽夏日,我需要瑞士"主题,推广区域包括苏黎世、日内瓦、琉森、提契诺州及日内瓦湖区。

瑞士国家旅游局在本次发布会上还介绍了2023夏季瑞士旅游目的地的消息和市场活动,其中包括6月8日与携程共同打造的瑞士可持续深度游线路及瑞士旅行通票闪耀上线,以及"跟着瑞士旅游形象大使费德勒和他的明星朋友一起探索瑞士环游火车之路的魅力"等。

——资料来源:《北京商报》,2023-06-30

请思考：

瑞士国家旅游局在北京的旅游推广计划带给我们怎样的启示？

四、民俗风情

（一）礼仪

瑞士人比较保守，与人交往时略显严肃和拘谨，交谈时字斟句酌，表现认真。与人交谈常会毕恭毕敬地用"先生""夫人""小姐"或"您"等称呼。瑞士人见面一般行握手礼，两眼注视对方，对陌生人总是彬彬有礼、乐于助人，无论是问路还是打听某人，都会有人帮忙热情指点。与熟人见面时，他们往往会点头或脱帽。亲朋好友之间，男子可以相互拥抱，女子之间则行贴面礼。瑞士人不喜欢随意触碰他人的身体，一旦碰上，就会马上说"对不起"。他们不仅有礼让女士和长者的习俗，而且即使彼此都是男性，也会给有急事的人让路。他们喜欢安静，在房内行走也总是避免发出过大的响声。

瑞士人作风严谨、保守并讲究信誉。与他们洽谈业务必须有耐心，一旦对方决定购买你的产品，几乎就会无限期地一直买下去。相反，如果对方流露出了"不"字，推销者就没有必要继续努力了，因为他们很少轻易改变主意。

（二）服饰

瑞士人在正式场合通常穿西服套装或套裙，忌讳过分鲜艳亮丽的颜色，认为棕色服装不够庄重。在日常生活中着装随意朴素，姑娘平常也很少化妆。他们喜欢纯天然质地面料，把化纤面料看成是低档货。瑞士各民族的传统服装仅见于节日庆典之中。常见的是男士上身穿大袖衬衫、短夹克，下身穿过膝长裤。女士则上身穿丝质上衣、天鹅绒背心，下身穿大摆长裙。瑞士人平时佩戴的饰物不多，对人造的首饰不大认同。

（三）饮食

瑞士人主要吃西餐，主食中以面食为主，也吃米饭。他们爱吃鸡肉和蛋类，也吃牛羊肉等。瑞士人平时还爱吃蔬菜和水果，最爱吃土豆。瑞士的菜肴精工细作，讲究色、香、味、形，举办宴请简单省事，只有一道主菜、一道汤、冷盘和甜食。饭前喝开胃酒，饭后喝助消化的酒，席间吃鱼时饮白葡萄酒，吃肉时喝红葡萄酒。嘉宾来临时，还待之以传统的干奶酪、鸡蛋糊。在日常生活中，瑞士人往往将啤酒、葡萄酒与咖啡、红茶一样，当成普通饮料来喝。在瑞士要注意，进餐时不要弄出响声，对过烫的食物和汤，不要用嘴去吹凉，更不要在餐桌上谈有关节食和减肥的话题。在宴席上，如再取一些自己已经品尝过的食品，会被认为是非常赞赏的表示。

（四）婚嫁

在瑞士，婚礼有两种：一种是到市镇机关登记，即"民政婚礼"；另一种是在自己所属的教堂由神甫或牧师主持举行传统的"教堂婚礼"。从法律上说,只有经过民政登记婚姻才算有效,法律并不要求再举行"教堂婚礼"。但瑞士人,尤其是天主教地区的居民,在结婚时一定要举行教堂婚礼才算办得圆满,亲友之间也不需要用现金来代替新婚礼品,特殊亲朋可馈赠一些比较有纪念意义的礼品。两种婚礼都要在一定期限之前由市政厅或教堂预先公告。公告期内,社会上的人可对婚姻提出异议,以免发生重婚或其他情况。

(五)禁忌

在瑞士,切记不要随手乱扔杂物,不要在禁止吸烟的公共场合抽烟,不要在阳台上晒衣服,以免影响市容。瑞士人比较保守,他们认为炫耀财富是不礼貌的行为。在公共场所要保持安静,交谈应回避个人隐私(如年龄、职业、收入、家庭等)及国家的内政问题。可以称赞其钟表仪器、瑞士军刀和巧克力,或者谈论体育、旅游的话题。瑞士人喜欢葱头,不仅以其做成菜肴,还将其做成工艺品,甚至佩戴在身上。他们爱护动物,但不喜欢象征死亡的猫头鹰。他们对数字"11"倍加偏爱与崇拜,视其为吉祥的数字,据说这与古索洛图因成为瑞士联邦的第11个州有关。他们十分忌讳"13"和"星期五",认为这些是令人厌恶与恐惧的数字和日期,会给人们带来不幸或灾祸。

五、旅游资源和著名景点

(一)旅游业和旅游资源

瑞士旅游业十分发达,是仅次于机械制造和化工医药的第三大创汇行业。2022年,瑞士接待过夜游客5564万人次,较2021年同期增长60%。

瑞士全境位于阿尔卑斯山区,旅游资源非常丰富,拥有山峰、河流、湖泊和连绵不绝的畜牧草原,旅游设施交通方便发达,吸引了世界各地的观光者。瑞士60%以上的国土处在平均海拔3000—4000米的崇山峻岭之间,境内还有20多座4000米以上终年被冰川和积雪覆盖的雪山。

瑞士联邦政府大力发展旅游业,如今旅游业已经成为瑞士国民经济的支柱产业。

(二)主要旅游城市和旅游景点

1.苏黎世

苏黎世是瑞士的最大城市、苏黎世州的首府,也是瑞士主要的商业和文化中心,拥有全瑞士最大的机场,是世界金融中心之一。苏黎世有着发达的银行业,许多私人银行都将总部设立在这里,苏黎世也是离岸银行业务的世界中心之一。苏黎世也是购物天堂,在世界上较昂贵的购物中心——车站大街,游客们可以选购包括一些一线大牌商品,包括一些高端品牌珠宝、腕表等。

苏黎世著名景点有苏黎世大教堂、苏黎世湖、苏黎世玩具博物馆、瑞士国立博物馆、林登霍夫山等著名景点。

2. 日内瓦和日内瓦湖

日内瓦位于日内瓦湖西南角,是瑞士联邦的第二大城市,也是一个世界著名的联合国城市。两次世界大战期间,国际联盟的总部就设立在日内瓦。作为世界"和平之都",日内瓦有很多著名的国际组织总部或办事处,如红十字国际委员会总部、世界卫生组织总部、联合国日内瓦办事处等。日内瓦世界卫生组织总部前的"断椅呐喊"雕像如图9-1所示。

图9-1 日内瓦世界卫生组织总部前的"断椅呐喊"雕像(薛阳 供图)

日内瓦的著名旅游景点有宗教改革国际纪念碑、圣皮埃尔大教堂、大剧院、艺术与历史博物馆、日内瓦大学等。在日内瓦众多的博物馆内,收藏了很多中国、日本、希腊及罗马等国家的珍贵文物。在钟表博物馆内,可找到人们寻求时间的认知历史。

日内瓦湖是阿尔卑斯湖群中最大的一个,分属瑞士和法国。日内瓦湖畔气候温和,温差变化极小,风景优美,湖的南面是白雪皑皑、风光秀丽的山峦,山北遍布牧场和葡萄园。日内瓦湖因湖水清微湛蓝而驰名,是很多游客心目中理想的休闲旅游目的地。

3. 卢塞恩

卢塞恩位于卢塞恩湖畔,是卢塞恩州的首府,有着1300多年的历史,曾经被哈布斯堡王朝统治。卢塞恩号称瑞士最美丽、最理想的旅游城市,也是最受瑞士人喜爱的瑞士度假地,也是全球知名的避暑胜地。历史上,很多著名艺术家在卢塞恩居住和创作,这里给艺术家们提供了不尽的创作灵感。这里的著名景点有瓦格纳纪念馆、毕加索纪念馆、瑞士交通博物馆、冰河公园、斯普洛耶桥、中世纪城墙等。

4. 洛桑

洛桑位于日内瓦湖畔北部沿岸的中部,是瑞士文化和人才中心。洛桑也位于瑞士酿酒区的中心位置。洛桑是一个古都,城市的历史源远流长,在古罗马时代已有人在洛桑居住。现在的洛桑古建筑鳞次栉比,踯躅于街头,人们在这里,如身处中古时期的欧洲。洛桑城市不大,保留着瑞士式的和谐与宁静。洛桑与日内瓦一样,是国际奥委会等许多著名的国际组织的总部所在地,因此被称为"奥林匹克之都"。洛桑境内的洛桑管理学院属世界一流的著名学府与研究机构。洛桑联邦理工学院是瑞士两所联邦理工学院之一。

第二节 德 国

一、地理概况

（一）自然地理

1. 位置和国土面积

德国全称德意志联邦共和国，位于欧洲中部，北邻丹麦，西邻荷兰、比利时、卢森堡和法国，南邻瑞士和奥地利，东部与捷克和波兰接壤。德国国土面积35.8万平方千米。

2. 自然地理特征

德国地势北低南高，地形复杂多样，可分为4个地形区：北德平原，平均海拔不到100米；中德山地；西南部莱茵断裂谷地区；南部是巴伐利亚高原和阿尔卑斯山区，其间拜恩阿尔卑斯山脉的主峰祖格峰海拔2963米，为全德国最高峰。德国的主要河流有莱茵河、易北河、威悉河、奥得河、多瑙河，较大的湖泊有博登湖、基姆湖、阿莫尔湖等。

德国处于大西洋东部大陆性气候之间的凉爽的西风带，气候温和多雨，西北部海洋性气候较明显，往东、南部逐渐向大陆性气候过渡。德国温差较小，降水量季节分配比较均匀。

（二）人文地理

1. 人口和民族

德国总人口8430万（2023年），是欧盟人口最多的国家，人口密度为226人/平方千米，是欧洲人口较稠密的国家。德国民族主要是德国人（德意志人），有少数丹麦人和索布人（西斯拉夫人）。

2. 语言和宗教

德国官方语言是德语。德国居民中约29.2%的人信奉基督教新教，30.2%的人信奉罗马天主教。

3. 首都和行政区划

德国首都为柏林。德国行政区划分为联邦、州、市镇三级，共有16个州，下辖12846个市镇。16个州分别是：巴登-符腾堡州、巴伐利亚州、柏林市、勃兰登堡州、不来梅市、汉堡市、黑森州、梅克伦堡-前波莫瑞州、下萨克森州、北莱茵-威斯特法伦州、莱茵兰-普法尔茨州、萨尔州、萨克森州、萨克森-安哈特州、石勒苏益格-荷尔斯泰因州和图林根州。其中，柏林、不来梅和汉堡为市州。德国的主要城市除了首都柏林，还有汉堡、慕尼黑、科隆、法兰克福、斯图加特、不来梅、德累斯顿等。

4. 国家象征

德国国旗自上而下由黑、红、金3个平行相等的横长方形相连而成。国旗中的黑、红、金3种颜色长期以来象征泛日耳曼民族争取统一、独立、主权的雄心。黑色象征严谨肃穆，红色象征燃烧的火焰，激发人民憧憬自由的热情，金色象征真理的光辉绝不会被历史的泥沙掩埋。

德国国歌是《德意志之歌》，歌词作者是奥古斯特·海因利希和霍夫曼·冯·法勒斯雷本，作曲是"交响乐之父"弗朗茨·约瑟夫·海顿。1922年，在纪念魏玛共和国成立三周年之际，共和国第一任总统弗里德里希·艾伯特将"德意志之歌"确定为国歌。1991年，统一后德国再次承认了这首歌为德国国歌。

德国国徽以金黄色盾牌为背景，背景上是一只红爪红嘴、双翼展开黑色的雄鹰，称为"联邦之鹰"（历史上曾称为"帝国之鹰"）。黑鹰象征着力量和勇气，并与国旗的3种颜色相互辉映。国徽是魏玛共和国时期设计的，设计者是托比亚斯·施瓦布，1950年被德意志联邦共和国政府沿用。1990年圣诞节前，该图案成为两德统一后的德国新国徽。

德国国花是矢车菊，国鸟是白鹳，国石是琥珀。

二、历史和文化

（一）历史沿革

1. 德国的起源

德国人的祖先日耳曼人，是欧洲的古老民族之一。"日耳曼"一词来自拉丁文日耳曼尼亚，是尤利乌斯·凯撒对莱茵河右岸的各个部落的称呼。关于日耳曼尼亚的记载，见公元98年古罗马历史学家塔西佗的《日耳曼尼亚志》。这一时期，日耳曼人已经广泛居住在莱茵河以东、多瑙河以北和北海之间的广大地区。公元2—3世纪，日耳曼人逐渐形成部落。公元476年，日耳曼人推翻了西罗马帝国的统治，欧洲进入中世纪时期。

"德意志"一词在古德语中意为"人民"，最早出现于公元8世纪，是指生活在法兰克王国东部的日耳曼部落所讲的方言。公元843年，查理大帝的3个孙子签订《凡尔登条约》三分帝国。莱茵河以东地区划归老二日耳曼路易，称东法兰克王国。讲"德意志"方言（德语）的东法兰克王国的居民，不但用"德意志"称呼自己的语言和人民，还用它称呼自己的国家，这就是德国的起源。

2. 神圣罗马帝国

德意志（东法兰克王国）从法兰克帝国分裂出来一个多世纪后，公元962年，德意志国王奥托一世在罗马被教皇加冕为罗马皇帝。腓特烈一世时，通过南征北战和十字军东征，国力达到顶峰，改国名为神圣罗马帝国，成为欧洲最强的国家。其统治范围包括了捷克、波兰、意大利北部和中部、勃艮第还有弗里西亚（今低地国家）。公元13世纪中期，德意志走向封建割据，公元14世纪成为由7个选帝侯（有权选举德意志神圣罗马帝国皇帝的诸侯）组成的邦联。德意志这种选帝制度一直延续到公元1806年帝国灭亡为止。公元1806年,德意志保护人拿破仑勒令弗朗茨二世放弃神圣罗马帝国皇帝尊号,神圣罗马帝国灭亡。

德国人将神圣罗马帝国定义为"德意志第一帝国",公元1871年普鲁士王国统一后的德国称为德意志第二帝国,1933年成立的纳粹德国称为德意志第三帝国。

3. 德意志第二帝国

1806年,神圣罗马帝国解体后,德意志陷于分裂,已经崛起的普鲁士与奥地利争雄于德意志。在欧洲民族主义和资本主义兴起的背景下,德意志迫切需要建立一个统一的现代民族国家。根据1815年维也纳会议,德意志邦联成立。1848年,德国各地爆发革命,此后普鲁士成为德意志统一的主导力量,普鲁士首相俾斯麦领导了艰苦卓绝的内政、军事和外交斗争。为争夺欧洲大陆霸权和德意志统一,1870年普法战争爆发,最终法国皇帝拿破仑三世率近10万名法军在色当投降。普法战争使普鲁士王国完成德意志统一,取代了法国在欧洲大陆的霸主地位。1871年,普鲁士国王威廉一世在法国凡尔赛宫加冕为皇帝,建立德意志帝国。从此,德国通过自上而下的独特方式走上资本主义发展道路,完成工业革命,成为资本主义强国。

为进一步争夺世界霸权,德意志帝国在1914年挑起第一次世界大战,1918年因战败而宣告崩溃,德皇威廉二世退位,德意志第二帝国的统治结束。1919年,德意志建立魏玛共和国。

4. 德意志第三帝国

一战后的1919年1月,为了确定如何处理战败国德国以及确定世界新秩序,战胜国在法国巴黎召开国际会议,即"巴黎和会"。英法等战胜国强迫德国签订《凡尔赛和约》,挑起战争的德国遭到了严厉制裁。但是《凡尔赛和约》对德国来说过于苛刻,特别是需要以黄金支付的约113亿英镑的战争赔款,德国根本无法支付,最终导致国家经济濒临崩溃,软弱的魏玛共和国政府对此无能为力。这为纳粹政权的上台提供了条件,1933年希特勒上台,实行独裁统治,建立了纳粹德国,被称为德意志第三帝国。德国于1939年发动第二次世界大战。在同盟国打击下,1945年5月8日,德国战败投降。

5. 现代德国

第二次世界大战后,根据《雅尔塔协定》和《波茨坦公告》,德国分别由美、英、法、苏4个分区占领,柏林市也被划分成4个占领区。1948年6月,美、英、法三国占领区合并。1949年5月,合并后的德国西部占领区成立了德意志联邦共和国,同年10月,东部的苏占区成立了德意志民主共和国,德国从此分裂为两个主权国家。1961年,民主德国修建了柏林墙,阻止东德居民向西流动,德国成了美苏冷战的前沿阵地。1989年,东欧社会主义国家共产党和工人党纷纷丧失政权,社会制度随之发生根本性变化。民主德国局势也发生了急剧变化,总统昂纳克辞职。同年11月,联邦德国总理科尔提出关于两个德国实现统一的"十点计划"。1990年10月,民主德国正式加入联邦德国,分裂40多年的两个德国重新统一。

柏林墙

(二)德国文化

德国文化极为发达,拥有一大批世界闻名的一流的思想家、文学家、艺术家、音乐家和科学家。他们取得的成就和地位在现代史上都是世界顶级的,著名的有马克思、恩格斯、康德、黑格尔、歌德、海涅、席勒、贝多芬、巴赫、伦琴、爱因斯坦等。

1.哲学思想

德国人有"欧洲的思想家"美誉,涌现出一大批享誉世界的思想家和哲学家。著名的有康德、黑格尔、费尔巴哈、叔本华、马克思、恩格斯、尼采等,他们深刻影响了近现代世界文明史的进程。康德被认为是继苏格拉底、柏拉图和亚里士多德后,西方极具影响力的思想家。《纯粹理性批判》《实践理性批判》和《判断力批判》,这3部著作标志着康德批判哲学体系的诞生,并带来了一场哲学上的革命。黑格尔是德国19世纪唯心主义哲学的代表人物之一,代表作有《精神现象学》《逻辑学》《法哲学原理》《历史哲学》《历史中的理性》等,标志着19世纪德国唯心主义哲学运动的顶峰。费尔巴哈是唯物主义哲学的代表,代表作《黑格尔哲学批判》。叔本华是唯意志论的创始人和主要代表,代表作是《作为意志和表象的世界》。尼采是叔本华唯意志论的直接继承者,被认为是西方现代哲学的开创者,代表作有《权力意志》《悲剧的诞生》《查拉图斯特拉如是说》《论道德的谱系》等。

马克思是德国思想家、政治学家、哲学家、经济学家、革命理论家、历史学家和社会学家,主要著作有《资本论》《共产党宣言》等。马克思和恩格斯共同创立的马克思主义学说,被认为是指引全世界劳动人民为实现社会主义和共产主义理想而进行斗争的理论武器与行动指南,在世界现代史上有着深刻的影响。

2.文学

德国被称为"诗人与思想家的国度",在文学领域产生了许多影响世界的文学家和作品。公元18世纪,德国文学走向顶峰,歌德、海涅、席勒和格林兄弟都是杰出的代表。歌德的代表作是小说《少年维特之烦恼》和诗剧《浮士德》;海涅的代表作是抒情诗《德国——一个冬天的神话》。为席勒带来声誉的是其著名剧作《强盗》和《阴谋与爱情》;格林兄弟的《格林童话》在世界各国家喻户晓,其中的《灰姑娘》《白雪公主》《小红帽》《青蛙王子》等童话故事是许多人童年的美好记忆。

在近现代历史上,德国先后有多位文学家获得诺贝尔文学奖,包括塞道尔·蒙森、欧肯、海泽、霍普特曼、托马斯·曼、黑塞、伯尔因、君特·格拉斯、赫塔·穆勒等。

3.音乐艺术

德国是音乐的故乡,在近现代音乐历史舞台上站立的几乎全是德国人("音乐之邦"奥地利首都维也纳也曾是德国重要的音乐中心,1866年普奥战争后,奥地利才脱离德意志)。公元17世纪,德国杰出的音乐家是巴赫和亨德尔。海顿和莫扎特是公元18世纪维也纳古典乐派的奠基人。贝多芬是世界上伟大的音乐家,他一生创作了9部交响乐,通过强烈的艺术感染力和宏伟气魄,将古典主义音乐推向高峰。贝多芬的代表作有献给拿破仑的英雄史诗般的作品《第三交响曲:英雄》等、《c小调第五交响曲》(又名《命运》),以及《月光奏鸣曲》《致爱丽丝》等,是音乐史上永恒的经典。之后,德国浪漫主义音乐家还有舒伯特、门德尔松、舒曼、小约翰·施特劳斯等。德国造就了各个不同时期的音乐大师,柏林爱乐乐团、德累斯顿国立交响乐团更是享誉世界。

4. 科学技术

德国本来是一个封建落后的农业国,资本主义生产关系和文化的起步都晚于英国和法国。但是德国后来居上,20世纪初,德国已经成为仅次于美国的世界资本主义工业强国。这和近代德国科学技术的巨大进步密不可分。德国人聪明、严肃沉稳、认真严谨、对待工作一丝不苟的民族性格,孕育了许多伟大的世界顶级的科学家、发明家,著名的有爱因斯坦(物理学家)、伦琴(物理学家)、科赫(细菌学家)、高斯(数学家)、莱布尼茨(哲学家、数学家)、施旺(生理学家)、李希霍芬(地理学家)、洪堡(地理学家)、赫兹(物理学家)、普朗克(物理学家)、海森堡(物理学家)等。维尔纳·冯·西门子使世界进入了电气时代,卡尔·本茨发明了世界上第一辆汽车,至今使德国的电器制造、汽车工业在世界上仍占据着牢不可破的地位,西门子、宝马、大众、奥迪、保时捷、奔驰等品牌都是现代工业品牌的象征。

5. 德国教育

德国实行12年制义务教育。德国大学在国际各大学排行榜上没有美国和英国高校出众,这与德国独特的教育科研体系有关。很多相当于中国专科学校与技术学院之间学校,与大学同样授予学士学位。但是德国很多精英大学在世界高等教育中也具有重要的地位,著名的有慕尼黑工业大学、德累斯顿工业大学、亚琛工业大学、海德堡大学、柏林自由大学、柏林洪堡大学、慕尼黑大学、图宾根大学、康斯坦茨大学、科隆大学、不来梅大学等。

德国投降后的抢人大战:二战后美国、苏联疯抢德国科学家

1945年7月,为缩短对日作战和发展战后的军事研究,美国参谋长联席会议下达了一道秘密招募德国科学家的命令。随后不久,美国军方成立了专门负责此事的联合情报调查局。二战结束后,为了在接下来的美苏冷战中确保美国的优势,特别是军备竞赛和太空竞赛。联合情报调查局招募德国科学家的计划不断扩大,该计划正式命名为"回形针行动"。最终,联合情报调查局把1600多名德国科学家、工程师、技术人员带到美国,包括沃纳·冯·布劳恩和他的V-2火箭研究团队。

针对美国咄咄逼人的行动,苏联也推出了自己的招募德国科学家的计划,该计划代号为"奥萨瓦根行动"。1946年10月22日,苏联在一夜之间招募了2000多名德国科学家和技术人员,并将相关的设备全部运往苏联。

——资料来源:根据有关资料整理

请思考：

重大历史事件对国家和个人的命运都有深刻影响，结合上述内容，你如何看待这个问题？

三、政治经济和旅游环境

（一）政治制度

现行德国宪法是《德意志联邦共和国基本法》，于1949年5月生效。1990年8月，两德"统一条约"对里面某些条款又作了适应性修订，确定了德国5项基本制度：共和制、民主制、联邦制、法治国家和社会福利制度。

《德意志联邦共和国基本法》规定，德国是联邦制国家，外交、国防、货币、海关、航空、邮电属联邦管辖。国家政体为议会共和制。联邦总统为国家元首，联邦总理为政府首脑。德国议会由德国联邦议院和德国联邦参议院组成，联邦议院行使立法权，监督法律的执行，选举联邦总理，参与选举联邦总统和监督联邦政府的工作等。联邦参议院参与联邦立法并对联邦的行政管理施加影响，维护各州的利益。联邦宪法法院是最高司法机构。此外，设有联邦法院、联邦行政法院、联邦惩戒法院、联邦财政法院、联邦劳工法院、联邦社会法院和联邦专利法院。

德国实行多党制，主要有德国社会民主党、基督教民主联盟、自由民主党、德国共产党、德国选择党等政党。目前的联邦政府由社民党、绿党和自民党组成，奥拉夫·朔尔茨任总理。

（二）社会经济

从工业革命时期及以后，德国一直是日益全球化的经济先驱、创新者和受益者。德国的经济政策基于社会市场经济的概念。德国农业、工业、服务贸易产业都比较发达，多数产业在工业，特别是在汽车、机械、金属和化工品。世界上有较大影响力的汽车品牌，如奔驰、宝马、奥迪、大众、保时捷等都来自德国，德国是全球汽车生产大国之一。

德国是欧盟和欧元区的创始成员之一，是欧洲最大经济体、世界第四经济大国。德国是世界贸易大国，同230多个国家和地区保持贸易联系。德国产品品质精良，技术领先，做工细腻，成本较高，但是德国出口产品素以质量高、服务周到、交货准时而享誉世界。

德国主要出口产品有汽车、机械产品、化学品、通信技术、供配电设备和医学及化学设备，主要进口产品有化学品、汽车、石油天然气、机械、通信技术和钢铁产品。德国主要贸易对象是西方工业国，其中进出口一半以上来自或销往欧盟国家。

2022年，德国国内生产总值（GDP）达3.86万亿欧元，较2021年增长1.9%，人均GDP 4.58万欧元。德国联邦经济和气候保护部预测，2023年德国经济将增长0.2%。

德国之前的货币名称是德国马克,但是欧盟成立之后,德国是欧洲统一货币政策的重要支持者之一,目前使用的货币名称是欧元。

(三)旅游环境

1972年10月11日,联邦德国与中国建立外交关系(1949年10月27日,民主德国与中国建交)。与其他各欧盟伙伴国一样,德国坚持一个中国政策。中国是德国在亚洲重要的经济伙伴,德国是中国在欧洲重要的贸易伙伴。不论从经济还是政治角度,中国均视德国为"通往欧洲的大门"。

2017年7月,习近平主席对德国进行国事访问并出席在德国汉堡举行的二十国集团领导人第十二次峰会。2022年11月4日,国家主席习近平在人民大会堂会见来华正式访问的德国总理朔尔茨,这是中共二十大召开后首位来访的欧洲领导人。活跃的贸易投资往来、深入的环境、文化和科学政策方面的合作以及频繁的高层互访为中德旅游合作提供了良好的政治环境。

四、民俗风情

(一)礼仪礼节

在德国,朋友见面主要流行握手礼,非常要好而又长时间未见的朋友可以相互拥抱。在交往中,人们通常使用"您"互相称呼,或称呼"先生""女士",再加上他们的姓以示尊重。在与客人打交道时,德国人总乐于对方称呼自己的头衔,但不喜欢听恭维话,对刚相识的人不宜直呼其名。德国也是一个"绅士之国",强调尊重女性,社交场合如果不是女士先主动伸手,男士不要主动和女士握手,否则就会被认为鲁莽和不礼貌。

事先预约在德国是一个十分重要的社交礼仪准则。不论什么样的社会活动,都必须事先预约好时间,不能在没有约定时间的情况下去贸然做事。严谨的德国人相当守时,约定好的时间不会轻易改变,都会准时到达约定地点,过早或者迟到都被认为没有礼貌。

(二)服饰

德国人在服饰上的民族特征不太明显,只有少数几个地区,如巴伐利亚还保留了一些民族特色。大多数德国人的服装并不花哨,他们很注重衣装整洁、穿戴整齐。在不同的场合,着装上都有不同的讲究,不论是服装、鞋帽,还是手提包、手套,都要求在样式、颜色上协调搭配。参加宴会或者是去剧院等正式场合的时候,男士多穿深色礼服,袜子的颜色也要协调一致。女士的着装一般是套裙或者是连衣裙,款式要端庄大方,裙子的长度一定要及膝,妆容以淡妆为主,不要浓妆艳抹。在德国的东部地区,如果是已婚人士,出门在外多佩戴金质戒指。

每年春秋两季的慕尼黑国际时装博览会是"世界五大时装博览会"之一,是德国面向世界的"时装橱窗",对国际时装的发展趋势有一定的影响。

(三)饮食

德国的饮食有自己的特色,属于"大块吃肉、大口喝酒"的民族。德国人偏好猪肉,每人每年猪肉消耗量约为66公斤。大部分有名的德国食品都是猪肉制品,非常有名的是德国香肠,种类达1500种以上,其中的"黑森火腿"奇香无比,畅销世界各地。德国的国菜就是在酸卷心菜上铺满各种香肠和火腿。面包是德国一日三餐不可缺少的主食。德国人喜欢喝啤酒,啤酒消费量居世界首位,是当今世界上著名的"啤酒王国"。

在德国用餐,需要注意当地的一些特有的规矩:如吃鱼用的刀叉不得用来吃肉或奶酪;若同时饮用啤酒与葡萄酒,宜先饮啤酒,后饮葡萄酒,否则被视为有损健康;餐盘中不宜堆积过多的食物等。

(四)节日

德国的主要节日有圣诞节、新年、复活节、劳动节等。非常著名的是狂欢节,其中科隆狂欢节是全德国最盛大的狂欢节,于每年11月11日11时11分准时在科隆市的老广场上开幕,其规模在世界范围内仅次于巴西狂欢节。主要参加的城市有科隆、杜塞尔多夫等。科隆狂欢节的主角是"小丑"和"狂人",节日期间,到处都是奇装异服的人,大家沉浸在欢乐中,商店会在这时关门停业。游行是节日的重头戏,每年都会有很多人在道路两旁观看游行队伍,并会得到队伍中撒出的糖果。科隆狂欢节会一直持续到第二年的2月才结束。

(五)禁忌

德国人忌讳数字"13"和日期"星期五",忌讳在公共场合窃窃私语,忌讳过问他人的私事。遇到有人生病,忌讳问到别人的病因和病情。德国人讨厌菊花、蔷薇、核桃,不喜欢蝙蝠图案。服装和其他商品包装的忌用纳粹标志。

此外,在德国给小费不是消费者应尽的义务,而是肯定服务和表达感谢的自愿行为。一般来说,在德国给小费的标准是消费金额的10%左右,或者记住补齐原则。比如,消费了12.2欧元,可以给13—14欧元。如果是电话订餐、网络订餐,或者顾客自己去店里取餐,一般说来不用再额外支付小费。

五、旅游资源和著名景点

(一)旅游业和旅游资源

德国旅游业历史悠久,早在1878年,德国人卡尔·施坦根就组织了德国首次周游世界的团体包价旅游,著名的巴伐利亚官方旅行社成立于1901年。第二次世界大战后,德国旅游业得到快速的发展。20世纪70年代,随着经济的飞速发展,德国旅游业进入了黄金时代。目前,德国是欧洲乃至世界上旅游业较发达的国家。2021年,德国旅游过夜人次为3.1亿,同比增长2.7%。其中,国内游客过夜人次2.8亿,同比增长3.3%;国外游客过夜人次达3100万。

德国旅游资源丰富。2021年7月,德国再增2项世界遗产,分别为"施派尔、沃尔姆斯和美因茨的犹太人社区(SchUM)遗产"和"罗马帝国的边界——下日耳曼界墙",德国世界遗产总数已经达到50项。

(二)主要旅游城市和旅游景点

德国许多城市都具有很高的旅游价值。其中,柏林、慕尼黑、法兰克福、科隆、德累斯顿、斯图加特、汉堡、杜塞尔多夫和纽伦堡是较受外国游客欢迎的德国大旅游城市,较受游客欢迎的联邦州是巴伐利亚州、北莱茵-威斯特法伦州和巴登-符腾堡州。德国著名景点有科隆大教堂、勃兰登堡门、柏林国会大厦、罗滕堡、慕尼黑德意志博物馆、海德堡老城、新天鹅堡、德累斯顿画廊等。

1. 柏林和勃兰登堡门

柏林位于德国东北部,是德国的首都和最大的城市,也是德国的政治、文化、交通及经济中心,面积891.85平方千米。柏林是德国的联邦州之一,和汉堡、不来梅同为德国仅有的3个城市州。第二次世界大战后,柏林被分割为两个区域,东柏林成为东德的首都,而西柏林事实上成为西德在东德的一块飞地,被柏林墙围住。直到1990年两德统一,柏林成为统一后德国的首都。柏林有147个外国大使馆,主要景点有国会大厦、勃兰登堡门、威廉皇帝纪念教堂等。

勃兰登堡门(见图9-2)位于柏林市中心,东侧是巴黎广场和菩提树下大街,西侧是三月十八日广场和六月十七大街,这构成了柏林市的东西轴线,轴线的中心点便是勃兰登堡门。勃兰登堡门建于公元1788年,是普鲁士国王弗里德利希·威廉二世为纪念德意志帝国的统一而建造的。当时德国著名建筑学家卡尔·歌德哈尔·阆汉斯受命承担设计与建筑工作,他以雅典古希腊柱廊式城门为蓝本,设计了这座凯旋门式的城门,曾被命名为"和平之门",战车上的女神被称为"和平女神"。勃兰登堡门是柏林的象征,也是德国的国家象征标志,它见证了柏林、德国、欧洲乃至世界的许多重要历史事件。

图9-2　勃兰登堡门(薛阳　供图)

2. 科隆和科隆大教堂

科隆是德国西部莱茵河畔的历史文化名城和重工业城市,仅次于柏林、汉堡和慕尼黑,是德国第四大城市。市中高楼大厦鳞次栉比,是一座极具现代化气息极强的大都市,也是一个繁华的商业城市。科隆的著名景点有科隆大教堂、霍亨索伦桥、巧克力博物馆等。

科隆大教堂(见图9-3)坐落在科隆市中心,始建于公元1248年,工程时断时续,至公元1880年才由德皇威廉一世宣告完工,耗时超过600年,至今仍修缮工程不断。科隆大教堂是一座天主教主教座堂,集宏伟与细腻于一身,它被誉为哥特式教堂建筑中最完美的典范。它是科隆的骄傲,也是科隆的标志性建筑物。在德国所有教堂中,它的高度居德国第二(仅次于乌尔姆市的乌尔姆大教堂),是欧洲北部最大的教堂。

图9-3 德国科隆大教堂(薛阳 供图)

第三节 俄 罗 斯

一、地理概况

(一)自然地理

1. 位置和国土面积

俄罗斯全称俄罗斯联邦,俄罗斯位于欧洲东部和亚洲大陆北部,西部临近大西洋、北临冰洋、东达太平洋,周围海域按顺时针依次为里海、黑海、波罗的海、芬兰湾、巴伦支海、喀拉海、拉普捷夫海、东西伯利亚海、白令海、鄂霍次克海、日本海。俄罗斯地跨欧、亚两大洲,国土面积为1709.82万平方千米,是世界上面积最大的国家。即使只算欧洲部分，俄罗斯就有426.8万平方千米，也是欧洲面积最大的国家。

2. 自然地理特征

俄罗斯地形以平原和高原为主，地势南高北低，东高西低。俄罗斯西部几乎全属东欧平原，向东为乌拉尔山脉、西西伯利亚平原、中西伯利亚高原、北西伯利亚低地和东西伯利亚山地、太平洋沿岸山地等。西南耸立着大高加索山脉，最高峰厄尔布鲁士山，海拔5642米，是欧洲最高峰。

俄罗斯的主要河流有伏尔加河、第聂伯河、顿河、鄂毕河、叶尼塞河（俄罗斯第一长河）、勒拿河、阿穆尔河（黑龙江，中俄界河）、乌拉尔河等。位于东西伯利亚南部的贝加尔湖面积3.15万平方千米，平均水深730米，是世界上最深的湖泊，其他重要湖泊还有位于俄罗斯欧洲部分的拉多加湖、奥涅加湖等。

俄罗斯大部分地区处于北温带，气候多样，从西到东大陆性气候逐渐加强。北冰洋沿岸属寒带气候，太平洋沿岸属温带季风气候。从北到南依次为极地荒漠、苔原、森林苔原、森林、森林草原、草原带和半荒漠带。

（二）人文地理

1. 人口和民族

俄罗斯总人口约1.46亿（2023年），是世界上人口密度较低的国家。俄罗斯的主体民族是俄罗斯族，占77.7%。此外，全国还有193个少数民族，主要有鞑靼、乌克兰、楚瓦什、车臣、亚美尼亚、哈萨克、摩尔多瓦、白俄罗斯等族。

2. 语言和宗教

俄罗斯官方语言是俄语，大多数居民信奉东正教。

3. 首都和行政区划

俄罗斯的首都是莫斯科，其他主要城市还有圣彼得堡、叶卡捷琳堡、符拉迪沃斯托克（海参崴）、下诺夫哥罗德、加里宁格勒等。俄罗斯的一级行政区统称联邦主体，这一概念由1993年俄罗斯联邦宪法引入司法体系。目前，俄罗斯有85个联邦主体。2000年5月13日，为巩固国家统一，时任俄罗斯总统普京签署法令，设立联邦管区，管理85个联邦主体。截至2016年7月，俄罗斯有8个联邦管区，分别为：中央联邦管区（莫斯科）、西北联邦管区（圣彼得堡）、南部联邦管区（顿河畔罗斯托夫）、伏尔加联邦管区（下诺夫哥罗德）、乌拉尔联邦管区（叶卡捷琳堡）、西伯利亚联邦管区（新西伯利亚）、远东联邦管区（哈巴罗夫斯克，又称伯力城）、北高加索联邦管区（皮亚季戈尔斯克，又称五山城）。以上括号内为各联邦管区中心。

4. 国家象征

俄罗斯国旗采用传统的泛斯拉夫色，旗面由3个平行且相等的横长方形组成，由上到下依次是白、蓝、红三色。其中，白色代表寒带一年四季的白雪茫茫；蓝色代表亚寒带，又象征着俄罗斯丰富的地下矿藏和森林、水力等自然资源；红色是温带的标志，也象征着俄罗斯历史的悠久和对人类文明的贡献。此外，俄罗斯国旗中的白色还象征着真理，蓝色象征纯洁与忠诚，红色则是美好和勇敢的标志。白、蓝、红三色的排列显示了俄罗斯幅员的辽阔。这面旗帜是公元1699年彼得大帝到荷兰学习造船术时为俄国的海军设计的。公元1883年,这面旗帜正式成为俄国国旗。1917年俄国十月革命后,三色旗被取消。1991年8月21日,这面旗帜再次被采用,成为独立的俄罗斯联邦的国旗。

俄罗斯现在的国歌是《俄罗斯,我们神圣的祖国》。俄罗斯的国花是洋甘菊,国鸟是鸽子(铁翅)。

二、历史和文化

(一)历史沿革

1.俄罗斯国家的起源

俄罗斯人的祖先是斯拉夫人。在罗马帝国时期,斯拉夫人与日耳曼人、凯尔特人一起被罗马人并称为欧洲的三大蛮族。最早使用"斯拉夫人"这个词的是公元6世纪的罗马人普罗科皮乌斯。"斯拉夫"有荣誉、光荣的意思。现在波兰境内的维斯瓦河河谷,被认为是斯拉夫人的故乡。斯拉夫人主要分布于东欧和南欧,根据地域的不同,斯拉夫人又分为西斯拉夫人(主要为波兰人、捷克人、斯洛伐克人、索布人)、东斯拉夫人(俄罗斯人、乌克兰人、白俄罗斯人)和南斯拉夫人(塞尔维亚人、克罗地亚人、斯洛文尼亚人、黑山人、马其顿人、保加利亚人、波斯尼亚人)等。

俄罗斯的历史起源于东欧草原上的东斯拉夫人。东斯拉夫人起源于现乌克兰境内第聂伯河沿岸,第聂伯河的一条支流名为罗斯河。在这里,居住着东斯拉夫人和维京人的一个混血部族——罗斯人,这是俄罗斯人和白俄罗斯人起源。现在俄罗斯的主体民族俄罗斯族,是东斯拉夫人的最庞大的一支。

2.基辅罗斯时期

公元1世纪初,东斯拉夫人还保留着氏族制。公元8—9世纪,东斯拉夫人社会阶级分化日益扩大,各部落之间互相攻伐,战争不断。公元862年,来自北欧瑞典的维京人(日耳曼人的北支,北欧海盗)来到东欧平原,其首领留里克在诺夫哥罗德登上王公宝座,建立了第一个罗斯王国,即留里克王朝。公元882年,诺夫哥罗德王公奥列格征服基辅及其附近地区,建立了以罗斯人为主体的东欧君主制国家,开始定都于基辅,故又称基辅罗斯。罗斯人是维京人和东斯拉夫人的混血后裔,是现代俄罗斯人祖先。

公元988年开始,东正教(基督教的东部分支)从拜占庭帝国传入基辅罗斯,由此拉开了拜占庭和斯拉夫文化的融合,并最终形成了占据未来700年时间的俄罗斯文化。公元11世纪中期,基辅罗斯陷于封建割据,分裂为18个公国。公元1240年,成吉思汗长子术赤的次子拔都西征,灭掉基辅罗斯,占领基辅,建立钦察汗国,此后罗斯人臣服于钦察汗国。

3.莫斯科大公国时期

公元1283年,莫斯科公国成立,首都为莫斯科。公元14世纪初,该公国陆续合并四周王公领地,国势渐强。公元14世纪20年代后,接受兴起于亚洲草原北部的钦察汗国册封,取得代征全俄贡赋的权力,到14世纪40年代成为全俄罗斯最强的公国。公元

1480年，莫斯科大公伊凡三世击败钦察汗国分裂后的大帐汗国，俄罗斯从大帐汗国独立出来。公元16世纪30年代，以莫斯科公国为中心的俄罗斯统一国家基本形成。公元1547年，伊凡四世加冕为沙皇，改称沙皇俄国。

4. 沙皇俄国和罗曼诺夫王朝的统治

公元1613年，米哈伊尔·费奥多罗维奇·罗曼诺夫被推选为俄罗斯沙皇，建立起罗曼诺夫王朝，进行了300多年的统治。罗曼诺夫王朝最著名的统治者是彼得一世和叶卡捷琳娜二世，他们是俄罗斯历史上仅有的两位"大帝"。

公元1721年，彼得一世在和瑞典的北方战争取得胜利后，被俄罗斯元老院授予"全俄罗斯皇帝"的头衔，建立俄罗斯帝国。他统治时期加强中央集权，发展资本主义工商业，在政治、经济、军事和科技等领域进行西化改革，不断对外进行扩张，使俄罗斯成为欧洲大国之一。卡捷琳娜二世在位时期，大力强化专制制度、中央集权制和贵族特权，又宣布工商业自由，取消对贸易的限制，俄国的工商业获得较为迅速的发展。在此基础上，俄国开始参与世界霸权的争夺，国土面积迅速扩大。公元1789年法国大革命爆发后，俄国干涉欧洲革命，俄罗斯帝国达到鼎盛时期。

公元1853年，俄罗斯帝国为争夺巴尔干半岛的控制权，与奥斯曼帝国、英国、法国、撒丁王国等爆发了克里米亚战争。公元1856年，战争以俄罗斯帝国的失败而告终。这场战争暴露了俄国农奴制的弊端。在此背景下，亚历山大二世于公元1861年下诏废除了农奴制，他还主持了多项政治改革，制定了把俄罗斯君主制改造为君主立宪制的计划。俄国以自上而下改革的方式确立了资本主义政治制度，为俄国19世纪后半期的中兴奠定了基础。

20世纪初，俄罗斯帝国在世界争霸战争中走向衰落。1904年，沙皇俄国在日俄战争中再次失败。1914年，政局动荡不定的俄国参加第一次世界大战，激化了国内矛盾，直接导致了1917年爆发二月革命，尼古拉二世签署退位声明，俄罗斯帝国灭亡。同年，布尔什维克通过十月革命推翻成立不久的俄罗斯共和国临时政府，建立俄罗斯苏维埃联邦社会主义共和国。

5. 苏联时期和现代俄罗斯

1917年11月7日（俄历十月），俄国爆发十月革命，建立世界上第一个社会主义国家政权——俄罗斯苏维埃联邦社会主义共和国。在十月革命影响下，俄国境内各民族纷纷建立自己独立的苏维埃社会主义自治共和国。为了统一进行国防建设和经济建设，1922年12月30日，苏维埃社会主义共和国联盟（简称苏联）正式成立，俄罗斯联邦同乌克兰、白俄罗斯和外高加索联邦（包括阿塞拜疆、亚美尼亚和格鲁吉亚）一起加入，后扩至16个苏联加盟共和国。苏联通过一系列社会主义改革成为世界强国，二战期间为反法西斯战争的胜利做出了巨大的贡献。二战后，以苏联为首形成社会主义阵营，与美国为首的资本主义阵营在全球范围内争夺世界霸权。

美苏争霸时期，高度集中的政治经济体制是苏联保持统一的主要因素和特征。但是由于这种体制不断僵化，1991年12月26日，苏联最终解体。1993年12月12日，经过全民投票,通过了俄罗斯独立后的第一部宪法,规定国家名称为"俄罗斯联邦",也称俄罗斯。

(二)传统文化

1.繁荣发达的文学

19世纪是俄罗斯文学的繁荣时期,出现了普希金、莱蒙托夫、果戈里、别林斯基、陀思妥耶夫斯基、托尔斯泰、契诃夫、高尔基、肖洛霍夫等世界驰名的大文豪和作家。普希金的诗体小说《叶甫盖尼·奥涅金》是俄国文学的重要代表,是"一幅描绘俄罗斯社会的诗的图画"和"俄罗斯生活的百科全书和最富有人民性的作品"。列夫·托尔斯泰被称为这一时期最伟大的作家,他的代表作是长篇小说《战争与和平》《安娜·卡列尼娜》《复活》等。

苏联时期也涌现出许多伟大的作家作品,其中的重要代表有高尔基的《海燕》《母亲》《童年》《在人间》《我的大学》等;法捷耶夫的《逆流》《毁灭》《青年近卫军》等,还有肖洛霍夫的《静静的顿河》、奥斯特洛夫斯基的《钢铁是怎样炼成的》等,都为苏联文学带来了世界声誉。帕斯捷尔纳克的长篇小说《日瓦戈医生》获得了1958年诺贝尔文学奖。

2.音乐与舞蹈

俄罗斯的宗教音乐和民间音乐有着深远的历史传统,歌剧、交响乐和室内音乐具有鲜明的民族气质,豪迈奔放,意境宽广。俄罗斯极为重要的音乐家是柴可夫斯基,被称为19世纪俄罗斯最伟大的作曲家、音乐教育家,被誉为伟大的"俄罗斯音乐大师"和"旋律大师"。柴可夫斯基的代表作品有第四、第五、第六(悲怆)交响曲,以及歌剧《叶甫盖尼·奥涅金》《黑桃皇后》等,他还为俄罗斯创作出了自己的芭蕾舞剧,如《天鹅湖》《睡美人》《胡桃夹子》等,为俄罗斯音乐与舞蹈艺术带来了世界声誉。

苏联时期也留下了大量经典的音乐、歌剧和舞蹈作品。代表作品有十月革命时期的《送行》《青年近卫军》《我们的火车头》等。卫国战争时期的代表作品《神圣的战争》《第聂伯河之歌》等,激励着苏联人民的爱国热忱,同时也流传到国外,鼓舞着各国人民为民主进步事业而斗争。此外,在流行音乐方面,也有很多经典歌曲在世界范围内包括中国广为流传,如《莫斯科郊外的晚上》《喀秋莎》《山楂树》《三套车》《红莓花儿开》等,以独特的俄罗斯风格深深感染着喜爱音乐的人们。

莫斯科大剧院芭蕾舞团是享誉世界的著名芭蕾舞团,200多年来培养和造就了一大批世界知名、才华出众的芭蕾舞演员,上演了一系列世界瞩目的优秀剧目,对世界芭蕾艺术产生了重要影响。

3.俄国电影

俄国电影始于沙皇俄国时期。公元1896年,法国L.卢米埃尔的电影在莫斯科和圣彼得堡等地开始放映,同时俄国的电影爱好者,如沙申、费捷茨基等开始拍摄电影的尝试。1908年,德朗科夫拍摄了俄国第一部故事片《伏尔加河下游的自由人》,之后俄国电影发展起来。

俄国十月革命后,彼得格勒、莫斯科,后来还有乌克兰,都很快成立了电影委员会,苏联电影发展起来。苏联电影故事性极强,艺术内涵丰富,既不太商业,也不太文艺,看过之后往往让人印象深刻,感动长存于观众心中,而且其体裁也多样化。在美苏两国对峙的漫长时期,苏联电影取得了可贵的艺术成就,它能让人忘记冷战,忘记意识形态的不同。在冷战时期,苏联电影甚至获得了世界上所有重要的电影奖项,包括两次奥斯卡最佳外语片(1969年获奖的《战争与和平》、1980年获奖的《莫斯科不相信眼泪》)。其他著名影片还有《这里的黎明静悄悄》《秋天的马拉松》《青年近卫军》《狂欢之夜》《意大利人在俄罗斯的奇遇》《命运的捉弄》《办公室的故事》《钢铁是怎样炼成的》《如果这是爱情》《静静的顿河》《解放》《莫斯科保卫战》《安娜·卡列尼娜》《列宁在1918》等,为世界人民提供了丰富的精神食粮,很多电影感人至深。

4.教育

俄罗斯教育分为学前教育、普通教育和高等教育3个层次。俄罗斯高等教育发达,著名大学有莫斯科大学和圣彼得堡大学等。

莫斯科罗蒙诺索夫国立大学,简称莫斯科大学,由沙皇俄国教育家M.B.罗蒙诺索夫倡议并创办,是俄国规模最大、历史最悠久的综合性高等院校,是全俄学术中心,同时也是欧洲顶尖、世界著名的高等学府之一。截至2021年,莫斯科大学共有13人获得诺贝尔奖(9名毕业生和4名教授),6名毕业生获得菲尔兹奖。

圣彼得堡国立大学,由彼得大帝敕令创建,是俄语世界第一所大学。圣彼得堡国立大学坐落于圣彼得堡瓦西里岛,是一所世界著名的公立研究型大学,与莫斯科大学一起构成了俄罗斯高等教育的最高殿堂。圣彼得堡国立大学在世界上有极高声誉,罗蒙诺索夫、门捷列夫、巴甫洛夫、果戈里等世界闻名的科学家和学者都曾执教于此,斯托雷平、列宁、屠格涅夫、普京等著名政治家和文学家也曾在此就读。圣彼得堡国立大学在建立之初就致力于科技和人文的研究,是俄罗斯重要的科研、文化、教育中心。圣彼得堡国立大学为俄罗斯贡献了多枚诺贝尔奖和菲尔兹奖,先后有600多位毕业生和教师当选为(圣)彼得堡科学院、苏联科学院及一些专业科学院院士、通讯院士。

三、政治经济和旅游环境

(一)政治制度

1993年12月12日,俄罗斯联邦举行全民公投,通过俄罗斯独立后第一部宪法。这部宪法确立了俄实行法国式的半总统制的联邦国家体制。俄罗斯联邦实行的是联邦民主制,奉行立法、司法、行政三权分立的原则。俄罗斯总统是国家元首,掌握行政权,有权任命包括总理在内的高级官员,但必须经议会批准。俄总统任期4年,2008年改为6年,由人民直接选举产生。俄罗斯议会是俄罗斯联邦会议,是俄罗斯联邦的立法机关。联邦会议采用两院制,上议院称联邦委员会,下议院称国家杜马。俄罗斯联邦政府是国家权力最高执行机关。联邦政府由联邦政府总理、副总理和联邦部长组成。俄罗斯司法机关主要有联邦宪法法院、联邦最高法院、联邦最高仲裁法院及联邦总检察院,掌握司法权。

现任俄罗斯联邦总统的是弗拉基米尔·弗拉基米罗维奇·普京。

(二)社会经济

苏联曾是世界第二经济强国,这为俄罗斯留下了雄厚的工业、科技基础。苏联解体后,俄罗斯经济一度严重衰退,持续下滑,2000年普京总统执政至今,俄经济快速回升,连续8年保持增长(年均增幅约6.7%),外贸出口大幅增长,投资环境有所改善,居民收入明显提高。俄罗斯主要工业有机械、冶金、石油、天然气、煤炭及化工等;轻纺、食品、木材加工业较落后;航空航天、核工业具有世界先进水平。

在全球金融危机和国际油价暴跌的双重打击下,2002—2012年俄罗斯经济大幅放缓,2008年12月经济增长率同比萎缩1.1%。2012年之后,俄罗斯经济逐渐有所恢复。2017年,俄罗斯国内生产总值(GDP)同比增长1.5%。2018年,俄罗斯经济增速为2%。2018年,俄罗斯GDP为1.658万亿美元,人均GDP 11289美元。2021年,俄罗斯GDP同比增长4.7%。

受俄乌战争及美西方制裁的影响,2022年上半年俄罗斯经济出现严重波动。俄新社援引国际货币基金组织(IMF)最新数据显示,2022年,俄罗斯GDP为2.22万亿美元,人均GDP超过1.5万美元,重返世界前8。截至2023年4月14日,俄罗斯的国际储备为6002亿美元。

俄罗斯货币名称是俄罗斯卢布。根据2023年7月国际汇率,1美元≈90.5340俄罗斯卢布,1人民币≈12.5920俄罗斯卢布。

(三)旅游环境

苏联是中华人民共和国成立后第一个承认中国并与中国建交的国家。苏联解体后,1991年12月27日,中国与俄罗斯在莫斯科签署《会谈纪要》,确认俄罗斯继承苏联与中国的外交关系。1996年,中俄建立战略协作伙伴关系,2001年签署《中俄睦邻友好合作条约》,2011年建立平等信任、相互支持、共同繁荣、世代友好的全面战略协作伙伴关系。2014年,中俄全面战略协作伙伴关系进入新阶段。中俄两国高层交往频繁,形成了元首年度互访的惯例,积极开展两国发展战略对接和"一带一路"建设同欧亚经济联盟对接,务实合作取得新的重要成果。2019年6月5日,中俄两国关系提升为"新时代全面战略协作伙伴关系"。这使得中俄旅游合作有着良好的政治环境。

俄媒:俄急切期盼中国游客到访

俄罗斯《消息报》网站8月14日报道,2023年8月10日,2020年以来首批23名免签中国游客抵达俄罗斯。俄方在莫斯科谢列梅捷沃机场为游客举办了隆重的欢迎仪式。他们将在俄罗斯度过一周，参观莫斯科和圣彼得堡的主要景点。下周预计将有新的中国免签团队抵达，他们将前往俄罗斯不同地区旅游。

据报道，在2020年以前，中国是赴俄游客最多的国家。2019年更是创下了纪录——有组织出行的中国赴俄游客高达上百万人次。即便在最好的情况下，恢复到这种规模也至少需要3年。2023年1—6月，只有3.23万人次以旅游为目的前往俄罗斯，另有9.54万人次因公出差。按照这一趋势，到2023年底，中国赴俄游客数量可能较2019年减少94%。

——资料来源：参考消息网，2023-08-15

请思考：

根据上述资料，你对中国游客赴俄罗斯旅游的情况有何认识？对未来发展有何判断？

四、民俗风情

（一）民族性格

俄罗斯人有一种敢打敢拼和不屈不挠的大无畏精神，这与俄罗斯"血与剑"的扩张历史有关，历史上的哥萨克以骁勇善战和精湛的骑术著称，并且是支撑俄罗斯帝国于公元17世纪向东方和南方扩张的主要力量。这塑造了俄罗斯"好战民族"的性格特点，正因如此，在近现代历史上，俄罗斯战胜了两个强大的敌人——拿破仑和希特勒。

广袤的土地造就了俄罗斯人坦荡宽阔的胸怀，热情而豪放的性格，漫长的冬天让俄罗斯人对大自然充满了热爱，他们用音乐与舞蹈来表达内心对生活的热情；俄罗斯人同样是细腻与多愁善感的，并创造出如此璀璨的艺术珍品，如此震撼心灵的文学佳作。

（二）礼仪礼节

俄罗斯人一般的见面礼是握手，但握手时要脱下手套。久别的亲朋好友常用亲吻拥抱礼，男士一般吻女士的手背。在隆重的场合，俄罗斯人用"面包加盐"的方式迎接贵宾，表示最高的敬意和最热烈的欢迎。应邀到俄罗斯人家做客，进屋后应脱下衣帽，先向女主人问好，再向男主人和其他人问好。男士吸烟，要先征得女士的同意。

（三）服饰和饮食

在俄罗斯，已婚妇女必须戴头巾，并以白色为主。未婚姑娘则不戴头巾，但常戴帽子。在城市，俄罗斯人当前多穿西装或套裙，俄罗斯妇女往往还要穿一条连衣裙。

俄罗斯人的主食是面包，尤其是黑面包，吃面包的时候习惯抹黄油和鱼子酱，喝罗宋汤。土豆、洋葱、圆白菜和胡萝卜是俄罗斯人的家常菜。肉、蛋、奶在俄罗斯人的食谱中比重较大,几乎每餐都会有牛肉、羊肉、牛排、香肠等。

俄罗斯人常饮用的饮料有蜂蜜、格瓦斯等。俄罗斯人爱喝酒是世界闻名的,其中非常重要的酒类当属伏特加。俄罗斯人有喝茶的习惯,主要饮用红茶。

(四)禁忌

俄罗斯人特别忌讳"13"这个数字,认为它是凶险和死亡的象征。相反,认为"7"意味着幸福和成功。俄罗斯人不喜欢黑猫,认为它会带来不好的运气。俄罗斯人认为镜子是神圣的物品,打碎镜子意味着灵魂的毁灭。但是如果打碎杯、碟、盘,则意味着富贵和幸福,因此在喜宴、寿宴和其他隆重的场合,他们会特意打碎一些杯、碟、盘表示庆贺。

五、旅游资源和著名景点

(一)旅游业和旅游资源

俄罗斯是世界上国土面积最为广阔的国家,旅游资源极为丰富,是旅游业发展的重要基础。近年来,俄罗斯的旅游发展速度较快,旅游业成为国民经济新的增长点,带动了社会经济的发展。

截至2019年11月,俄罗斯有29处世界遗产被联合国教科文组织列入《世界遗产名录》,其中文化遗产18处、自然遗产11处,这些都是很受欢迎的旅游目的地。

(二)主要旅游城市和旅游景点

俄罗斯主要的旅游城市有莫斯科、圣彼得堡、新西伯利亚、加里宁格勒、叶卡捷琳堡、下诺夫哥罗德、索契等,著名旅游目的地还有闻名世界的贝加尔湖等。

1. 莫斯科

莫斯科地处俄罗斯欧洲部分中部、东欧平原中部,跨莫斯科河及支流亚乌扎河两岸,是俄罗斯联邦首都、莫斯科州首府。莫斯科区位优势极为明显,是俄罗斯乃至欧亚大陆上极其重要的交通枢纽。莫斯科是俄罗斯的政治中心、经济中心、文化中心、金融中心、工业制造业中心、科技中心、教育中心,也是俄罗斯第一大城市,是一座国际化大都市。

莫斯科始建于公元1147年,从莫斯科大公时代开始,到沙皇俄国、苏联及俄罗斯联邦一直是国家首都,迄今已有800余年的历史,是一座世界著名的古城。莫斯科城市规划优美,掩映在一片绿海之中,有"森林中的首都"之美誉。莫斯科著名旅游景点有历史悠久的克里姆林宫、红场、圣瓦西里大教堂(见图9-4)、阿尔巴特大街、莫斯科河、全俄展览中心、麻雀山等。

图 9-4　莫斯科圣瓦西里大教堂（薛阳　供图）

2. 圣彼得堡

圣彼得堡位于俄罗斯西北部、波罗的海沿岸、涅瓦河口，是俄罗斯中央直辖市、列宁格勒州的首府，也是俄罗斯第二大城市。圣彼得堡是俄罗斯西北地区中心城市、全俄重要的水陆交通枢纽，是世界上人口超过百万的城市中位置最北的一个，又被称为俄罗斯的"北方首都"。

圣彼得堡始建于公元1703年，至今已有300多年的历史，市名源自耶稣的弟子圣徒彼得。公元1712年，彼得一世迁都到彼得堡，一直到1918年的200多年的时间里，这里都是俄罗斯的政治中心、经济中心和文化中心。1924年，为纪念列宁曾更名为列宁格勒，1991年又恢复原名为圣彼得堡。圣彼得堡历史古迹群已被联合国教科文组织列为世界遗产。

圣彼得堡在俄罗斯经济中占有重要地位，是一座大型综合性工业城市。圣彼得堡经常被称为俄罗斯最西方化的城市，是俄罗斯通往欧洲的窗口，许多外国领事馆、跨国公司、银行和其他业务据点均位于圣彼得堡。圣彼得堡也是一座科学技术和工业高度发展的国际化城市。

圣彼得堡旅游资源丰富，有与城市历史一样悠久的涅瓦大街，位于十二月党人广场上的青铜骑士是圣彼得堡标志性雕塑，冬宫、夏宫、叶卡捷琳娜宫（见图9-5）、伊萨基辅大教堂、俄罗斯博物馆等见证了圣彼得堡的悠久历史，有很高的旅游价值。

图9-5 圣彼得堡叶卡捷琳娜宫(薛阳 供图)

教学互动

欧洲的旅游方案选择

欧洲旅游区经济发达,旅游资源丰富,但是欧洲国家数量众多,到欧洲旅游有哪些方案可以选择呢?根据国内各大旅行社的实际操作情况,概括起来,欧洲旅游方案一般为一国或多国连线旅游。一国包括英国、法国、德国、意大利、希腊、俄罗斯等;多国一般指3国、4国、5国甚至8国连线旅游。

其中,3国连线旅游的方案有法国、瑞士、意大利3国9日游;4国连线旅游的方案有德国、法国、意大利、瑞士4国12日游;5国连线旅游的方案有法国、瑞士、意大利、奥地利、德国5国15日游;8国连线旅游的方案有德国、法国、荷兰、卢森堡、比利时、意大利、奥地利、瑞士8国15日游等。

另外,还有北欧、东欧、南欧区域国家连线旅游方案。北欧的多国连线旅游方案有芬兰、瑞典、挪威、冰岛;东欧的多国连线旅游方案有俄罗斯、奥地利、匈牙利、捷克、斯洛伐克;南欧的多国旅游线路方案有西班牙、葡萄牙、希腊等。

——资料来源:根据薛阳的出境旅游领队日记整理

思考并讨论:

假如你将来从事出境旅游领队工作,根据不同的多国连线旅游方案,你该如何整合有关国家的知识呢?

本章小结

本章主要介绍了中欧和东欧的重点国家瑞士、德国和俄罗斯的基本情况。通过对这3个国家的地理环境、历史文化、政治经济、旅游环境、民俗风情和旅游资源等知识进行全面梳理,期望读者们对这些国家和地区有一个全面了解。读者们也可以根据实际工作和生活中的需要,对本地区其他一些国家的有关情况进行进一步学习与了解。

能力训练

1.德国文化极为发达,拥有一大批世界闻名的一流的思想家、文学家、艺术家、音乐家和科学家。请结合主要人物和成就,谈谈德国在上述领域所做的贡献。

2.请从出境领队的角度,对俄罗斯的自然和人文地理加以介绍,并选择该国一个重要的旅游城市和代表性旅游景点写一篇讲解词,反复修改完善后进行讲解训练。

第四篇

美洲旅游区

　　美洲旅游区由北美洲和拉丁美洲组成。全美洲包括51个国家和地区，主要有美国、加拿大、墨西哥、巴西、阿根廷等。美洲地区经济社会发展很不平衡，北美是世界经济较发达的地区，美国是当今世界头号强国，加拿大是高度发达的资本主义国家。而拉丁美洲各国属于发展中国家，发展较快的国家有墨西哥、巴西、阿根廷、委内瑞拉、智利、哥伦比亚和秘鲁等。美洲有丰富的旅游资源，旅游业非常发达。

第十章
北 美 洲

  本章概要

　　本章主要内容包括：北美地区的美国、加拿大等国家旅游地理、历史文化、政治经济、旅游环境、民俗风情和旅游资源等基本知识。学好本章内容，可以为做好本旅游区相关国家的游客团队接待和出境北美地区旅游领队工作打好基础。

知识目标
1. 了解北美地区主要旅游客源地和旅游目的地，比较重要的是美国、加拿大等国家。
2. 理解北美地区主要国家在中国出入境旅游市场中的重要地位。
3. 掌握美国、加拿大等国家的基本知识，包括地理环境、历史文化、政治经济、民俗风情和主要旅游资源等。

能力目标
1. 能说出北美地区主要国家的旅游地理基本知识，如国家名称、地理位置、首都和主要旅游城市、著名旅游景点等知识。
2. 能理解北美地区主要国家的历史事件、文化成就、政治经济状况和民俗风情等，并能够对其中的重要问题进行阐释。
3. 能用所学知识对美国、加拿大等国家的主要旅游城市和代表性景点等进行导游讲解。

素养目标
1. 了解美国在当今世界上的重要地位，清醒认识其在现代科学技术等领域处于领先地位的现实，从而能够以发奋图强的精神对待专业学习，为中国的富强和文明做出自己的贡献。
2. 学习美国等西方国家先进文化的同时，清醒认识美国在世界范围内推行霸权主义外交政策的本质，培养学生维护国家利益的爱国主义情怀。

知识导图

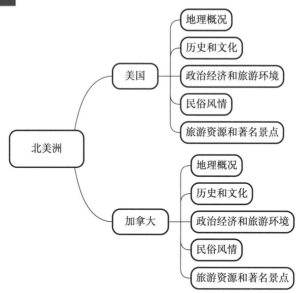

章节要点

北美洲大部分地区经济发达,有着极高的人类发展指数和经济发展水平,主要国家有美国和加拿大,美国是当今世界强大的国家。北美洲是中国重要的客源地和出境旅游目的地。美国和加拿大的历史文化、民俗风情,以及主要旅游城市和景点是本章学习的要点。

章首案例

Amadeus:上半年收入20.997亿欧元 北美业绩瞩目

当地时间2022年7月29日,OTA巨头Amadeus公布了2022年第二季度及上半年财报。在2022年第二季度,旅游业复苏步伐加快,推动了Amadeus的业绩趋于改善,使其更接近2020年以前的水平。

从各细分市场的业绩来看,在航空分销方面,Amadeus的第二季度预订量是2019年第二季度的75.2%,相较2022年第一季度提高了18.8%,这得益于行业持续复苏和市场份额增长。相对于2022年第一季度(与2019年相比),所有地区都报告了业绩改善,尤其是亚太地区和西欧。北美继续是我们表现最好的地区,预订量比2019年增长了11.3%。

——资料来源:品橙旅游,2022年7月29日

阅读案例并思考:

根据案例内容,你对北美地区旅游市场有何认识?

第一节 美　国

一、地理概况

（一）自然地理

1. 位置和国土面积

美国全称美利坚合众国，本土位于北美洲的中南部，东濒大西洋、西临太平洋，北与加拿大接壤，南靠墨西哥湾。美国的领土除了美国本土外，还包括北美洲西北部的阿拉斯加和太平洋中部的夏威夷群岛。美国国土总面积937万平方千米，是美洲面积第二大、世界第四大的国家。

2. 自然地理特征

美国本土地势西高东低，具体看又有东西两侧高、中间低的特点，大致可分为3个地形区：东部为阿巴拉契亚山脉和大西洋沿岸低地和海岸平原，南宽北窄；西部为年轻高峻的科迪勒拉山系，山脉逼近海岸，沿海平原狭窄，西部高耸的落基山脉从南至北将美国大陆分开；中部是美国中央大平原，地势相对平坦，这里的密西西比河和五大湖是美国的主要水系。

五大湖是苏必利尔湖、密歇根湖、休伦湖、伊利湖和安大略湖5个相连湖泊的总称，是世界最大的淡水湖群，有"北美大陆地中海"之称。位于加拿大与美国的交界处的尼亚加拉瀑布，是"世界三大跨国瀑布"之一。美国大部分地区属于大陆性气候，南部属亚热带气候。

知识活页

美国的时区

（二）人文地理

1. 人口和民族

美国总人口约3.33亿（2023年），人口总量仅次于中国和印度，居世界第3。美国是一个城市化水平非常高的国家，全国82%的人口居住在城市及其郊区。

美国是一个移民国家，有"民族熔炉"之称，主要是欧洲移民的后代，其民族成分可以概括为欧裔美国人、非裔美国人、拉丁裔美国人、亚裔美国人、美洲本土居民等。其中，非拉美裔白人约占62.1%，拉美裔约占17.4%，非洲裔约占13.2%，亚裔约占5.4%，混血约占2.5%，印第安人、阿拉斯加本土居民和夏威夷本土居民等占极少数。

2. 语言和宗教

美国没有法定的官方语言，英语是事实上的通用语言。部分美国人呼吁将英语定为官方语言，目前已经有28个州通过地方法律确保英语的官方语言地位。除了英语

知识活页

美国的形象代表
——山姆大叔

外,在美国使用人口超过100万人的语言还有西班牙语、汉语、法语、塔加洛语、越南语和德语。

美国是一个多民族、多宗教信仰的国家,美国没有国教,人人拥有信仰或不信仰宗教的自由。但是约占91%的美国居民信仰宗教,主要信仰基督教和天主教,其他宗教如犹太教、东正教、佛教、伊斯兰教等也有一定的信众。

3.首都和行政区划

美国首都华盛顿,全称华盛顿哥伦比亚特区(Washington D.C.),位于美国东北部。除首都所在的特区外,美国分为50个州,有3143个县。联邦领地包括波多黎各自由联邦和北马里亚纳,海外领地包括关岛、美属萨摩亚群岛、美属维尔京群岛等。

4.国家象征

美国的国旗是星条旗,主体由13道红白相间的宽条组成,旗面左上角为蓝色长方形,其中分9排横列着50颗白色五角星。红色象征强大和勇气,白色代表纯洁和清白,蓝色象征警惕、坚韧不拔和正义。13道宽条代表最早发动独立战争并取得胜利的13个州,50颗五角星代表美利坚合众国的州数。美国国旗图案及其变化反映了美国的建立及其发展扩张史。每年6月14日为"美国国旗制定纪念日"。在这一天,美国各地举行纪念活动,以示对国旗的敬重和对合众国的热爱。

美国的国徽是一只胸前带有盾形图案的白头海雕(秃鹰)。白头海雕是美国的国鸟,它是力量、勇气、自由和不朽的象征。海雕头上的顶冠象征在世界的主权国家中又诞生一个新的独立国家——美利坚合众国。顶冠内有13颗白色五角星,代表美国最初的13个州。鹰的两爪分别抓着橄榄枝和箭,象征和平和武力。鹰嘴叼着的黄色绶带上用拉丁文写着一句话,意思是"合众为一",表示美利坚合众国由很多州组成,是一个完整的国家。

美国的国歌是《星光灿烂的旗帜》,国花为玫瑰花,国兽是美洲野牛,国石为蓝宝石。

二、历史和文化

(一)历史沿革

1.早期文明

美国的本土居民是印第安人和爱斯基摩人(因纽特人),他们是从亚洲迁入美洲的蒙古利亚人种。在4万—5万年前,印第安人从亚洲北部穿过白令海峡(或者是通过冰封的海峡陆桥)到达美洲,成为欧洲殖民者到来和美国独立之前的本土居民。公元15世纪末以前,美洲大陆与世界文明发达地区隔绝,而且住在美洲各地区的民族之间缺乏联系,所以美洲社会历史发展远远落后于亚欧大陆。

2.殖民时期

公元1607年,英国在北美建立第一个永久性殖民地:詹姆士镇。公元1620年,第一批清教徒乘五月花号帆船驶入新英格兰地区的普利茅斯港。之后,他们签订了一份极为重要的政治性契约——《五月花号公约》，从此奠定了美国的根基。公元1773年，13个英国殖民地逐渐形成。

3.美国独立战争

公元1773年，发生波士顿倾茶事件，反对英国殖民者在北美的倾销。公元1775年，马萨诸塞州的列克星顿枪声，标志北美独立战争爆发。公元1776年，来自13个殖民地的代表在费城召开大陆会议，组成"大陆军"，由乔治·华盛顿任总司令，通过了《独立宣言》，正式宣布建立美利坚合众国。《1787年宪法》全称为《美利坚合众国联邦宪法》，于公元1789年批准生效，是世界上第一部比较完整的资产阶级成文宪法。它奠定了美国政治制度的法律基础，其核心内容是：立法、司法与行政权三权分立。

4.西进运动和南北战争

早在殖民地时期，英国在北美的殖民者向西移民的活动就开始了。美国独立后，南部的奴隶主、北部的土地投机商和工业资本家、高利贷者和老百姓，都希望在西部获得土地。公元1803年，美国从拿破仑手中收购了路易斯安那，公元1819年从西班牙手中夺取了佛罗里达，公元1845—1853年通过美墨战争收购了得克萨斯、新墨西哥、俄勒冈和加利福尼亚，公元1867年从俄国手中购买了阿拉斯加，公元1898年吞并夏威夷群岛。在美国开疆扩土的同时，也开始了向西部移民的过程，这就是美国历史上的西进运动。这一过程推动了北美洲西部地区的农业开发和工业化进程，同时也伴随着对印第安人的大屠杀。西进运动客观上缓和了资产阶级内部矛盾，扩大了国内市场，破坏了自由州与蓄奴州的平衡，为南北战争的胜利打下基础。

由于美国南部的奴隶制种植园主和北方的工商业资产阶级的矛盾，公元1861—1865年，美国南北战争爆发。其间，林肯颁布《解放奴隶宣言》和《宅地法》，被称为美国的第二次资产阶级革命，为美国的崛起扫清了障碍。

5.成为世界超级大国

19世纪初，美国开始工业化。19世纪末，美国的工业产值超过英国，跃居世界第一。1914年，第一次世界大战爆发。1917年，本来奉行孤立主义政策的美国参战，在世界上尝试扮演新的角色。一战结束后，美国成为最大的债权国。1929年，爆发席卷资本主义世界的经济危机，被称为"大萧条"。为了摆脱这场经济危机，1932年，美国推行"罗斯福新政"，经济逐渐恢复。1939年，第二次世界大战爆发。1941年12月7日，日本偷袭珍珠港后美国参战，成为世界反法西斯战争的主力军。1945年第二次世界大战结束后，英法等老牌资本主义国家衰落，美国和苏联成为超级大国，在全世界划分势力范围，形成冷战格局。1991年，苏联解体，美国成为唯一超级大国。

（二）美国文化

作为一个国家，美国历史很短，但是美国是一个移民国家，尤其是欧洲移民带来的先进文化，为美国文化的繁荣提供了较高的起点。美国在快速发展的同时，也创造了高度发达的文化。

1.美国文学

美国文学从殖民地时期初具雏形至今，经历了200多年的发展历史，日趋成熟。美国文学是反映社会历史发展潮流的一面镜子,体现出美国人独特的哲学观、价值观。美国早期的移民多是从英国或者欧洲其他国家来到这片新大陆的,他们想摆脱欧洲旧的封建传统,追求自由、民主。这些体现在文学方面,个人主义成为美国文学的集中表达。美国文学的代表性作家有爱默生,代表作品有《论自然》《生命》,前总统林肯称他为"美国的孔子""美国文明之父"。此外,蜚声世界的美国文学家还有马克·吐温,代表作品有《百万英镑》《哈克贝利·费恩历险记》《汤姆·索亚历险记》等;欧·亨利,代表作品有《麦琪的礼物》《警察与赞美诗》《最后一片叶子》《二十年后》等;海明威,代表作品有《老人与海》(普利策奖、诺贝尔文学奖),《太阳照常升起》《永别了,武器》等。

2.音乐艺术和百老汇

非常能体现美国特点的音乐艺术形式是爵士乐、爵士舞和音乐剧等。

爵士乐于19世纪末20世纪初诞生于南部港口城市新奥尔良,音乐根基来自布鲁斯和拉格泰姆。爵士乐讲究即兴,是非洲黑人文化和欧洲白人文化的结合。20世纪初,爵士乐主要集中在新奥尔良发展,之后转向芝加哥,后来又转移至纽约,直至今天,爵士乐风靡全球。

爵士舞即美国现代舞,是一种急促又富动感的节奏型舞蹈,属于一种外放性的舞蹈,不像古典芭蕾舞或现代舞所表现的内敛性。爵士舞蹈最初是非洲舞蹈的延伸,经被贩卖作为奴隶的黑人群体带到美国本土,而在美国逐渐演进形成本土化、大众化的舞蹈。爵士舞主要是追求愉快、活泼、有生气的一种舞蹈,在20世纪末期的流行音乐及舞蹈MV的发展大潮中,流行天王迈克尔·杰克逊成为其中杰出代表。

音乐剧是美国音乐艺术的重要代表,以百老汇为代表。百老汇指的是百老汇大道(Broadway),是纽约市重要的南北向道路,南起巴特里公园,由南向北纵贯曼哈顿岛。由于此路两旁分布着为数众多的剧院,是美国戏剧和音乐剧的重要发扬地,"百老汇"因此成为音乐剧的代名词。

3.科学技术

美国的科学技术一直以强大在世界上著称,人类史上很多重要的发明,包括白炽灯、轧棉机、通用零件、生产线等都源自美国。美国第一个研究出了原子弹,在冷战期间实行阿波罗登月计划登上了月球。目前,美国在火箭技术、武器研究、材料科学、医学、生物工程、计算机等许多领域都处于世界领先地位。历史上,美国非常著名的发明家是爱迪生,一生有2000多项发明,他发明的留声机、电影摄影机和改进的电灯对世界有极大影响。公元1892年,爱迪生在波士顿创立通用电气公司,至今仍高居全球品牌百强榜前列。

硅谷更是目前全世界的科学技术高地,位于美国加利福尼亚北部、旧金山湾区南面,最早是研究和生产以硅为基础的半导体芯片的地方,硅谷也因此而得名。硅谷依托斯坦福大学、加州大学伯克利分校等,融科学、技术、生产于一体,拥有谷歌、Facebook(后更名为"Meta")、惠普、英特尔、苹果公司、思科、英伟达、甲骨文、特斯拉、雅虎等在全球有举足轻重地位的大公司,在信息工程技术产业上引领世界潮流。

4.体育运动

美国是体育强国,在体育运动方面对世界有着重要的文化影响力。北美有四大职业体育联盟;NFL,美式橄榄球联盟;MLB,美国职业棒球大联盟;NBA,美国职业篮球联赛;NHL,国家冰球联盟。这四大职业体育联盟不仅在北美,而且在世界体育文化产业市场上都占有重要地位。

5.高等教育

美国高等教育极其发达。美国重视精英教育,有世界上水平最高的大学群体,著名的是常春藤联盟,包括哈佛大学、宾夕法尼亚大学、耶鲁大学、普林斯顿大学、哥伦比亚大学、达特茅斯学院、布朗大学及康奈尔大学8所大学。而麻省理工学院、斯坦福大学、哈佛大学、加州理工学院和芝加哥大学等在历年的QS世界大学排行榜中长期霸占前10的地位。

此外,美国文化产业非常发达,产值占GDP的20%左右,其总体竞争力位居世界首位。例如好莱坞、迪士尼等文化产业品牌在世界上有着举足轻重的影响力。

哈佛大学

三、政治经济和旅游环境

(一)政治制度

美国政治制度的基础是《1787年宪法》,美国政体是总统共和制。美国总统是国家元首、政府首脑兼武装部队总司令,掌握国家行政权,总统的行政命令和法律有同等效力。总统通过间接选举产生,任期4年,可以连任一届。国会是美国最高立法机构,由参、众两院组成。国会的主要权力有立法权、行政监督权、条约及官员任命的审批权和宪法修改权。国会还拥有对总统、副总统和官员的弹劾权,提出弹劾权归众议院,批准弹劾权归参议院。参众两院议员由各州选民直接选举产生。美国司法机构设最高法院、联邦法院、州法院及一些特别法院,行使司法权。最高法院、联邦法院的院长和法官由总统提名经参议院批准任命,最高法院由首席大法官和8名大法官组成,任职终身。最高法院可以宣布联邦和各州的法律违宪,使之无效。

美国有多个政党,但在国内政治和社会生活中起重大作用并轮流执政的只有共和党和民主党两大政党。共和党以象为标志,民主党以驴为标志,4年一次的美国总统选举又称为"驴象之争"或"驴象赛跑"。拜登是美国第46任(第59届)总统,于2021年就职。

(二)社会经济

美国国土面积广阔,资源丰富,现代工业所需要的主要原料储藏量大都居世界前列。美国工业门类齐全,技术先进,生产实力雄厚,劳动生产率高,是世界上实力很强的工业国家。美国传统工业主要包括钢铁、汽车、建筑、化学、食品加工、木材制作、橡胶、纺织等工业部门,其中,钢铁、汽车制造和建筑业是美国工业的三大支柱。20世纪80年代以来,美国产业转型加快,制造业所占比重呈下降趋势,劳动密集型产业逐步被淘汰或转移到国外。与此同时,信息、生物等高科技产业发展迅速,利用高科技改造传统产业也取得新进展。美国主要工业产品除了传统的汽车、钢铁之外,航空设备、计算机、电子和通信设备等也在世界上处于领先地位。

美国金融、贸易等产业极其发达。世界2000强公司，美国占560名。世界著名企业有摩根大通、美国银行、苹果公司、埃克森美孚公司、电话电报公司、微软、亚马逊、英特尔、谷歌等，对世界影响巨大。

美国是高度发达的现代市场经济体，具有完备的宏观经济调控体制，国内生产总值和国际贸易额长期居世界首位。2022年，美国国内生产总值（GDP）25.5万亿美元，人均GDP 7.64万美元。

（三）旅游环境

20世纪70年代，中美之间开始接触。1972年，美国总统尼克松访华，中美发表上海联合公报，宣布中美两国关系走向正常化。1979年1月1日，中美正式建立外交关系。

在当今世界，中美之间虽有摩擦，但总体上合作大于竞争，旅游合作有相对正常的政治环境。

四、民俗风情

（一）礼仪

美国人性格开朗，乐于交往。正式场合相见通常流行握手礼。圣诞节盛行互赠礼品，收到礼物一般会当面打开，并向赠送者道谢。美国人奉行"残疾人优先、女士优先、老人优先、儿童优先"的传统。在必要的场合，有教养的男士通常会抢先一步拉开车门，请女士先行上下车或进出电梯。若与女士在街上同行，男士都会有意保护同行女士的安全。美国人注重隐私，通常不会询问女士的年龄，也不会询问新结识的朋友的任何有关个人经济、宗教、婚姻状况或政治方面的问题等。

美国人喜欢使用身体语言，如耸肩表示惊讶、无奈或肯定，食指和中指形成"V"字表示胜利、加油和鼓励。美国人讲话的时候身体会一直在动，且充满幽默感。美国人认为，接受别人的服务时应该付小费，这也是一种礼仪。

（二）服饰

美国人日常服饰崇尚自然、偏爱宽松、体现个性，他们喜欢穿T恤、运动服及其他休闲服装。在正式场合，美国人十分重视服饰，参加宴会、集会和其他社交活动，一定会根据请柬上的服装要求来进行搭配，以免失礼。非社交场合也要讲究服饰礼仪，一般不穿背心或睡衣出门，他们认为那等同于赤身露体。拜访朋友的时候，进了门要脱下帽子和外套，室内不准戴墨镜，这都是礼貌。女士一般不穿黑色皮裙，不在男士面前脱鞋，不在男士面前撩动自己的裙子。女士出门不化浓妆，不在大庭广众之下化妆、补妆，否则会被人视为缺乏教养。

(三)饮食

美国人喜欢高热量食品,爱食用黄油做的菜肴,但不爱吃油炸食品,不爱吃肥肉,不吃动物内脏。美国人餐饮比较随便,不追求精细,追求快速和方便,因而汉堡、热狗、炸面包圈、馅饼等快餐风靡全国。美国人的快餐文化也影响到其他各国,麦当劳和肯德基流行世界各地。美国人不爱喝茶,主要饮料是咖啡、冰水、矿泉水、可口可乐和啤酒等,喜欢在饮料里面加冰块。

(四)禁忌

美国人的禁忌和宗教有关,忌讳数字"13"和日期"星期五"。忌讳黑色,不喜欢红色,偏爱白色(象征纯洁)、黄色(象征和谐)、蓝色(象征信任)等。忌讳蝙蝠和黑猫图案,偏爱白色秃鹰图案(国鸟)。在美国,人们在交往中一般不送厚礼,否则会被认为别有用心。同性不能一起跳舞,不在别人面前伸出舌头。

五、旅游资源和著名景点

(一)旅游业和旅游资源

美国既有高大的山地,又有广阔的平原;既有世界闻名的密西西比河,又有风光优美的五大湖,旅游资源十分丰富。美国是世界上重要的发达国家,基础设施完善,旅游业高度发达。

美国是世界上重要的客源地和最大的旅游消费国。2011年,美国旅游业产值达1.2万亿美元,支持了760万个就业岗位,国际游客在旅游及其相关产业上的消费达到了创纪录的1530亿美元,年平均增长4%—5%。2013年,美国来华旅游量超过208万人次,到2019年之前,每年来华旅游的人数在200万—400万。2019年后,受疫情影响,美国来华旅游人数下降,2023年开始回升。美国是我国第四大客源国,也是我国最大的远程旅游目的地。美国国家旅游局数据显示,2019年中国赴美旅游量高达238万人次。

(二)主要旅游城市和旅游景点

美国建国历史较短暂,历史古迹较少,旅游景区主要有国家公园、大型人工游乐场和文化设施。美国主要的旅游城市有华盛顿D.C.、纽约、洛杉矶、芝加哥、休斯敦、费城、旧金山、波士顿、匹兹堡等。

1.华盛顿D.C.

华盛顿D.C.的全称是华盛顿哥伦比亚特区(Washington D.C.),又称华都、华府,是美国的首都,得名于美国首任总统乔治·华盛顿。华盛顿D.C.位于美国的东北部、中大西洋地区,在弗吉尼亚州和马里兰州之间。华盛顿D.C.是由美国国会直接管辖的特别行政区,不属于美国的任何一州。由于美国有许多地方以华盛顿的名字命名,如华盛顿州、华盛顿湖等，因此称呼美国首都的时候，必须称作华盛顿D.C.。

与其他国家首都不同，华盛顿D.C.只是美国当之无愧的政治中心，是世界上少有的仅以政府行政职能为主的现代化大城市。华盛顿D.C.市区面积177平方千米，主要产业均与政府机构相关，是大多数美国联邦政府机关与各国驻美国大使馆的所在地，也是世界银行、国际货币基金组织、美洲国家组织等国际组织总部的所在地，还拥有为数众多的博物馆与文化史迹。华盛顿D.C.主要的旅游参观景点有白宫、国会大厦、华盛顿纪念碑、林肯纪念堂、国会图书馆等。

美国白宫（见图10-1）位于华盛顿D.C.哥伦比亚特区西北宾夕法尼亚大道1600号，是美国总统的官邸和办公室。第一个入主白宫的是美国第二任总统约翰·亚当斯，1902年被西奥多·罗斯福总统正式命名为"白宫"。从建成投入使用开始，白宫就是历任美国总统的官邸和办公室，白宫也就成了美国政府的代名词。白宫是一幢白色的新古典风格砂岩建筑物，共占地7.3万多平方千米，由主楼和东、西两翼三部分组成。白宫每周的星期二到星期五对外开放，每年参观人数达200多万人。

图10-1　美国白宫（薛阳　供图）

国会大厦是华盛顿D.C.的象征，坐落在国会山上，是一座由白色砂岩和白色大理石建造的宏伟的圆顶建筑，通体洁白，给人以神圣纯洁的感受。1863年，自由女神铜像被安放在高高的圆穹顶上。国会大厦圆形大厅里的天花板上和四周墙壁上有哥伦布发现新大陆、美国独立战争等历史上重大历史事件的巨幅壁画。南侧厅是众议院，北侧厅是参议院。国会大厦设有专门的邮局，供参观者发加盖国会大厦专用邮戳的明信片。

华盛顿纪念碑、林肯纪念堂和国会图书馆等每年也会迎来大量的游客参观游览。

2.纽约

纽约别称"大苹果""不夜城""万国之都"等，位于美国纽约州东南部大西洋沿岸，是美国第一大城市及第一大港口。纽约都市圈是世界上较大的城市圈。

公元17世纪初，纽约市这片土地曾经是荷兰人的殖民地，称为新阿姆斯特丹，英荷战争后被英国人夺取，改称纽约。截至2021年，纽约总面积达1214.4平方千米。

纽约在商业、金融、教育、科技和娱乐文化等方面有着巨大的影响力，从综合实力看,世界上没有任何一个城市能超过纽约。纽约以曼哈顿下城及华尔街为龙头金融区,被称为世界的金融中心,美国最大的7家商业银行,有6家设在纽约。美国最大的5家保险公司,有3家设在纽约。世界500强企业中,有17家企业的总部位于纽约,著名的有花旗集团、美国国际集团等。

纽约拥有哥伦比亚大学、纽约大学、洛克菲勒大学等世界名校。纽约时代广场位于百老汇剧院区枢纽,被称作"世界的十字路口",在歌剧和芭蕾舞剧的质量和上演率方面,没有任何一个城市可以与之相提并论,是世界娱乐产业的中心。曼哈顿的唐人街是西半球非常密集的华人集中地。

纽约有许多著名的旅游景点,如大都会博物馆、自由女神像、时代广场、中央公园、联合国总部大楼、美国自然历史博物馆、大中央车站、帝国大厦、华尔街等。

纽约大都会博物馆和法国的卢浮宫、英国大英博物馆、俄罗斯艾尔米塔什博物馆并称"世界四大博物馆"。大都会博物馆创建于公元1869年,建筑呈长方形,正面耸立着8根大理石圆柱,外观气势恢宏,有着一种高大、庄重的艺术气质。博物馆藏品十分丰富,收藏有从古埃及到20世纪全世界各个国家和地区不同历史时期的艺术品,展品分别陈列在3个楼层的大厅内,称得上是世界级的艺术宝库。

自由女神像(见图10-2)耸立在纽约港口的贝德罗岛上,是一尊巨大的铜像,高46米,站立在45米高的底座上。女神身穿古代罗马长袍,头戴光芒四射的冠冕,右手高举火炬,左手抱着美国独立宣言,神态庄严。这座巨大的新古典主义雕塑,是公元1886年为纪念《美国独立宣言》发表100周年,法国人民赠送给美国人民的礼物,是代表两国友谊的艺术珍品,由法国雕塑家弗雷德里克·奥古斯特·巴托尔迪设计,其金属框架由古斯塔夫·埃菲尔建造。雕像的基座是一个大厅,雕像内有168级螺旋状阶梯,游客可以通过阶梯登上雕像顶部。在女神冠冕下,有25个高约1米的铁窗,游客凭窗可以远眺纽约全港景色。自由女神像不仅是纽约的象征,也是美国的象征。

图10-2　自由女神像(薛阳　供图)

知识活页

美利坚合众国首都的确定

第二节 加 拿 大

一、地理概况

（一）自然地理

1. 位置和国土面积

加拿大位于北美洲北部，西濒太平洋，东临大西洋，北靠北冰洋，东北部和丹麦领地格陵兰岛相望，东部和法属圣皮埃尔和密克隆群岛相邻，南方与美国本土接壤，西北方与美国阿拉斯加州相接。加拿大国土面积为998万平方千米，仅次于俄罗斯，位居世界第二。

2. 自然地理特征

加拿大国土面积广阔，地形地貌可分为三部分：西部为科迪勒拉山系，中部是广阔的平原，东部是拉布拉多高原和阿巴拉契亚山脉。西部科迪勒拉山系的落基山脉，许多山峰在海拔4000米以上，最高峰是洛根峰，海拔5951米。加拿大东南部的五大湖中，苏必利尔湖、休伦湖、伊利湖和安大略湖和美国共有。加拿大河湖众多，河流水量大且稳定，蕴藏着巨大的水力资源。加拿大发电量的70%以上是水电，人均水力发电量居世界前列。加拿大森林覆盖率达44%，绝大部分为针叶林，在太平洋沿岸山地、五大湖区和圣劳伦斯河谷一带分布着阔叶林，其中枫树最为广泛，故加拿大有"枫叶之国"的美称。

加拿大大部分国土处于北半球的高纬度地区，约有1/5的国土处于北极圈内，将近一半面积的国土为冻土。因此，加拿大气候比较寒冷，夏季短促，冬季漫长，冬季全国大部分地区有积雪。加拿大国土辽阔，各地差异明显。总体来说，加拿大东部异常寒冷，南部气候适中，西部有阿拉斯加暖流经过，气候温和湿润，中部地区冬夏温差较大。加拿大西部最高气温可达40℃以上，北部最低气温低至－60℃。

（二）人文地理

1. 人口和民族

加拿大总人口3950万（2023年1月），主要为英、法等欧洲后裔，本土居民约占3%，其余为亚洲、拉美、非洲裔等。在加拿大，英语和法语同为官方语言。居民中，信奉天主教的占45%，信奉基督教的占36%。

2.首都和行政区划

加拿大首都是渥太华,其他主要城市还有多伦多、蒙特利尔、温哥华、卡尔加里、埃德蒙顿、魁北克城等。加拿大由10个省和3个地区组成。各省设省督、省长、省议长和省内阁,各地区也设立相应职位和机构。10个省为不列颠哥伦比亚、阿尔伯塔、萨斯喀彻温、曼尼托巴、安大略、魁北克、新不伦瑞克、新斯科舍、爱德华王子岛、纽芬兰和拉布拉多,3个地区为育空、西北、努纳武特。

3.国家象征

加拿大国旗为长方形,长和宽之比为2:1。旗面从左至右由红、白、红3个方形图案组成,两边的红色长方形图案代表大西洋和太平洋,白色正方形图案象征加拿大广阔的国土。中间白色正方形图案中间绘有一片11个角的红色枫树叶,11个角代表着加拿大的10个省和3个地区。

加拿大的国歌为《哦!加拿大》,有英、法两种歌词。加拿大的国树是枫树,河狸是加拿大的国宝。

二、历史和文化

(一)历史沿革

加拿大原为印第安人与因纽特人的居住地。公元17世纪初,加拿大沦为法国殖民地,后被割让给英国。公元1867年7月1日,英国将加拿大省、新不伦瑞克省和新斯科舍省合并为联邦,成为英国最早的自治领,此后,其他省也陆续加入联邦。因此,7月1日成为现在加拿大的国庆日。1926年,加拿大获得外交上的独立。1931年,英国国会通过《威斯敏斯特法案》,加拿大成为英联邦成员国,其议会也获得了同英议会平等的立法权,但仍无修改宪法的权力。1982年,英国女王签署《加拿大宪法法案》,加议会获得立宪、修宪的全部权力。

(二)加拿大文化

加拿大作为独立国家的历史较短,是一个在英法殖民统治基础上建立的移民国家。近代以来,法国尤其是英国先进的资本主义制度被移植到加拿大,促进了加拿大社会的快速发展,加拿大现代文化也发展起来。

1.教育和科技

加拿大教育事业发达,中小学有公立学校、私立学校和教会学校3种,所有儿童都有权享受免费的公立学校教育,中学、小学教育普及率高,12年高中教育的普及率达90%以上。高等学校有社区学院、大学两类,著名大学有女王大学、麦吉尔大学、多伦多大学、不列颠哥伦比亚大学、拉瓦尔大学和阿尔伯塔大学等。

加拿大的科学研究有政府、企业、学校三大系统。第二次世界大战期间,加拿大在科学技术方面就取得了不少成就,主要是原子能与放射科学、胰岛素的发明等。第二次世界大战后，加拿大的科学技术得到更快速度的发展。1962年，加拿大成功发射第一颗通信卫星，进入20世纪80年代后，加拿大在电话、微波技术、卫星、光纤通信、航天科技、遥感技术、微电子工业和生物技术等方面都达到了世界先进水平。加拿大的国际科技合作非常活跃，许多国际科技合作受到政府专项经费或者国际合作基金的支持。

2. 新闻出版

加拿大主流媒体主要有"一社"（加拿大通讯社）、"两报"（《环球邮报》《国家邮报》）、"三台"（加拿大广播公司电视台、加拿大电视台、环球电视台）等。此外，还有《多伦多星报》《蒙特利尔日报》《渥太华公民报》和魁北克《新闻报》等重要的地区性大报。

加拿大通讯社成立于1917年，总部设在多伦多，在加拿大13个城市和美国华盛顿设有分社，是加拿大最大的新闻通讯社。加拿大通讯社和美联社、路透社等国际上大型通讯社有合作关系。加拿大广播公司是加唯一的国有传媒企业，成立于1936年，该公司拥有英、法语两套电视网和英、法、国际台等多套广播，覆盖全国绝大部分地区和人口。

3. 文学艺术

加拿大是移民国家，最早的移民来自英、法两国，他们保持各自的语言和风俗习惯。加拿大文学由法语文学和英语文学两部分组成，是其双重语言的一面镜子。

法语文学最早可以追溯到公元17世纪，但奠定加拿大法语文学早期基础的是19世纪中叶。历史学家弗朗索瓦·格扎维埃·加尔诺编写的加拿大第一部历史《加拿大史》，被誉为"加拿大法语民族的《圣经》"，对促进加拿大民族意识的觉醒做出了特殊的贡献。20世纪是加拿大法语文学的成熟时期，圣德尼·加尔诺、阿兰·格朗布瓦、丽娜·拉尼埃和安娜·埃贝尔被称为"加拿大当代四大诗人"。其他作家还有兰盖、热尔曼·盖弗尔蒙等。女作家加布里埃尔·鲁瓦的长篇小说《转手的幸福》描写第二次世界大战期间蒙特利尔市工人区的生活场景，曾于20世纪50年代初轰动欧美各国，被译成多种文字。

加拿大英语文学可追溯至公元1749年，当时英国开始有计划地向加拿大移民，并传入英国的文化和宗教。弗朗西斯·布鲁克夫人写的《蒙塔格小传》，是加拿大第一部英文小说。1867年加拿大自治领成立至一战前后，加拿大的民族意识高涨，体现新时期的加拿大民族精神的英语文学作品开始不断涌现，代表作有威廉·柯比的历史传奇《金狗》、查尔斯·梅尔的《梦境诗集》等。一望无际的森林、湖泊、寒冷、空旷的原野，星星点点的农户，加拿大英语文学的这些描写至今仍有影响。

三、政治经济和旅游环境

（一）政治制度

加拿大至今没有一部完整的宪法，在各个不同历史时期通过的宪法法案在加拿大政治生活中起着关键作用,其中包括1867年英国议会通过的《不列颠北美法案》。宪法法案的宗旨为和平、秩序和良政等。有关宪法法案规定,加拿大实行联邦议会制,尊英国国王为国家元首,总督是英王在加拿大的代表。内阁总理掌握行政权,议会掌握司法权,最高法院掌握司法权。

现加拿大国家元首是英国国王查尔斯三世,由国王任命的总督代行职权。总督由总理提名,国王任命。现任总督是玛丽·西蒙,于2021年7月就任。

加拿大政府实行内阁制,由众议院中占多数席位的政党领袖出任总理并组阁。1867年加拿大联邦建立以来,基本上由自由党和保守党(前身为进步保守党)轮流执政。现在执政的是自由党政府,于2021年10月26日宣誓就职,内阁总理是贾斯廷·特鲁多。

加拿大议会由参议院和众议院组成,参众两院通过的法案由总督签署后成为法律,总督有权召集和解散议会。加拿大设联邦、省和地方(一般指市)三级法院。最高法院法官均由总理提名,总督任命,75岁退休。

(二)社会经济

加拿大是西方七大工业强国之一,地位仅次于美国、日本、德国、法国、英国和意大利。加拿大地域辽阔,森林和矿产资源丰富,原油储量仅次于委内瑞拉和沙特,居世界第三。加拿大境内89万平方千米为淡水覆盖,可持续性淡水资源占世界的7%。在此基础上,加拿大发展起了发达的制造业、高科技产业和服务业,资源工业、初级制造业和农业是国民经济的主要支柱。加拿大以贸易立国,对外贸依赖较大,经济上受美国影响较深。

2022年,加拿大国内生产总值(GDP)为2.17万亿加元,人均GDP为5.4万加元。加拿大的货币名称加拿大元,1美元≈1.3225加元(2023年6月)。

(三)旅游环境

1970年10月13日,中国与加拿大建立了外交关系,之后双方在多个领域的合作不断加强。这为中加双方旅游合作提供了正常的政治环境。

中国是加拿大第二大客源地,2018年中加两国曾举办"中加旅游年"。根据加拿大统计部公布的数据,中国游客每年能为加拿大带来逾10亿加元的收入。但是,受疫情影响,世界各国的旅游业都遭受了重创,中加双方的旅游业也受到一定影响。2023年开始,中国和加拿大的旅游业都开始恢复。

四、民俗风情

(一)社交礼仪

加拿大人友善、随和、谈吐风趣,被誉为世界上"永不发怒的人"。在加拿大,人们见面的时候行握手礼,如果有异性,一般应由女士先伸手,或者微微欠身鞠躬致意。熟人见面的时候一般直呼姓名,然后握手拥抱,熟人之间问候时往往只喊一声"Hello"。日常社交场合名片的使用不太广泛,名片一般出现于商务交往。交谈的时候应选择大家感兴趣的话题,加拿大人喜欢谈论政治,尤其是本国政治。忌谈年龄、收入、家庭婚姻状况等涉及个人隐私的问题。

加拿大人十分注重公共场所的文明礼貌,在教堂做礼拜,或在剧院看戏、听音乐会的时候要衣着整齐,不随便说话、吃东西,不随意出入。乘坐公共交通工具要按顺序排队,出示月票或买票,要主动给老人、小孩让座,不随地吐痰。

(二)服饰习俗

在日常生活中,加拿大人的着装以欧式为主。上班时间,男士一般穿西装,女士穿套裙。参加社交活动的时候,往往要穿礼服或时装。在休闲场合,则是自由着装。参加应酬的时候,加拿大人都会进行认真的自我修饰,男士须提前理发、修面,女士则无一例外地进行适当的化妆,并佩戴一些首饰。否则,会被视为对社交对象的不尊重。

(三)饮食习俗

加拿大人饮食习惯与美国相似,喜欢食用牛肉、鱼类、蛋和各类蔬菜。日常饮食一日三餐,早、午餐比较简单,晚餐比较丰盛。传统菜肴是法国菜,口味清淡,不爱吃辣,饭后喜欢喝咖啡、吃水果。蒙特利尔市被称为"烹调之都",其中用苹果烹制的布罗美湖鸭驰名全国。加拿大人喜欢的饮料主要为白兰地、香槟酒等。

(四)节日和禁忌

在加拿大,全国性的节日有元旦(1月1日)、耶稣受难日(复活节前的星期五)、国庆日(加拿大日,7月1日)、劳动节(9月1日)、感恩节(10月份第二个星期一)、圣诞节(12月25日)。此外,还有冬季狂欢节、枫糖节、母亲节、情人节等。

因为大多数加拿大人为欧洲移民后裔,因此其禁忌和欧洲人有很多相同之处。他们禁忌数字"13"和日期"星期五",认为会带来厄运和灾难。忌讳白色的百合花,因为它会带来死亡的气氛,人们习惯用它来悼念去世的人。忌问女性的年龄和体重等,忌在别人家里或办公室抽烟,忌对别人的宠物公然表示厌恶等。加拿大人民族和国家自豪感很强,反对与美国作比较,更不能拿美国的优点和加拿大比较。

五、旅游资源和著名景点

(一)旅游业和旅游资源

加拿大是北美洲的重要国家,幅员辽阔,自然风光奇异多样,旅游资源丰富,是世界主要旅游大国。加拿大经济发达,依托其高效专业的服务业和完善的法律政策体制,旅游业已成为加拿大的重要经济部门。2019年加拿大政府发布的联邦预算中,首次将旅游作为支柱型产业,与农业食品、清洁能源、制造业、数字产业等并列为国家"经济驱动力",并宣布采取一系列新措施推动旅游发展,从基础建设、入境服务、就业培训和文旅结合等多方面入手,以提升入境游客数量、入境旅游质量和国内旅游开发为核心,加大政府对旅游业的大力扶持。2019年前三季度,加拿大旅游业产值约297亿加元,接待外国游客约2210万人次,同比增长约1%。

(二)主要旅游城市和旅游景点

加拿大是世界上的发达国家之一,城市经济和城市旅游发达,主要旅游城市有温哥华、渥太华、多伦多、蒙特利尔、魁北克城等。

1. 渥太华

渥太华是加拿大的首都,位于安大略省东南部、渥太华河南岸,也是全国政治、经济、文化和交通中心,面积4715平方千米,属于加拿大第四大城市。渥太华地处北美大陆中部,市区坐落于大湖和圣劳伦斯河流域盆地,位于3条河流的交汇处,分别是渥太华河、加蒂诺河和里多河,因此该市水力资源较为丰富。同时,渥太华所在的区域属于大湖-圣劳伦斯林区,是加拿大第二大林区,约占全国森林面积6.5%。该林区以混交林为主,主要树种有东方白松、红松、东方铁杉、黄桦、糖械、红械和红橡等。该地区平均海拔约109米,纬度较高,蒸发量小,气候湿润,植被覆盖率高,有良好的生态环境。渥太华属湿润大陆性气候,由于北面没有高大的山脉,冬季来自北极的强冷气流可以毫无阻挡地横扫渥太华大地,使得这里气候寒冷多雪。渥太华1月平均气温为-11℃,是世界上较寒冷的首都,最低气温曾达-39℃,故有人称其为"严寒之都"。春天一来,整个城市布满了郁金香,因此渥太华有"郁金香城"的美誉。

渥太华这个名字的意思是"贸易",常被华人简称为"渥京"。经过100多年的发展,现在的渥太华已成为一个具有多元文化、高水准生活水平、低失业率的大城市。

渥太华森林是一座花园城市,每年有200万左右游客到此观光游览。有里多运河穿过渥太华市中心,里多运河以西为上城,这里围绕着国会山,集中了不少政府机关。渥太华河畔国会山麓的国会大厦是一片意大利哥特式建筑群,中央有一座高88.7米的和平塔,塔的左右分别是众议院和参议院,其后是国会图书馆。国会山正南沿着里多运河的联邦广场中央耸立着国内战争纪念碑。在国会大厦对面的威灵顿大街上,云集着联邦政府大厦、司法大楼、最高法院、中央银行等重要建筑。里多运河以东为下城区,这里是法语居民集中的地区,拥有市政厅、国家档案馆等著名建筑。渥太华其他著名景点还有国家艺术中心、国家画廊、国家美术馆、国家自然博物馆、国家科技博物馆、国家文明博物馆等。

2. 多伦多

多伦多位于加拿大安大略湖的西北沿岸,是安大略省的省会,面积7125平方千米。多伦多是加拿大第一大城市,也是加拿大的政治、经济、文化和交通中心,是世界著名的国际大都市。多伦多还是世界级的金融中心之一,多伦多证券交易所是世界第七大交易所。多伦多在金融、商业服务、电信、宇航、交通运输、媒体、艺术、电影、电视制作、出版、软件、医药研究、教育、旅游和体育等产业具有世界先进水平。多伦多有半数的居民是来自全球各国100多个民族的移民,多元的族裔特色,使得这里汇集了世界上140多种语言,成为全世界多元化的城市之一。多伦多已连续多年被联合国人居署评为"全球最宜居的城市"之一。同时,多伦多也是世界上非常安全、富裕和拥有高生活水准的城市。多伦多下属5个区,分别是西多伦多、约克区、东多伦多、北多伦多和密西沙加。

多伦多的主要旅游景点有加拿大国家电视塔、天虹体育馆、皇家安大略博物馆、安大略艺术馆、加登纳陶瓷艺术博物馆、贝塔鞋履博物馆、安大略科学中心、冰球名人堂、东约克广场上安大略华人集资建造的孙中山铜像等。

3. 尼亚加拉瀑布

尼亚加拉瀑布位于加拿大安大略省和美国纽约州的交界处,瀑布源头为尼亚加拉河,主瀑布位于加拿大境内。尼亚加拉河的水流在不足2千米长的河段里,以每小时35.4千米的速度冲下悬崖,形成15.8米的落差,演绎出世界上最狂野的漩涡激流。这股激流经过左岸加拿大的昆斯顿、右岸美国的利维斯顿,冲过"魔鬼洞急流",沿着最后的"利维斯顿支流峡谷"由西向东进入安大略湖。

尼亚加拉瀑布由三部分组成,从大到小依次为马蹄形瀑布、美利坚瀑布和新娘面纱瀑布。马蹄形瀑布位于加拿大境内,因其形状如马蹄而得名;美利坚瀑布和新娘面纱瀑布则在美国境内。在美国境内看到的只是尼亚加拉瀑布的侧面,而在加拿大可以一览全貌。在加拿大安大略省境内的马蹄形瀑布高达56米,长约675米(这个数字会随着水量的变化而变化),这是尼亚加拉瀑布最壮观的景象。

美国和加拿大两国一直很重视尼亚加拉瀑布的旅游开发,19世纪20年代,尼亚加拉瀑布城就已成为旅游胜地。早在1885年加拿大建国之初,加拿大政府就建立起尼亚加拉公园管理委员会,负责保护这一地区的自然、人文遗迹。美国和加拿大两国还分别建立了一个名叫"尼亚加拉瀑布市"的旅游城市,用于发展旅游业。在加拿大一侧建有维多利亚女王公园,美国一侧建有尼亚加拉公园,瀑布四周建立有4座高塔,游人可以乘电梯登塔,瞭望全景,也可以乘电梯深入地下隧道,钻到大瀑布下面,倾听瀑布落下时雷鸣般的响声。

教学互动

尼亚加拉大瀑布希尔顿酒店

尼亚加拉大瀑布希尔顿酒店位于加拿大安大略省尼亚加拉瀑布市的城市核心地带,是加拿大最高的酒店。每天清晨,睁眼便能迎接尼亚加拉大瀑布的日出、毫无距离感的壮阔瀑布,稍稍俯首,便会看见大瀑布以铺天盖地的磅礴气势飞流直下,带来令人震撼的视觉效果。

——资料来源:根据有关资料整理

思考并讨论：

请搜集尼亚加拉大瀑布希尔顿酒店不同季节酒店房间预订价格等信息，为相关旅游产品设计提供素材。

本章小结

美洲旅游区是中国出入境旅游市场中重要地区之一，涉及国家较多，可以分为北美洲和拉丁美洲两大地区分别学习。本章主要介绍了北美洲的美国和加拿大的基本情况，这两个国家特别是美国，是高度发达的资本主义国家，旅游业发达。通过对美国和加拿大这两个国家的地理环境、历史文化、政治经济、旅游环境、民俗风情和旅游资源等知识进行全面梳理，期望读者们对这些国家有一个全面的了解。

知识训练

能力训练

1. 美国作为一个年轻的国家，在文化和科技领域却取得了许多领先世界的成就，主要表现在有哪些方面？这对我们中国这个世界上极大的发展中国家有哪些启发和借鉴？

2. 请从出境领队的角度，对美国和加拿大的自然和人文地理加以介绍，然后分别选择这两个国家一个重要的旅游城市和代表性旅游景点写一篇讲解词，并进行讲解训练。

第十一章 拉丁美洲

本章概要

本章主要内容包括：拉丁美洲的墨西哥、巴西、阿根廷等国家旅游地理、历史人文、政治经济、旅游环境、民俗风情和旅游资源等基本知识。学好本章内容，可以为做好本旅游区相关国家的游客团队接待和出境拉丁美洲旅游领队工作打好基础。

学习目标

知识目标

1. 了解拉丁美洲主要旅游客源地和旅游目的地，比较重要的是墨西哥、巴西和阿根廷等国家。
2. 理解拉丁美洲主要国家在中国出入境旅游市场中的地位。
3. 掌握墨西哥、巴西和阿根廷等国家的基本知识，包括地理环境、历史文化、政治经济、民俗风情和主要旅游资源等。

能力目标

1. 能说出拉丁美洲主要国家的旅游地理基本知识，如国家名称、地理位置、首都和主要旅游城市、著名旅游景点等知识。
2. 能理解拉丁美洲主要国家的历史事件、文化成就、政治经济状况和民俗风情等，并能够对其中的重要问题进行阐释。
3. 能用所学知识对墨西哥、巴西和阿根廷等国家的主要旅游城市和代表性景点进行导游讲解。

素养目标

1. 了解拉丁美洲各国与中国同属发展中国家，增强伙伴意识，通过专业和未来职业的发展为拓宽中国的国际发展空间做出自己的贡献。
2. 通过融入中国"一带一路"合作倡议相关内容，培养学生的国家观、全局观及合作意识。

第十一章　拉丁美洲

知识导图

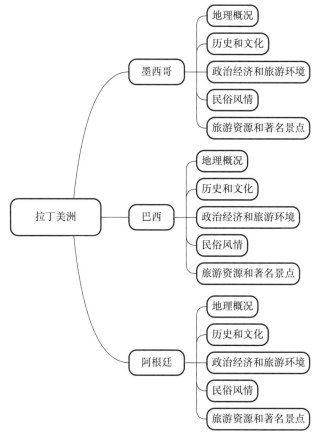

章节要点

　　拉丁美洲是世界旅游市场的重要组成部分，其中墨西哥、巴西和阿根廷是世界上重要的发展中国家，具有重要的地区影响力。墨西哥、巴西和阿根廷的历史文化、民俗风情，以及主要旅游城市和景点是本章学习的重点。

章首案例

拉丁美洲与足球

　　凌晨的阿根廷对决克罗地亚是最后一支拉美足球队的赛场，在阿根廷人眼中，梅西就像是弥赛亚一样。同样的，点球大战输了的巴西队，他们就是被克罗地亚击败的。点球大战中，压轴的内马尔甚至都不敢睁开眼睛看，最终，拉丁美洲足球队只剩下了阿根廷。而巴西人则希望阿根廷能够把大力神杯带回拉丁美洲，这一刻，无论出于什么原因，拉美人在足球上保持了一致。

无论是欧洲的五大联赛,还是世界杯中,来自拉丁美洲的球员和球队都是非常惊艳的。

——资料来源:知乎文章《拉丁美洲与足球》,发布于2022年12月13日

阅读案例并思考:
你对拉丁美洲旅游区有何印象?拉丁美洲有哪些国家需要我们重点学习呢?

第一节 墨 西 哥

一、地理概况

(一)自然地理

墨西哥合众国简称墨西哥,位于北美洲南部,北部同美国接壤,南侧和西侧濒临太平洋,东南濒临加勒比海,与伯利兹、危地马拉接壤,东部则为墨西哥湾。墨西哥国土面积约196.44万平方千米,在美洲排名第5、世界排名第14,是中美洲面积最大的国家,海岸线长11122千米,有300万平方千米经济专属区和35.8万平方千米大陆架。

墨西哥地处拉丁美洲西北端,著名的特万特佩克地峡将北美洲和中美洲连成一片,是南、北美洲陆路交通的必经之地,素称"陆上桥梁"。墨西哥全国面积的5/6左右为高原和山地,墨西哥高原居中,两侧为东西马德雷山,以南是新火山山脉和南马德雷山,东南为地势平坦的尤卡坦半岛,沿海多狭长平原。全国最高峰奥里萨巴火山海拔5700米。墨西哥主要河流有布拉沃河、巴尔萨斯河和亚基河。湖泊多分布在中部高原的山间盆地中,最大的是查帕拉湖,面积1109平方千米。

墨西哥气候复杂多样,沿海和东南部平原属热带气候,年平均气温为25—27.7℃;墨西哥高原终年气候温和;西北内陆为大陆性气候。墨西哥大部分地区全年分旱、雨两季,雨季集中了全年75%的降水量。墨西哥境内多为高原地形,冬无严寒,夏无酷暑,四季万木常青,故享有"高原明珠"的美称。

(二)人文地理

墨西哥总人口1.29亿(2023年),居全球第11位,在拉丁美洲仅次于巴西,位居第2位,其中印欧混血人和印第安人占总人口的90%以上。墨西哥官方语言为西班牙语,此外,还有360种美洲印第安语言。墨西哥88%的居民信奉天主教,还有些信奉新教、福音派、非福音圣经教、犹太教以及其他宗教。墨西哥首都为墨西哥城。墨西哥全国划分为32个州(首都墨西哥城已由联邦区改为州),州下设(镇)和村,联邦区下设区。

墨西哥国旗呈长方形,长与宽之比为7:4。从左至右由绿、白、红3个平行相等的竖长方形组成,白色部分中间绘有墨西哥国徽,图案内容来自关于墨西哥历史的传说。绿色象征独立和希望,白色象征和平与宗教信仰,红色象征国家统一。

墨西哥国徽为一只展翅的雄鹰嘴里叼着一条蛇,一只爪抓着蛇身,另一只爪踩在从湖中的岩石上生长出的仙人掌上,象征着墨西哥民族顽强的斗争精神。图案下方为橡树和月桂树枝叶,象征力量、忠诚与和平。这组图案描绘了墨西哥人的祖先阿兹特克人建国的历史。相传在很久以前,太阳神为了拯救四处流浪的墨西哥人祖先阿兹特克人,托梦给他们,只要见到鹰叼着蛇站在仙人掌上,就在那个地方定居下来。居住在墨西哥北部地区的阿兹特克人在太阳神的启示下,找到图案中所描绘的地方定居下来,这个地方在特斯科科湖的岛上,建立了现在的墨西哥城。

墨西哥的国歌是《墨西哥人响应战争号召》。国歌演奏时,将右手手心朝下平放于左胸前,以示敬礼。墨西哥的国鸟是金雕,国花是仙人掌,国石是黑曜石。

二、历史和文化

(一)历史沿革

公元前7000年左右,定居在墨西哥一带的印第安人开始农业种植,墨西哥的历史也因此而逐步产生。墨西哥的历史可以简略地分为三个阶段:印第安时期、殖民地时期、独立至今。

1. 印第安时期

公元15世纪,欧洲人发现美洲大陆之前,印第人在墨西哥这片土地上创造了光辉灿烂的古代印第安文化,先后出现了奥尔梅克、玛雅、阿兹特克等璀璨的古代文明。奥尔梅克文化是墨西哥和中美洲最早的文明,其主要的建筑物有金字塔、巨石雕刻、绿玉雕刻和陶俑等。玛雅文化是世界著名的古代文明,无论在建筑、数学、天文、文字、宗教各个方面均取得难以想象的成就,达到相当高的水平。晚期阿兹特克人的农业和商业十分发达,在建筑、文字、医药等方面也取得一定成就,并兴建了当时极为繁荣的特诺奇蒂特兰城(即如今墨西哥城的前身)。随着公元1492年哥伦布发现这片美洲新大陆之后,西班牙殖民者开始占领这里,原有的印第安文化的发展得以中断。

2. 殖民地时期

公元1521年,西班牙人赫尔南·科尔特斯率军逐步征服了墨西哥,并把这里更名为新西班牙。西班牙王室将土地连同当地印第安人赐给征服者,实行委托监护制,强迫印第安人服劳役。在接下来的300年当中,作为西班牙的海外殖民地,墨西哥的主要任务就是生产贵重金属并开发工业原料给西班牙制造商品,同时为西班牙工业产品的销售提供市场。西班牙殖民统治后期,这里的经济也有了一定的发展,出现了纺织、皮革、冶炼、酿酒、造船等工业。殖民时期,墨西哥人民曾多次反抗西班牙的统治,到19世纪初,各种阶级矛盾日益激化,独立的呼声开始席卷墨西哥。

3. 独立至今

公元1810年,墨西哥独立战争爆发,米格尔·伊达尔戈神父领导了起义,反抗西班牙的殖民统治。公元1821年,墨西哥取得独立,翻开历史新的一页。1917年,《墨西哥民主宪法》的颁布标志着资产阶级民主革命的成功,从此,墨西哥走上独立发展的道路。

(二)传统文化

墨西哥是美洲文明古国,曾孕育了奥尔梅克、玛雅、阿兹特克等古印第安文化。墨西哥在历史发展过程中,将印第安土著文化和欧洲文化融为一体,形成了自己独具特色的歌舞、音乐、绘画、戏剧等各种民族文化。

1. 舞蹈艺术

墨西哥民族舞蹈艺术极有特色,名为"墨西哥民俗芭蕾"的大型历史文化舞蹈由墨西哥著名艺术家阿玛利亚·埃尔南德斯编排而成。该舞蹈剧融合了墨西哥全国各具特色的民俗文化,并表现了墨西哥独立200周年以来的历史演变。1958年以来,该舞蹈剧一直受到墨西哥民众以及外国旅游者的喜爱,同时也得到了墨西哥国内及国际评论家的推崇,认为舞蹈剧是墨西哥一项重要的艺术成果。

2. 文学艺术

墨西哥文学在拉美独树一帜。作家奥克塔维奥·帕斯的作品因"充满激情,视野开阔,渗透着感悟的智慧并体现了完美的人道主义"而获得1990年诺贝尔文学奖,代表作品有《太阳石》《假释的自由》《孤独的迷宫》等。胡安·鲁尔福、卡洛斯·富恩特斯等作家也都是现代墨西哥西班牙语文坛巨匠。墨西哥壁画举世闻名,里维拉、奥罗斯科、西凯罗斯为杰出壁画家。

三、政治经济和旅游环境

(一)政治制度

公元1824年,墨西哥颁布独立后第一部宪法。1917年2月5日,墨西哥颁布《墨西哥合众国宪法》,历经多次修改后执行至今。宪法规定墨西哥实行总统制,总统通过直接普选产生,立法、行政、司法三权分立。总统是国家元首和政府首脑,掌握行政权,任期6年,终身不得再任,不设副总统职位。墨西哥议会称为联邦议会,分为参、众两院,行使立法权。两院议员不得连选连任,但可隔届竞选。司法机构分为最高法院、大区法院(巡回法院)和地区法院三级,行使司法权。宪法还规定,墨西哥的土地、水域及其他一切自然资源归国家所有;工人有权组织工会、罢工等。联邦各州制定本州宪法,但州政府的权力受到国家宪法约束。

墨西哥现任总统是安德烈斯·曼努埃尔·洛佩斯·奥夫拉多尔。2018年7月,他作为国家复兴运动党、社会共识党和劳动党组成的"我们共同创造历史"联盟总统候选人赢得大选,并于2018年12月就职,任期6年。

（二）社会经济

墨西哥自然资源丰富，在不同历史时期赢得了"仙人掌的国度""白银王国""浮在油海上的国家"等美誉。这为墨西哥的经济发展提供了良好基础，国内生产总值居拉美国家的前列。墨西哥是传统农业国，在古代，印第安人就培育出了玉米，故墨西哥有"玉米的故乡"之称，番茄、甘薯、烟草的原产地也在墨西哥。农业是现代墨西哥经济的重要部门，全国耕地有2300万公顷，主要农作物有玉米、小麦、棉花、咖啡、甘蔗、剑麻等。工矿业在墨西哥经济中占重要地位，门类齐全。其中，采矿业以原油、银、硫磺、汞、铅为主，年产原油9.6亿桶、银2300吨，还开采天然气、汞、铁、锌、锑、铜、金、萤石等。工业以有色冶金、钢铁、石油提炼、电力、化学、汽车制造、纺织、食品加工为主，钢铁、石油、电力等主要工业部门的产量居拉美前列。墨西哥的主要外贸对象是美国、德国、西班牙、日本等国，出口原油、咖啡、蔗糖、棉花、大虾、玉米、水果、蜂蜜、硫磺、铅、锌、钢铁、纺织品、化工产品等，进口机器设备、运输机械、石油产品、粮食、工业原料和轻工业品等。

2022年，墨西哥国内生产总值（GDP）为1.4万亿美元，同比增长3.1%。墨西哥官方货币为墨西哥比索，1美元≈16.8308比索，1人民币≈2.3518墨西哥比索（2023年7月）。

（三）旅游环境

中国同墨西哥于1972年2月14日建交。2003年12月，两国建立战略伙伴关系。2013年6月，习近平主席访墨期间，两国元首共同宣布将双边关系提升为全面战略伙伴关系。

中国是墨西哥第二大贸易伙伴，墨西哥是中国在拉美第二大贸易伙伴。墨西哥是中国公民出境旅游目的地国，2018年起，中国成为墨西哥在亚洲地区第一大游客来源国。中墨两国有3条直航航线，分别是墨西哥航空公司的墨西哥—上海航线、南方航空公司的广州—墨西哥航线、海南航空公司开通的北京—蒂华纳—墨西哥城直航航线。中墨两国旅游合作有很好的发展前景。

四、民俗风情

（一）社交习俗

在墨西哥，熟人见面时流行拥抱礼与亲吻礼。在上流社会，男士往往还会温文尔雅地向女士行吻手礼。墨西哥人习惯使用的称呼是在交往对象的姓氏前面加上"先生""小姐"或"夫人"等尊称。赴约时，墨西哥人一般都不习惯准时到达约会地点。通常情况下，他们总要比双方事先约定的时间晚上一刻钟到半个小时。在他们看来，这是一种待人的礼貌。

(二)服饰习俗

墨西哥人的穿着打扮既具有强烈的现代气息,又具有浓厚的民族特色。在墨西哥人的传统服饰中,名气较大的是恰鲁和支那波婆兰那。恰鲁是一种类似于骑士服的男装,看起来又帅又酷。支那波婆兰那则为一种裙式女装,穿起来让人显得高贵、大方。墨西哥人在公共场合着装严谨而庄重。在他们看来,大庭广众之下,男子穿短裤,女子穿长裤,都是不合适的。因此,在墨西哥出入公共场合时,男子一定要穿长裤,女子则务必穿长裙。

(三)饮食习俗

墨西哥人的传统食物主要是玉米、菜豆和辣椒,它们被称为墨西哥人餐桌上必备的"三大件"。墨西哥的菜以辣为主,有人甚至在吃水果时也要加入一些辣椒粉。墨西哥人还有吃仙人掌的嗜好。在他们看来,仙人掌与香蕉、菠萝、西瓜一样,可以当水果吃。在墨西哥,很多地方都喜欢以昆虫做菜,内陆居民常以斑鸠、松鼠、石鸡等入菜。墨西哥人还以嗜酒闻名于世。宾客上门,习惯先以酒招待。在墨西哥城,人们可以买到墨西哥各地的特产,如辣椒、龙舌兰酒和海产。

(四)禁忌

墨西哥人忌讳"13""星期五",认为这些都是不吉利、令人可怕的数字和日期。虽然他们常用亲吻礼,但忌讳相互不熟悉的男子之间亲吻或吻手。忌讳有人送给他们黄色的花和红色的花,他们认为黄色意味着死亡,红色花会给人带来晦气。他们忌讳蝙蝠及其图案和艺术造型。

五、旅游资源和著名景点

(一)旅游业和旅游资源

墨西哥是旅游资源大国,也是世界文物大国。截至2018年,墨西哥被联合国教科文组织确定的世界遗产有35处,在世界排名第七,在拉美排名第一。墨西哥著名的文物古迹有太阳和月亮金字塔及奇琴伊察、图伦、乌兹玛尔、帕伦克等遗址,都是其重要的旅游资源。

(二)主要旅游城市和景点

1.墨西哥城

墨西哥城是墨西哥的首都,位于墨西哥中南部高原的山谷中,海拔2240米,面积1500平方千米,号称世界最大的城市。墨西哥是一个具有悠久历史的文明古国。闻名世界的奥尔梅克文化、玛雅文化、阿兹特克文化等均为墨西哥印第安人所创造。墨西哥城是西半球古老的城市之一,市内以及城市周围有星罗棋布的古印第安人文化遗迹,这是墨西哥也是全人类文明历史的宝贵财产。查布尔特佩克公园内的人类学博物馆是拉丁美洲最大和最著名的博物馆,博物馆集古印第安文物之大成,介绍了人类学、墨西哥文化的起源以及印第安人的民族、艺术、宗教和生活,仅西班牙人入侵前的历史文物展品就有60多万件。博物馆的建筑融印第安传统风格与现代艺术于一体,充分表现出墨西哥人民深厚的文化内涵。

位于墨西哥城东北部40千米处的太阳和月亮金字塔是阿兹特克人所建特奥蒂瓦坎古城遗迹的主要组成部分,也是阿兹特克文化保存至今的最耀眼的一颗明珠。太阳金字塔高65米,体积100万立方米,是当年祭祀太阳神的地方。月亮金字塔位于亡灵大道北端,建造时间晚于太阳金字塔约200年,塔基规模为150米×120米,以100万吨左右的泥土和砂石堆砌而成,外壁同样饰有华丽的图画。月亮金字塔虽规模较小,但建造精细,其200多级台阶每级倾斜角度皆不相同。塔前旷阔的月亮广场上矗立着美丽的鸟蝶宫,同样是特奥蒂瓦坎的主要遗迹之一。1987年,联合国教科文组织宣布太阳和月亮金字塔古迹为人类共同遗产。

墨西哥城享有"壁画之都"的美誉,壁画以分布广、画面大、色彩鲜艳、题材广泛著称,并且富有浓郁的民族风格,全国80%以上的壁画集中在这里。墨西哥国家自治大学图书馆主楼四壁光彩夺目的壁画便是闻名于世的代表作。

2. 坎昆

坎昆是墨西哥著名国际旅游城市,位于加勒比海北部、墨西哥尤卡坦半岛东北端,过去它只是加勒比海中靠近大陆的一座长21千米、宽仅400米的狭长小岛。整个岛呈蛇形,西北端和西南端有大桥与尤卡坦半岛相连,隔尤卡坦海峡与古巴岛遥遥相对。坎昆三面环海,风光旖旎,是"世界公认的十大海滩"之一,在洁白的海岸上享受加勒比的阳光是人们休闲假期的最高境界。在玛雅语中,坎昆意为"挂在彩虹一端的瓦罐",被认为是欢乐和幸福的象征。这里的海面平静清澈,因其深浅、海底生物情况和阳光照射等原因,呈现出白色、天蓝、深蓝、黑色等多种颜色。还可以游览拉里维拉玛雅,去发现卡尔门海滩、斯卡雷特和西尔哈,以及面对大海、唯一有围墙的玛雅文化城市和引人入胜的考古区图伦。在尤卡坦半岛东北部的奇琴—伊察,还有闻名世界的库库尔坎金字塔。库库尔坎在玛雅语中意为"带羽毛的蛇神",被当地人认为是风调雨顺的象征。此外,在距坎昆130千米处还有图伦遗址,据说,这是迄今墨西哥保存最好的一座玛雅和托尔特克人的古城。

3. 尤卡坦半岛

尤卡坦半岛是玛雅人的故乡,现在半岛的密林深处仍可见到玛雅人的城市遗迹。这里有雕刻精美、造型生动的神像,有用蜂蜜、蛋清和石灰调浆粉刷的纪念碑,往日的祭坛、住宅和其他场所依稀可辨,还有镌刻着古老象形文字的石头。玛雅人建造的金字塔巧夺天工,令人叹服。金字塔的底部呈四方形,4个斜面上筑有台阶,可以分别拾级而上,还有一小台阶直通最高处的小神龛。玛雅人的金字塔是用来观察天体变化的,他们的天文知识广博,玛雅历法把1年分为18个月,每月20天,另有5天为禁忌日,其和正好是地球绕太阳一周的时间,而台阶的总数目也正好暗合365这个数字。玛雅历法中的每年5月1日和9月1日,相当于中国农历的春分和秋分,这两天太阳直射赤道,白天黑夜等长,由于阳光和阴影的巧合,便可在玛雅人所建的观测天文的建筑物的墙壁上映现出一条蛇的形象。这是一种把精确的天文计算与精美的建筑艺术相结合的奇迹。玛雅人独特的文化吸引着世界各地的旅游者,随着交通的改善,前来这里游览的人更是络绎不绝,旅游业已成为尤卡坦半岛的重要经济支柱。

4. 杜伦古城

杜伦古城是玛雅文化后期的重要遗址,坐落于尤卡坦半岛东北部加勒比海沿岸,距离著名度假胜地坎昆约130千米。杜伦古城曾是公元14世纪玛雅文化末期的宗教城市,现今遗址保存尚好,其中有超过60栋石头建筑,以屹立于悬崖之上的Castillo古城大神殿最为著名。此外,Templo de los Frescos神殿也很完整,是主要游览区。杜伦古城遗址有5个入口,西面1个,南北各2个,东面就是面临加勒比海的悬崖峭壁。城中央耸立着高高的梯形大神殿,仿佛古埃及的小型梯级金字塔,据说这里就是力量的源头,神殿四周都有雕刻装饰,旁边还有一些古怪的雕像。

5. 奇琴伊察古城遗址

奇琴伊察古城遗址位于墨西哥东南部的尤卡坦州。1988年,联合国教科文组织将奇琴伊察古城遗址作为文化遗产列入《世界遗产名录》。奇琴伊察古城始建于公元5世纪,公元11世纪—13世纪发展达到顶峰。著名建筑是库库尔坎金字塔和塔顶上的羽蛇神庙。金字塔高达24米,塔的每边都有91级台阶,加上顶部的平台,共有台阶365级,代表玛雅太阳历中的一年。石阶两边,有雕刻成巨蛇形的石砌栏杆。塔顶上的羽蛇神庙高6米,内部使用了羽蛇形状的石柱装饰。库库尔坎金字塔以西有一座虎庙,虎庙得名于寺庙顶部一座老虎造型的雕像,庙内有一幅描绘城市争夺战的壁画。

6. 乌斯马尔古城遗址

乌斯马尔古城遗址位于墨西哥东南部的尤卡坦州。1996年,联合国教科文组织将乌斯马尔古城遗址作为文化遗产列入《世界遗产名录》。乌斯马尔古城是公元600—900年玛雅文化鼎盛时期的代表性城市。早在公元前800年左右,就已经有人类在这里居住。文化和经济的交流,使乌斯马尔发展成为尤卡坦半岛北部的政治、经济和宗教中心。公元10世纪末,乌斯马尔与奇琴伊察、玛雅潘两城联盟,因而更加繁荣。

第二节 巴　西

一、地理概况

(一)自然地理

巴西位于南美洲东部,东濒大西洋,西界秘鲁、玻利维亚,南接巴拉圭、阿根廷和乌拉圭,北邻法属圭亚那、苏里南、圭亚那、委内瑞拉和哥伦比亚,是南美洲最大的国家,国土面积851.04万平方千米,居世界第5位。

巴西地形以高原和平原为主,高原占全国面积的1/2以上。北部是圭亚那高原,东部为巴西高原。巴西高原是世界上最大的高原,地势北低南高,起伏平缓,地面覆盖着热带草原,地下蕴藏着丰富的矿藏。亚马孙河从巴西境内穿过,这是世界上流量最大、流域最广、支流最多的河流。巴西高原和圭亚那高原之间是广阔的亚马孙平原,占全国面积的1/3,是世界上面积最大的冲积平原。平原西宽东窄,地势平坦,大部分地区海拔在300米以下。

巴西海岸线长约7400千米。巴西国土的80%位于热带地区,最南端属亚热带气候。北部亚马孙平原属赤道(热带)雨林气候,年平均气温27—29℃。中部高原属热带草原气候,分旱、雨两季,年平均气温18—28℃。南部地区年平均气温16—19℃。

(二)人文地理

巴西总人口约2.1亿(2023年),是拉美地区人口最多的国家,其中白种人占53.74%,黑白混血种人占38.45%,黑种人占6.21%,黄种人和印第安人等占1.6%。巴西官方语言为葡萄牙语,约50%的居民信奉天主教,31%的居民信奉基督教福音教派。

巴西种族和文化差异显著。南部居民多有欧洲血统,可溯源到公元19世纪初来自意大利、德国、波兰、西班牙、乌克兰和葡萄牙等国的移民。而北部和东北部的居民部分是本土居民,部分具有欧洲或非洲血统。东南地区是巴西民族分布最广泛的地区,该地区主要有白人(主要是葡萄牙后裔和意大利后裔)混血、非洲巴西混血以及亚洲和印第安人后代。

巴西首都巴西利亚,是巴西第四大城市,而第一大城市是圣保罗。巴西共分为26个州和1个联邦区(即巴西利亚联邦区),州下设市,共有5570个市。

巴西国旗呈绿色长方形,中央为黄色菱形,菱形中间是深蓝色圆形天球仪,其上有一条拱形白带。绿色和黄色是巴西的国色,绿色象征森林,黄色象征矿藏和资源。

巴西的国歌是《听,伊皮兰加的呼声》。巴西的国花是毛蟹爪兰,是原产自巴西、墨西哥热带雨林中的一种附生植物。

二、历史和文化

(一)历史沿革

古代巴西为印第安人居住地。公元1500年,葡萄牙航海家佩德罗·卡布拉尔抵达巴西。他将这片土地命名为"圣十字架",并宣布归葡萄牙所有。由于葡萄牙殖民者的掠夺是从砍伐巴西红木开始的,"红木"(Brasil)一词逐渐代替了"圣十字架",成为巴西国名,并沿用至今,其中文音译为"巴西"。公元16世纪30年代,葡萄牙在巴西建立殖民地,公元1549年任命总督。公元1807年,拿破仑入侵葡萄牙,葡萄牙王室迁往巴西。公元1820年,葡萄牙王室又迁回里斯本,王子佩德罗留在巴西任摄政王。公元1822

年,巴西宣布完全脱离葡萄牙独立,建立巴西帝国。公元1889年,成立巴西合众国。1964年3月31日,军人政变控制政府,实行军人独裁统治,1967年改国名为巴西联邦共和国。1985年1月,反对党在总统间接选举中获胜,结束军人执政。1989年11月15日,巴西举行了近30年来第一次全民直接选举,费尔南多·科洛尔当选总统。2002年10月,以劳工党为首的左翼政党联盟候选人卢拉赢得大选,成为巴历史上首位直选左翼总统。

(二)文化艺术

巴西文化可以分为古代印第安文化、殖民地文化和近代、现代文化。古代印第安文化是由印第安本土居民创造的。葡萄牙殖民者到达巴西后,在巴西形成了以葡萄牙文化为主的欧洲文化、非洲文化和亚洲文化同当地文化相结合的混合文化。巴西独立后,这种带有混合特点的传统民俗文化得到长足的发展,其内容更加丰富,形式更加多样化。最能集中表现这种混合文化特点的是民间舞蹈和音乐。

巴西还是世界足球大国,足球运动不仅是巴西民众的共同爱好,也是整个民族的骄傲,巴西被称为"足球大国"。巴西的主要节日有元旦、狂欢节、耶稣受难日、巴西民族独立运动日、万圣节、圣诞节等。

三、政治经济和旅游环境

(一)政治制度

1988年,巴西颁布历史上第八部宪法,规定总统由直接选举产生,任期5年,取消总统直接颁布法令的权力。在公民权利方面,宪法保障人身自由,取消新闻审查,规定罢工合法,16岁以上公民有选举权等。1994年和1997年,议会通过宪法修正案,将总统任期缩短为4年,总统和各州、市长均可连选连任一次。

巴西是总统联邦共和制政体。总统是国家政治体制的核心,集国家元首和政府首脑于一身,由直接选举产生。国民议会由参议院和众议院组成,行使立法权,为国家最高权力机构。两院议长、副议长每2年改选一次,同一届议员任期内不可连选连任。内阁为政府行政机构,内阁成员由总统任命。

2018年10月,巴西举行总统大选,社会自由党候选人博索纳罗当选新任总统,于2019年1月1日正式就职。2022年10月,卢拉作为劳工党候选人再次赢得大选,于2023年1月1日正式就职。

(二)社会经济

巴西是拉美第一经济大国,经济实力居世界第12位(2022年)。巴西有较为完整的工业体系,工业产值居拉美之首。钢铁、汽车、造船、石油、化工、电力、制鞋等行业在世界享有盛誉,核电、通信、电子、飞机制造、信息、军工等领域的技术水平已跨入世界先进国家行列。巴西农牧业发达,是多种农产品主要生产国和出口国。巴西是世界第一大咖啡生产国和出口国,有"咖啡王国"之称,甘蔗和柑橘的产量居世界之首,大豆产量居世界第二,玉米产量居世界第三。巴西是仅次于美国和德国的世界第三大糖果生产国。巴西的畜牧业以养牛为主。巴西的旅游业久负盛名,为"世界十大旅游创汇国"之一。

2022年,巴西国内生产总值(GDP)达9.9万亿雷亚尔,经济增长率为2.8%,人均GDP 46154.6雷亚尔。巴西的货币名称为雷亚尔。汇率:1美元≈5.04雷亚尔(2023年10月)。

(三)旅游环境

中国与巴西早在200年前就开始交往了,建在里约热内卢蒂茹卡国家公园的中国亭是对公元1812年来此传艺的中国茶农永久的纪念。1974年8月15日,中国与巴西正式建立外交关系。政治、经济、贸易、文化、科技合作顺利发展,中国与巴西两国高层互访频繁。双方除互设大使馆外,中国还在巴西圣保罗、里约热内卢和累西腓设有总领馆,巴西也在中国上海、广州和香港设有总领馆。这为中国与巴西两国旅游合作提供了便利。

巴西总统卢拉对中国进行国事访问

2023年4月12日—15日,巴西总统卢拉对中国开展了为期4天的国事访问。卢拉访华期间,中巴两国签署了减贫、科技创新、航天、信息通信、金融等领域共15项合作文件。双方发表的关于深化全面战略伙伴关系的联合声明共有49项、近7000字,涵盖了中巴关系发展的方方面面。"巴西247"网站发表文章指出,卢拉此访意味着中巴关系进入新时代,为巴西经贸领域带来新机遇,将不仅有助于改善巴西国内状况,还能提升巴西与其他国家开展交流合作的能力。

——资料来源:新华网

请思考:

中国和巴西关系进入新时代,对双方的旅游合作将产生怎样的积极影响?

四、民俗风情

（一）礼仪

巴西人热情奔放，活泼好动，幽默风趣，爱开玩笑，毫不在乎在大众面前表露情感。他们在社交场合与客人相见时，常用的礼节是微笑和握手礼。巴西人也用拳礼相互致敬（先握紧拳头，然后向上伸出拇指），另外，也习惯拥抱、亲颊。社交礼仪的亲颊，是在两颊各亲一下。男女彼此亲颊问候，女性与女性也习惯如此。比较亲近的男性彼此习惯拥抱，并在对方背上重重拍打。巴西人赠送礼物时，接受礼品的人要当面打开包装，并表示谢意。巴西人慷慨好客，到他们家里做客，酒杯里永远有酒，盘子与咖啡杯里永远不空。

"咖啡王国"
——巴西

（二）服饰

巴西民族是一个热情开放的民族，它以博大的胸襟容纳了来自世界各地的移民和文化，并通过兼容并蓄转变成自己的文化，在服装衣着方面也体现了这一特点。在巴西，人们尽可以随着自己的喜好和品位去穿着打扮，只要穿出自己的风格和特点，大家不但不会批评嘲笑，反而会投以欣赏的目光。

巴西人比较注重根据场合穿衣。例如，上班的时候，他们会穿比较正式的服装或是制服、工作服，下班时穿休闲装。遇到婚礼、晚会或舞会，巴西人讲究盛装前往。

（三）饮食

巴西因为是欧、亚、非移民荟萃之地，饮食习惯深受移民国的影响，所以各地习惯不一，极具地方特色。南部地区土地肥沃，牧场很多，烤肉就成为当地常用的大菜。在东北地区，人们的主食是木薯粉和黑豆等，其他地区居民的主食是面、大米和豆类等。蔬菜的消费量，以东南部和南部地区居多。巴西人忌吃奇形怪状的水产品和用两栖动物肉制作的菜品，也不爱吃用牛油制作的点心。

（四）婚嫁

巴西人的婚姻大多是同一阶层的不同家族之间的结合，以此加强各自家庭的力量。合法婚姻有两种：一种是在政府登记，另一种是到教堂登记。在一些偏僻乡村，因为一时无法登记结婚而要同居者，必须由双方家长同意方可，等有了合适的机会再为这些已成婚的夫妇登记，举行集体婚礼。

根据巴西婚嫁的传统习惯，男女双方结婚，男方无须聘礼，只准备一对戒指，准时到教堂举行婚礼就行了。而女方则要负担结婚时所需的一切费用，如操办婚礼的事务费、教堂的使用费、新房的布置费等。有钱人家的女儿出嫁，除了丰厚的嫁妆外，还要陪送新房。陪嫁的财产越多,越能显示出女方家庭的富有和女儿的尊贵地位。男女双方结婚以后,妻子一般不跟丈夫到婆家去住,多数是同自己的父母住在一起。有的女婿干脆也搬到丈母娘家来住,但女婿要负担生活费。在比较贫穷落后的乡村,婚嫁并不那么讲究,一般都是女方嫁到男方家去,聘礼、陪嫁很简便,婚礼也很简单,大都是请客人喝一些甘蔗汁就行了。

(五)禁忌

巴西人忌讳数字"13",认为"13"是不祥之数,会给人带来厄运或灾难。巴西男人一般都喜欢开玩笑,也爱放声大笑,但不宜与他们谈论带有种族意识的笑话,也不要谈论阿根廷,还应回避谈论政治、宗教以及其他有争议的话题。巴西人很重视亲笔签名。无论写信、便条等,都要郑重地签下自己的名字,以示尊重和礼貌。他们忌讳黄色、紫色和深咖啡色,认为黄色表示绝望,紫色表示悲伤,还认为深咖啡色会招来不幸。忌手指形成"OK"的手势,认为这是一种极不文明的表示。他们非常讨厌未经许可闯入私宅的人,认为不怀好意的歹徒才这样做。送礼忌讳送手帕,认为送手帕会引起吵嘴和不愉快。每年的8月13日是巴西传统的禁忌日。

五、旅游资源和著名景点

(一)旅游业和旅游资源

巴西幅员辽阔、风景秀丽、气候宜人,有十分丰富的旅游资源,旅游环境得天独厚。巴西有世界流域面积最广、流量最大的亚马孙河,有被称为"地球之肺"的亚马孙森林、气势雄伟的伊瓜苏大瀑布、美丽迷人的里约热内卢的银色海滩、巴西的象征耶稣山和面包山,还有许多早期殖民时期的城市建筑、世界著名的植物园、世界最大的水电站,以及富含多种文化色彩的桑巴舞表演、独具魅力的"狂欢节"等,这些使得巴西在拉美享有"旅游王国"的美誉。巴西的主要城市除了首都巴西利亚外,还有圣保罗、里约热内卢、萨尔瓦多、累西腓、贝洛奥里藏特等。巴西的著名自然景观有伊瓜苏大瀑布和巴拉那石林等。

旅游业是巴西近年来发展较快的行业,旅游业成为国家创汇的主要支柱产业之一,是"世界十大旅游创汇国"之一。游客多来自拉丁美洲、欧洲、美国以及加拿大、日本。2022年,巴西接待外国游客超过363万人,与2021年相比增加了近5倍。

(二)主要旅游城市和旅游景点

1.巴西利亚

历史上,巴西曾先后在萨尔瓦多和里约热内卢两个海滨城市建都。为了开发内陆地区,1956年,库比契克总统决定迁都。1960年,巴西首都正式由旧都里约热内卢迁移至巴西利亚。

巴西利亚位于巴西中央高原,海拔1158米,气候宜人,以其独特的建筑而闻名于世。其总体建设计划由建筑大师卢西奥·科斯塔完成。在灯火通明的夜晚,从空中俯视,巴西利亚宛如一架驶向东方的巨型飞机:机头是三权广场,机身是政府机构所在地,机翼则是现代化的立体公路。三权广场左侧是总统府,右侧是联邦最高法院,对面是国会参、众两院。两院会议大厅建筑外观如同两只大碗:众议院的碗口朝上,象征民主、广开言路;参议院的碗口朝下,象征集中民意。国会的两座28层大楼之间有通道相连,呈"H"形。三权广场上的议会大厦、联邦最高法院、总统府和外交部等是巴西利亚的标志性建筑。1987年,巴西利亚被联合国教科文组织列入《世界遗产名录》。

2. 圣保罗

圣保罗位于圣保罗州首府东南部,是为纪念圣徒保罗皈依基督教而得名。圣保罗面积1493平方千米,是南美第一大城市和世界第四大城市。19世纪末,随着该地区甘蔗和咖啡种植、交易的繁荣,以及大量侨民的涌入,圣保罗迅速向现代化城市发展。目前,圣保罗已成为巴西和南美的工业、金融、商业、文化和交通中心。

3. 里约热内卢

里约热内卢是里约热内卢州的首府,位于该州南部,经济发达,是巴西的第二大城市,也是巴西重要的交通枢纽和文化中心。里约热内卢在葡萄牙语中意为"一月的河",其依山傍海,风景优美,是世界著名的旅游观光胜地,拥有迷人的港湾和海滩、繁华的街道、众多的广场、精美的教堂、各式的博物馆等旅游资源。里约热内卢的主要名胜有耶稣山、面包山、尼特罗伊大桥、共和国广场等。这里的海滩举世闻名,其数目和延伸长度均为世界之最,全市共有72个海滩,其中非常有名的两个海滩是科巴卡巴纳海滩和依巴内玛海滩。里约热内卢也被誉为"狂欢节之都",巴西每年都在这里举办盛大的狂欢节。

在里约热内卢市内,有一座高710米的科尔科瓦多山,山顶塑有一座两臂展开、形同十字架的耶稣雕像,故又名耶稣山。山下有茂密的森林,郁郁葱葱,景色秀丽,是巴西著名的风景区。耶稣雕像建成于1931年,是为纪念巴西独立运动100周年而建。耶稣站立着,两手向两旁平伸开,从远方望去,犹如挂在天上的一个巨型十字架;耶稣雕像下有一座小教堂,供虔诚的教徒来此祈祷。耶稣雕像线条明朗,风姿绰约,呈浅绿色,总高为38米,头部长为3.75米,手长3.20米,两手相距28米,身上衣轴宽度为5米,总重量为205吨,是世界上非常有名的巨型雕塑珍品。巨大的耶稣雕像在全市的每个角落都可以看到,是里约热内卢的象征之一。

4. 亚马孙河

亚马孙河发源于秘鲁中部的科迪勒拉山脉,流经8个国家和1个地区,全长6751千米。河面宽广,支流众多,流域和流量均居世界第一。亚马孙河在巴西境内长3165千米,被巴西人誉为"河流之王"。亚马孙河滋润着南美洲的广袤土地,孕育了世界最大的热带雨林,生长着各种植物2万余种,盛产优质木材,使这一片地域成为世界上公认的最神秘的"生命王国",并被誉为"地球之肺"。从河源至河口间的高差不大,加之又处于赤道多雨地区,河床深、宽且平坦,流速很缓,很适宜航运事业,马瑙斯港是亚马孙河的重要港口。

亚马孙河还有一个世界自然奇观——涌潮,可以和中国的钱塘江大潮相媲美。在穿越了辽阔的南美洲大陆以后,亚马孙河在巴西马拉若岛附近注入大西洋。其入海口呈巨大的喇叭状,海潮进入这一喇叭口之后不断受到挤压而抬升成壁立潮头,可以上溯600—1000千米。一般潮头高1—2米,大潮时可达5米。巴西人把亚马孙海潮称为"波波罗卡",涌潮时,游人争相前往观看。每逢涨潮,涛声震耳,声传数里,气势磅礴。

5. 伊泰普水电站

伊泰普水电站位于巴西与巴拉圭之间的界河——巴拉那河上,在伊瓜苏市北12千米处。目前,伊泰普水电站共有18台发电机组,总装机容量1260万千瓦,年发电量790亿度。"伊泰普"在印第安语中意为"会唱歌的石头"。

伊泰普水电站于1974年动工修建,1991年竣工,耗资170多亿美元。大坝全长7744米,高196米,拦腰截断巴拉那河,形成面1350平方千米、库容290亿立方米的人工湖。伊泰普水电站工程由美国旧金山国际工程公司和意大利米兰电力顾问公司提供咨询并完成总体规划、导流工程、水轮发电机组选用等关键性设计。发电机组全部由德国和巴西的合资企业在巴西制造。巴西、巴拉圭两国政府为开发伊泰普水电站组成伊泰普联营公司,负责施工建设和经营管理。两国政府签订的有关协议对水电站的重大问题做出了明确规定。

6. 伊瓜苏大瀑布

伊瓜苏大瀑布位于巴西与阿根廷交界处的伊瓜苏河上,是"世界三大瀑布"之一。1984年,伊瓜苏大瀑布被联合国教科文组织列入《世界遗产名录》。"伊瓜苏"在南美洲土著居民瓜拉尼人的语言中是"大水"的意思。伊瓜苏大瀑布总宽度3000—4000米,平均落差80米,由275帘瀑布组成,峡谷顶部是瀑布的中心,跌水90米,流量1500立方米/秒,水流最大、最猛,人称"魔鬼之喉"。

教学互动

巴西狂欢节

巴西狂欢节被称为"世界上最大的狂欢节",有"地球上最伟大的表演"之称,于每年2月的中旬或下旬举行3天。它对女性化的狂热程度举世无双,每年吸引国内外游客数百万人参加。在巴西各地的狂欢节中,尤以里约热内卢狂欢节为世界上最著名、最令人神往的盛会。盛会期间,全城上下倾巢而出,人们不分肤色种族、贫富贵贱,都如潮水般涌向街头,男女老少个个浓妆艳抹,狂歌劲舞,尽情宣泄。盛大的桑巴游行是狂欢节的高潮,大型彩车簇拥着"国王"和"王后"开路,舞者们大跳热情奔放的桑巴舞,把气氛带到最高点,让游客也情不自禁地加入狂欢的人群当中。艳丽的服饰、强劲的音乐、火热的桑巴舞和风情万种的巴西美女让人流连忘返。

相传里约热内卢狂欢节始于19世纪中叶。最初,狂欢节的规模不大,仅限于贵族举行的一些室内化装舞会,人们戴上从巴黎购买的面具,尽情地欢乐。1852年，葡萄牙人阿泽维多指挥的乐队走上了街头。随着节奏明快的乐曲，不管是黑人还是白人，也不管是穷人还是富人，男女老少都跳起来了，整个城市欢腾起来了。阿泽维多的这一行动获得了巨大的成功，成为里约热内卢狂欢节发展史上的一个里程碑，标志着狂欢节成了大众的节日。

——资料来源：根据有关资料整理

思考并讨论：

当你作为出境领队带游客赴巴西旅游，如果游客要求体验巴西狂欢节这样的旅游娱乐活动，在时间上你如何安排？

第三节 阿 根 廷

一、地理概况

（一）自然地理

阿根廷共和国简称阿根廷，位于南美洲南部，国土面积278.04万平方千米，居世界第8位，国土面积仅次于巴西，为拉丁美洲的第二大国。阿根廷北邻玻利维亚和巴拉圭，东北与巴西接壤，东临乌拉圭以及大西洋，西接智利。

阿根廷地势由西向东逐渐低平。巴拉那河全长4700千米，为南美第二大河。主要湖泊有奇基塔湖、阿根廷湖和别德马湖。阿根廷北部属热带气候，中部属亚热带气候，南部为温带气候。地貌丰富多样，沿陆地上最长的安第斯山脉（位于阿根廷和智利边境，从北延伸到南端的火地岛；最高峰为阿空加瓜山，海拔6959米），往西到潘帕斯草原和大西洋海岸，穿过起伏的丘陵，有数不尽的森林、热带雨林、沙漠和山谷。这种生物多样性的生态系统赋予阿根廷非常丰富的动物群和植物群。在阿根廷，许多自然景观所在区域都属于保护区，是自然保护区和国家公园。阿根廷一些主要的自然保护区已经被联合国教科文组织列入《世界遗产名录》。

（二）人文地理

截至2022年，阿根廷人口约4604万。其中，白人和印欧混血种人占95%，多属意大利和西班牙后裔，人口较多的少数民族为马普切人，阿拉伯人和犹太人亦占一定比例，印第安人口约60.03万。极具阿根廷特色的当属由欧洲人和南美印第安人结合而成的高乔人，他们是追求自由、平等、崇尚自然、不畏强权的代名词，而阿根廷的民族文化更是以高乔文化而闻名于世。阿根廷官方语言为西班牙语，其他语言包括英语、意大利语、德语、法语。阿根廷居民大部分信奉天主教，有部分居民信奉新教、犹太教等。

阿根廷由23个省和1个联邦首都区（即布宜诺斯艾利斯）组成。首都布宜诺斯艾利斯是阿根廷的最大城市,位于南美洲东南岸、拉普拉塔河南岸。

阿根廷国旗呈长方形,长与宽之比约为5∶3,自上而下由浅蓝、白、浅蓝3个平行相等的横长方形组成,白色长方形中间是一轮"五月的太阳"。太阳本体酷似一张人脸,是阿根廷发行的第一枚硬币的图案,沿太阳本体圆周等距离分布着32根弯直相间的光芒线。浅蓝色象征正义,白色象征信念、纯洁、正直和高尚,"五月的太阳"象征自由和黎明。阿根廷国徽为椭圆形。椭圆面上蓝下白,为国旗色,上端有一轮"五月的太阳",寓意同国旗。椭圆形中有两只紧握着的手,象征团结;手中握有"自由之竿",象征权利、法令、尊严和主权;竿顶为红色的"自由之帽"。椭圆形图案由绿色的月桂树叶环绕,绿色象征忠诚和友谊,月桂树叶象征胜利和光荣。阿根廷的国歌是《祖国进行曲》。

二、历史和文化

(一)历史沿革

公元16世纪前,本土印第安人是阿根廷最早的居民。公元16世纪中叶,这里沦为西班牙的殖民地。公元1810年5月25日,阿根廷爆发反抗西班牙殖民统治的"五月革命",成立了第一个政府委员会。公元1812年,民族英雄圣马丁率领人民抗击西班牙殖民军,于公元1816年7月9日宣布独立。

此后,阿根廷长期处于动乱和分裂状态。公元1853年,乌尔基萨将军制定了第一部宪法,建立联邦共和国,乌尔基萨将军成为阿根廷第一任总统。公元1860年,阿根廷改为共和国。20世纪30年代起,阿根廷出现军人、文人交替执政局面。1982年,因马尔维纳斯群岛(福克兰群岛)主权争端,阿根廷同英国爆发战争,战败后军政府倒台。1983年,激进党的阿方辛民选政府上台,恢复并大力推进民主化进程,民主政体逐渐巩固。

(二)社会文化

1. 探戈文化

探戈是一种音乐风格,一种语言和一种生活方式,是一种来自拉普拉塔河、征服全世界的流行舞蹈。探戈已被列为非物质文化遗产,可谓是布宜诺斯艾利斯市的同义词。在阿根廷,探戈可以说是无处不在:在酒吧、咖啡厅、探戈舞厅、博物馆、书店、小区俱乐部及大剧院里,探戈随处可见。

2. 足球文化

在阿根廷,足球礼仪就像是一种宗教仪式。每次有比赛,都可以感受到阿根廷人民对足球的热情。在大街上,经常可以看到祖孙三代穿着他们钟爱的俱乐部的T恤。可以说,足球俱乐部是阿根廷家庭中的又一位成员。

博卡青年队和河床竞技俱乐部是阿根廷国内颇受欢迎的两支球队,也是世界知名的球队。从开场到结束,无论是多么细小的胜利,追随者们都会站起来为他们的队伍欢呼。派对从比赛前开始,到比赛中,有的一直持续到比赛后。很多时候即使在输球后,球迷们仍在持续挥舞着旗帜,并不停地唱歌。对足球感兴趣的游客们来到阿根廷时,通常不会错过传奇的博卡糖果盒体育馆,或是在标志性的阿根廷河床俱乐部的纪念碑球场度过一下午。

阿根廷作为足球强国,拥有无数优秀的运动员,很多是国际上国际足坛上耀眼的巨星,如迭戈·马拉多纳、利昂内尔·梅西、阿尔弗雷多·迪斯特凯尔、加布里埃尔·巴蒂斯图塔。2022年,在卡塔尔举行的第22届国际足联世界杯赛事上,梅西带领阿根廷国家足球队通过点球大战取胜法国队,历史上第三次赢得大力神杯。梅西创下多项纪录,成为新一代球王。

3.教育

阿根廷教育水平居拉美国家前列。1884年通过的《普通教育法》奠定了阿根廷全国教育体系的基础。2006年颁布的《国家教育法》规定全国实行13年制义务教育,包括学前1年、小学6年、初中3年、高中3年,小学入学年龄为6岁,还规定中央及各省市教育专项经费占国内生产总值的比重不得低于6%。

阿根廷的著名大学有布宜诺斯艾利斯大学、拉普拉塔大学、科尔多瓦大学等。其中,科尔多瓦大学成立于公元1613年,是阿历史最悠久的高等学府。

三、政治经济和旅游环境

(一)政治制度

阿根廷是联邦制共和国,实行总统制代议制民主,立法权、司法权、行政权三权分立。1853年制定第一部宪法。1994年8月22日,宪法经第四次修改后实施。修改后的宪法规定阿为联邦制国家,实行代议制民主。总统为国家元首和政府首脑,兼任武装部队统帅。总统通过直选产生,任期4年,可连选连任一次。副总统兼任参议院议长。宪法还规定设内阁总理一职。总理、部长和总统府国务秘书均由总统任命。议会是国家最高权力机构,由参、众两院组成,拥有联邦立法权。参、众议员均由直选产生,可连选连任。

2019年10月,阿根廷举行大选,左翼联盟"全民阵线"候选人费尔南德斯当选总统。2023年11月,在阿根廷总统选举第二轮投票中,极右翼选举联盟"自由前进党"候选人米莱,以约56%的得票率,成为阿根廷新一任总统。

(二)社会经济

阿根廷有丰富的自然资源、高文化修养的人民,实行对外开放政策,建立了多元工业体系,是一个新兴市场国家和发展中大国,也是二十国集团成员。阿根廷是拉美第三大经济体,有着等级很高的人类发展指数和较接近发达水平的人均国内生产总值,具有规模相当大的国内市场和增长中的高科技产业份额。

然而,随着经济高度增长和严重下挫的交替,其跌宕起伏的经济发展过程中也有着收入分配不均和贫困加剧的问题。20世纪早期,阿根廷一度发展成为世界第七富有的国家。直到20世纪中叶,它仍是第十五大经济体。进入21世纪,阿根廷历届政府将偿还外债作为核心工作,由于国际融资艰难,阿根廷被迫立足国内,强化政府干预,实施进口替代,通过刺激出口、限制进口确保外贸盈余,同时严格外汇管制,形成"阿根廷模式",一度取得较好成效。2003—2011年,阿根廷经济实现较快增长。2012年开始,受国际经济金融形势等影响,阿根廷经济增速明显放缓,通货膨胀高企,本币贬值,外汇储备下降。2018年4月底以来,受美联储加息预期等内外因素影响,阿根廷经济金融形势剧烈波动,本币比索剧烈贬值。不稳定的经济政策、过低的储蓄率和落后的国际竞争力将阿根廷拖入中上收入国家的行列中。

2021年,阿根廷国内生产总值(GDP)总计4872亿美元。2022年,阿根廷通货膨胀率高达94.8%。阿根廷货币名称是阿根廷比索,按国际汇率,1人民币≈47.99阿根廷比索,1美元≈349.82阿根廷比索(2023年11月汇率)。

(三)旅游环境

1972年2月19日,中国与阿根廷建交。建交以来,双边关系发展顺利,各领域互利合作日益深化,两国在国际事务中保持着良好合作。2014年7月,习近平主席成功对阿根廷进行了国事访问,中阿宣布建立全面战略伙伴关系。

截至2023年7月23日,阿根廷已经在中国上海、广州、香港、成都分别设立了总领事馆。这为中国与阿根廷两国旅游合作提供了良好的政治环境。

四、民俗风情

(一)社交礼仪

阿根廷人在日常交往中所采用的礼仪与欧美其他国家基本一致,并受西班牙影响最大。阿根廷人大都信奉天主教,所以一些宗教礼仪也经常见诸阿根廷人的日常生活。在交际中,阿根廷人普遍采取的是握手礼。在交往中,阿根廷人认为与对方握手的次数是多多益善。在社交场合,男士之间要一一握手,而与女士见面则施贴面礼。阿根廷人见面的称谓与问候较讲究,通常需要在姓氏前冠以"先生""小姐""夫人"头衔等尊称,而在亲密的朋友之间则用名字相称或昵称。阿根廷人守时观念不强。

(二)饮食习俗

阿根廷牛肉出口量居世界第二位,同时牛肉也是阿根廷人的主食,阿根廷是牛肉消费大国。"肉"这个词在阿根廷特指牛肉,饭店里的菜单上,"肉"这一栏里都是以牛肉为主料的菜肴。阿根廷人吃牛肉主要是烤食,这是从前草原牧民的遗风。在阿根廷,几乎家家户户都有烤肉炉架,烤肉用的木炭随便去一家加油站都可以买到。面条也是阿根廷人喜欢的食物,这是继承了意大利人的传统。

阿根廷人有饮酒的传统,主要是葡萄酒,他们几乎每餐都会享用。非酒精饮料中,普遍的是碳酸苏打水,苏打水也是厂家用卡车送货上门的。热饮主要是咖啡和马黛茶。在阿根廷,90%的家庭有喝马黛茶的习惯,而且是每天都喝。阿根廷的马黛茶年产量超过40万吨,居世界首位。咖啡也是阿根廷人非常喜欢的一种饮品,布宜诺斯艾利斯的咖啡馆数量超过了巴黎。阿根廷人进咖啡馆,与其说是品咖啡,不如说是泡咖啡馆。阿根廷人认为,咖啡馆是一个非常优雅的地方,对于他们而言,泡咖啡馆是一种很重要的生活方式,朋友闲谈、商人买卖、情侣约会等都首选咖啡馆。

(三)服饰习俗

阿根廷人穿衣非常讲究。可能在西欧、北美许多国家,其着装日趋随意简便,夏天一般短袖衬衣打条领带就可出入公共场合。但在阿根廷,政府机关和大小公司都要求职员一律穿西装打领带,无论严寒酷暑。外国人到此,也得入乡随俗,否则会被认为无礼。女士着装也很讲究,以套裙为主,不到周末或其他节假日一般不穿裤装。冬天,女士多穿裘皮短大衣,这并非因气温太低,而是为了显示身份,这里皮衣相对价格不贵。在一般情况下,不论是进行正式访问还是外出,一定要男士穿西装套装,女士穿套裙或长裙。

在阿根廷,平时街上人人都是服装整洁,即使干辛苦体力活的工人也是到工作地点后换上工作服,下班后换掉回家。阿根廷人观看文艺演出,尤其是歌剧、芭蕾等高雅艺术时着装十分讲究,如科隆剧院,过去曾要求男士一律穿燕尾服,女士穿长裙,现在虽不那么严格,但打领带还是必须的。如果看流行音乐演出,人们着装就随便多了。休息时,穿衣就比较随心所欲了,爱好自由的阿根廷人在休闲的日子里尤其钟爱牛仔裤、网球鞋和T恤衫。

(四)禁忌

在阿根廷,人们交谈忌讳打探个人收入、年龄、宗教信仰、情感等隐私问题,适于谈论的话题是足球及其他体育项目、烹饪技巧、家庭陈设等。拜访阿根廷人时,可赠送一些小礼品,但是送菊花、手帕、领带、衬衫等是不适当的。

五、旅游资源和著名景点

(一)旅游业和旅游资源

阿根廷旅游业发达,是南美主要旅游国家。近年来,受经济复苏和比索贬值的影响,赴阿根廷的游客大幅增加。旅游业成为阿根廷第三大创汇产业。2016年,阿根廷共接待外国游客约570万人次。受疫情影响,2022年,阿根廷接待外国游客只有约43.11万人次。2023年,阿根廷旅游业逐步恢复。

阿根廷是南美洲大国,国土面积广阔,旅游资源丰富,全国有自然保护区39处,有世界自然和文化遗产8处。2009年,联合国教科文组织将探戈舞正式列入人类非物质文化遗产名录,这都是阿根廷的旅游文化名片。阿根廷主要旅游城市除了首都布宜诺斯艾利斯之外,还有拉普拉塔、马德普拉塔、门多萨、科尔多瓦等。著名的自然旅游景观有巴里洛切风景区、伊瓜苏大瀑布、莫雷诺冰川等。

(二)主要旅游城市和旅游景点

1. 布宜诺斯艾利斯

布宜诺斯艾利斯是阿根廷的首都和第一大城市,也是阿根廷的政治、经济、科技、文化和交通中心。截至2020年,布宜诺斯艾利斯有308万人,是南美洲第二大都会区。布宜诺斯艾利斯刚独立时只是一个小城市,但自从欧洲化、现代化的政策实施后,吸引了许多意大利、西班牙的移民,成为南美非常具有欧洲风情的城市,享有"南美洲巴黎"的盛名。2007年,布宜诺斯艾利斯被评为全球第三美的城市。

布宜诺斯艾利斯是一座美丽的、清洁的现代化城市,街道宽阔整齐,到处绿荫覆盖,那些迄今保存完好的古老建筑物,既有哥特式教堂,也有罗马式的剧院和西班牙的庭院,带有欧洲古典建筑艺术的浓厚色彩。布宜诺斯艾利斯多以广场、街心花园和纪念碑为特色,著名旅游景点有圣马丁广场、布宜诺斯艾利斯方尖碑、七九大道、哥伦布剧院、五月广场、阿根廷总统府、女人桥、拉博卡等。

圣马丁广场坐落在雷蒂罗小区。独立战争期间,圣马丁将军曾在这里训练骑兵。公元1878年2月25日,阿根廷人民在圣马丁将军诞生100周年之际,将这个广场命名为圣马丁广场,是布宜诺斯艾利斯古老的广场之一。广场中间矗立着阿根廷解放者何赛·圣马丁的雕像,它由法国雕刻家Louis Joseph Daumes雕刻而成。根据阿根廷的惯例,外国元首来访或大使递交国书之后,都要向圣马丁纪念碑献花圈。

2. 伊瓜苏大瀑布

伊瓜苏大瀑布(见图11-1)位于阿根廷和巴西两国边境,伊瓜苏河口汇入巴拉纳河的17千米处,是世界第五大瀑布,也是"世界三大跨国瀑布"之一。伊瓜苏大瀑布因火山喷发而形成,由275个大小瀑布组成,2/3在阿根廷,只有1/3在巴西境内。伊瓜苏大瀑布宽达2.7千米,高度在60—82米,平均流量可达1800立方米/秒。这里最让人印象最为深刻的景点是"魔鬼的咽喉",汇聚着高82米、宽150米和长700米的瀑布群主体,是水量最大也最集中的地方,能让人欣赏到最壮观且最激动人心的瀑布美景,体验无比震撼的视觉冲击。1934年,阿根廷在伊瓜苏大瀑布区建立了670平方千米的国家公园。1982年,伊瓜苏大瀑布被联合国教科文组织列为世界自然遗产。

图11-1 阿根廷伊瓜苏大瀑布(薛阳 供图)

本章小结

本章主要介绍了拉丁美洲的墨西哥、巴西和阿根廷的基本情况。通过对这些国家的地理环境、历史文化、政治经济、旅游环境、民俗风情和旅游资源等知识进行全面梳理,期望读者们对这些国家有一个全面了解。读者们也可以根据实际工作和生活中的需要对本区其他一些国家和地区的有关情况进行进一步学习与了解。

能力训练

1.请从出境领队的角度,对墨西哥的自然和人文地理加以介绍,然后选择该国一个重要的旅游城市和代表性旅游景点写一篇讲解词,并进行讲解训练。

2.请从出境领队的角度,对巴西的自然和人文地理加以介绍,然后选择该国一个重要的旅游城市和代表性旅游景点写一篇讲解词,并进行讲解训练。

第五篇

中东旅游区

　　"中东"是欧洲人使用的一个地理术语,概念究竟包括哪些国家和地区,国内外尚无定论,但一般泛指西亚、北非地区,大部分属于西亚。由于非洲旅游区作为独立的旅游区有专门章节介绍,本章内容以西亚为主。西亚即亚洲西部,东至阿富汗和伊朗,西至土耳其,地理上包括伊朗高原、阿拉伯半岛、美索不达米亚平原、小亚细亚半岛、黎凡特地区等组成部分。西亚包括20个国家,处于东西方贸易通道的枢纽地区,自古以来商业贸易发达,近代以来石油资源的发现更是给该地区的各个国家带来了滚滚财源。中东地区较为富裕的国家有7个,分别是土耳其、沙特阿拉伯、阿联酋、以色列、卡塔尔、科威特和巴林。这些国家的旅游业也得到了较好的发展。

第十二章 中东四国

本章概要

本章主要内容包括：中东地区的土耳其、沙特阿拉伯、阿联酋、以色列等国家旅游地理、历史人文、政治经济、旅游环境、民俗风情和旅游资源等基本知识。学好本章内容，可以为做好本旅游区相关国家的游客团队接待和出境中东旅游区国家旅游领队工作打好基础。

学习目标

知识目标

1. 了解中东旅游区的主要旅游客源地和旅游目的地，比较重要的是土耳其、沙特阿拉伯、阿联酋和以色列等国家。
2. 理解中东地区主要国家在中国出入境旅游市场中的地位。
3. 掌握土耳其、沙特阿拉伯、阿联酋和以色列等国家的基本知识，包括地理环境、历史文化、政治经济、民俗风情和主要旅游资源等。

能力目标

1. 能说出中东旅游区主要国家的旅游地理基本知识，如国家名称、地理位置、首都和主要旅游城市、著名旅游景点等。
2. 能理解中东旅游区主要国家的历史事件、文化成就、政治经济状况和民俗风情等，并能够对其中的重要问题进行阐释。
3. 能用所学知识对中东旅游区重点国家，主要是土耳其、沙特阿拉伯、阿联酋和以色列等国的主要旅游城市和代表性景点进行导游讲解。

素养目标

1. 在中东旅游区的学习过程中，通过融入中国"一带一路"合作倡议相关内容，培养学生的国家观、全局观及合作意识。
2. 通过东罗马帝国、阿拉伯帝国和中国唐朝时期的文化进行比较分析，了解三者几乎是中古世界最有影响力的文化形态，增强学生的文化自信。

客源地与旅游目的地概况

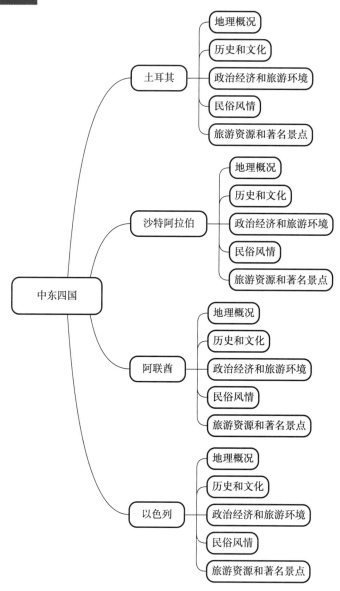

章节要点

　　中东地区是东西方贸易通道的枢纽,自古以来商业贸易发达。近代以来,石油资源的发现为中东地区的各个国家带来滚滚财源。但是,由于历史、宗教问题,该地区政治和军事冲突不断,经济社会发展很不平衡。其中的土耳其、沙特阿拉伯、阿联酋和以色列经济发达,旅游资源丰富,具有重要的影响力。这些国家的历史文化、民俗风情,以及主要旅游城市和景点是本章学习的要点。

第十二章 中东四国

章首案例

头顶一块布,全球我最富

"头顶一块布,全球我最富"这句话是说阿拉伯地区的人穿着的服饰特点,加上那里大多国家富有石油和天然气资源,所以这种身穿白袍、头戴头巾和头巾上的黑箍也是财富的象征。

沙特的富有和丰富的石油与天然气有关,它是世界上石油储量、产量和出口量较大的国家,已知石油可采储备量高达361亿吨,年产量高达5亿吨,位居世界第一位,可以说石油工业是沙特经济的主要支柱,占国家财政收入的70%以上,在国民经济中起到主导作用。

沙特人头顶的头巾和地理位置及宗教信仰有关。由于中东地区气候炎热干燥,全年温度一般都在20℃以上,夏天最高气温可达到50℃。早期阿拉伯地区都是游牧民族,以放牧为生,所以戴浅色头饰,穿白色长袍有助于反射太阳光,而遮盖颈部和脸部则有助于预防晒伤。这里昼夜温差大,如果沙尘暴来袭,也可保温防沙。因此,这一地区的人为了保护皮肤,不管是穷人还是富人,都喜欢头顶一块布来防沙、防晒,以及冬天防寒。

——资料来源:根据抖音账号"小凯侃世界"整理

分析

阅读案例并思考:

中东旅游区经济、社会和民俗风情有何特点?该地区旅游价值较高的国家有哪些?

第一节 土 耳 其

一、地理概况

(一)自然地理

土耳其共和国,简称土耳其,"土耳其"一词由"突厥"演变而来。在鞑靼语中,"突厥"是"勇敢"的意思,"土耳其"意即"勇敢人的国家"。土耳其是一个横跨欧亚两洲的国家,北临黑海,南临地中海,东南与叙利亚、伊拉克接壤,西临爱琴海,与希腊以及保加利亚接壤,东部与格鲁吉亚、亚美尼亚、阿塞拜疆和伊朗接壤。土耳其国土面积78.36万平方千米,其中97%位于亚洲的小亚细亚半岛,3%位于欧洲的巴尔干半岛。

土耳其地理位置和地缘政治战略意义极为重要,是连接欧亚的十字路口。土耳其地形复杂,从沿海平原到山区草场,从雪松林到绵延的大草原,是世界植物资源较丰富的地区。阿勒山高达5165米,山顶终年积雪覆盖,景色最为壮观,吸引了众多游客。此外,土耳其还是一个河流湖泊众多的国度,底格里斯河和幼发拉底河均发源于此。土耳其南部沿海地区属亚热带地中海气候,内陆地区为大陆性气候。

(二)人文地理

1.人口和民族

截至2022年,土耳其人口8527万,土耳其族占80%以上,库尔德族约占15%。土耳其语为国语。99%的居民信奉伊斯兰教,其中85%属逊尼派,其余为什叶派(阿拉维派);少数人信仰基督教和犹太教。土耳其人是现代土耳其共和国的主体民族,是公元11世纪以后由中亚迁入小亚细亚的。库尔德人是土耳其人口最多的少数民族,大约有一半生活在东部和东南部大片地广人稀的地区。土耳其的库尔德人大多数是穆斯林,他们在语言、文化和家庭传统上与土耳其人大相径庭。

2.首都和行政区划

土耳其首都原为伊斯坦布尔,20世纪初,阿塔图尔克·凯末尔领导土耳其人民进行反抗外国侵略和推翻苏丹封建帝制的资产阶级革命。由于地理位置适中,交通方便,安卡拉逐渐成了斗争的中心,同时也出于安全的考虑,革命胜利后于1923年10月13日正式定为共和国首都。土耳其行政区划等级为省、县、乡、村,全国共分为81省、约600个县、3.6万多个乡村。

安卡拉位于安纳托利亚高原中部,海拔978米,是土耳其的第二大城市。公元前13世纪,赫梯人在安卡拉建立了城堡,当时被称为"安库瓦"或者"安基拉",之后,几经演变就成了"安卡拉"。

3.国家象征

土耳其国旗呈长方形,长与宽之比为3∶2。旗面为红色,靠旗杆一侧有一弯白色新月和一颗白色五角星。红色象征鲜血和胜利;新月和星象征驱走黑暗、迎来光明,还标志着土耳其人民对伊斯兰教的信仰,也象征幸福和吉祥。

土耳其的国歌是《独立进行曲》,国花为郁金香。

二、历史和文化

(一)历史沿革

土耳其人古称突厥,公元8世纪起由阿尔泰山一带迁入小亚细亚,公元13世纪末建立奥斯曼帝国,公元16世纪达到鼎盛期,公元20世纪初沦为英、法、德等国家的半殖民地。1919年,凯末尔领导民族解放战争反抗侵略并取得胜利。1923年10月29日,建立土耳其共和国,凯末尔当选首任总统。

(二)传统文化

1. 文学

作为千百年来曾经影响过这片古老土地的历史、传说、神话以及政治和社会变迁的一种载体,文学一直是土耳其文化生活的一个重要组成部分。最早的伊斯兰前期文学遗产是发现于蒙古国中部的鄂尔浑铭文,这段镌刻在两块巨大石碑上的文字记录的是一位突厥国王兄弟的事迹。奥斯曼时期,诗歌是主要的文学体裁,主要采用的是安纳托利亚方言或奥斯曼语,主要题材是美丽和浪漫。奥斯曼宫廷文学深受波斯文化影响,文学语言是阿拉伯语、波斯语和土耳其语的混合。与烦琐的宫廷文学不同,安纳托利亚的行吟诗人创作的民间文学曾以简明的土耳其语来赞美自然、爱情和真主。进入20世纪,土耳其文学语言趋于简化,题材则更多偏重政治和社会民生。

2. 音乐和舞蹈

随着宫廷文化的出现,土耳其音乐经历了从民间向古典的演化过程。公元16世纪,作曲家伊特里把土耳其音乐带到了一个发展顶峰。土耳其古典音乐经久不衰,仍然广受喜爱。土耳其流行音乐脱胎于传统音乐,主要使用塔布尔琴、卡农琴、纳伊管和乌德琴等传统乐器。

土耳其民间传统舞蹈历史悠久,各地风格各异,但都色彩斑斓、节奏明快、雅致新奇。安纳托利中部锡瓦斯地区的Cayda cira舞最为有名,表演时,少女身着绣满金丝银线的土耳其长袍,手持明烛,在黑暗中翩翩起舞。南方梅尔辛地区流行一种叫作Silifke yogurdu的舞蹈,起舞时,舞者高举木勺,击勺为节。

3. 戏剧电影

普遍认为,土耳其戏剧发轫于卡拉戈兹皮影戏,这是一种风格介于英国传统滑稽木偶剧潘趣和朱迪,以及美国打闹喜剧明星劳雷尔和哈迪之间的传统表演艺术。

三、政治经济和旅游环境

(一)政治制度

土耳其建国后长期实行议会制。2002年,埃尔多安领导的正义与发展党在议会选举中获胜,埃出任总理并连续执政。此后正义与发展党又赢得2007年和2011年大选。2014年,埃尔多安出任土耳其政府总理,并于2018年和2023年成功连任。

土耳其现行宪法于1982年11月7日通过并生效,是共和国第三部宪法。宪法规定,土耳其为民族、民主、政教分离和实行法制的国家,大国民议会为最高立法机构。法院具有完全独立的司法权力,可以推翻不符合宪法的议会决议。

(二)社会经济

土耳其是传统的农牧业国家,农业较好,粮、棉、蔬菜、水果、肉类等基本自给,农业生产值占整个国内生产总值的20%左右。土耳其矿产资源丰富,但是石油、天然气紧缺,需要大量进口。工业有一定基础,轻纺、食品工业较发达。西部沿海地区工农业十分发达,东部内陆地区交通闭塞、生产力水平相对滞后。20世纪80年代开始,土耳其实行对外开放政策以来,经济实现跨越式发展。2022年,土耳其国内生产总值(GDP)为9055亿美元,经济增长率12.8%,人均GDP为10655美元。

土耳其货币名称为新土耳其里拉、辅币库鲁。土耳其旧币里拉由于面值太大使用不便,更一度成为世界上非常不值钱的一种货币。2003年,土耳其旧币里拉一度贬到每170万里拉兑换1美元。2005年1月1日起,土耳其开始启用新土耳其里拉,10万旧土耳其里拉兑换1新土耳其里拉。

根据国际汇率,1人民币≈3.7665土耳其里拉,1美元≈26.9542土耳其里拉(2023年7月)。

(三)旅游环境

1971年,土耳其与中国建交。20世纪80年代以来,两国高层互访增多,双边关系发展较快。2010年,中土建立战略合作关系。2015年,两国建立政府间合作委员会机制,负责统筹协调双边政治、经贸、安全、人文等领域合作。

近年来,土耳其与中国两国高层交往频繁。2015年11月,习近平主席赴土耳其出席二十国集团安塔利亚峰会,会见土总统埃尔多安。2017年5月,土总统埃尔多安来华出席"一带一路"国际合作高峰论坛,习近平主席同埃尔多安总统举行会谈;2022年9月,习近平主席在出席上海合作组织成员国元首理事会第二十二次会议,其间会见埃尔多安总统。土耳其与中国两国的良性互动为各自旅游业发展提供了良好政治环境。

出境团队游第三批目的地名单公布,土耳其咨询量上涨超10倍

2023年8月,文化和旅游部公布第三批恢复出境团队游的国家和地区。即日起恢复全国旅行社及在线旅游企业经营赴相关国家和地区跟团游及"机+酒"业务。同程旅行数据显示,消息发布后,平台签证咨询量较前日同一时段上涨近3倍,赴相关国家的出境游产品咨询量大幅攀升。在新开放出境游的国家中,土耳其、澳大利亚和日本较受用户关注,其中,土耳其旅游咨询量上涨超过10倍。

——资料来源:《新京报》,2023-08-10

请思考:

根据上述资料,你如何看待中国游客出境土耳其旅游的发展前景?

四、民俗风情

(一)礼仪

土耳其自成立共和国以后,就抛弃了突厥人的传统,把伊斯兰教的一些保守信念和做法都进行了改革,提出向西方学习,政教分离,推行了一系列社会改革,取得了巨大成果。所以,他们奉行西方礼仪,与朋友和客人见面时通常施握手礼和拥抱礼。

土耳其人虽然是东方民族,但从凯末尔革命之后,开始向西方学习,他们的行为举止大方、斯文,不紧不慢,有一点绅士风度,但又带有东方游牧民族的彪悍。

(二)饮食习俗

土耳其菜系与中国菜系、法国菜系并称为世界三大菜系。土耳其的高超的烹饪技术从奥斯曼帝国就开始了,那时皇宫厨房有数千人,做汤、米饭、烤肉、蔬菜、面包、甜点、糖酱、果酱、饮料等分工明确,发展出丰富的饮食文化。专业分工详细,且每种分工都有自己的行会,如面包师行会、甜点师行会、酸奶师行会等,行会之间经常展示自己的产品,节日里敞开大门向人们供应食品,从而达到交流经验、传播技艺的目的。

现在,土耳其的饮食纯正、单一,分粮食类、烤肉类、蔬菜类、海鲜类、甜食类、饮料类等,制作一两种主要原料时,不喜欢放很多的调料。各地根据气候不同而饮食也不同,如北方以肉类、黄油、酸奶、奶酪、谷类为主,南方的食品多辣椒。土耳其的生肉饼很有名,还有唐德尔肉、曼特等食品都很有特色。尤其是烤肉、糖栗子等,更是天下闻名。

土耳其人喜欢喝咖啡。在土耳其,给客人送一杯咖啡是友好的表示,在商店也经常有服务员给顾客提供咖啡。土耳其的咖啡屋由来已久,像现在的酒吧一样,成为人们娱乐、畅谈的场所。中国的茶叶传入土耳其后,也深受当地人的欢迎。

(三)服饰习俗

在农村和特殊的日子里,常常可以看到穿着土耳其传统服装的人,在平时或在城市中比较少见。传统服饰按照性别来分,男人有衬衣、短裤、毛袜、皮鞋等。妇女的传统服装有两种:一种是头巾和头饰,棉衬衣、无裆裤,一般衣裤很宽大;另一种是"三件头",即由三块布拼成的长裙子,穿在衬衣和裤子外面。

现在,土耳其有99%的人信仰伊斯兰教,但是,从1926年以后,国家正式废除了伊斯兰教徒的女性必须头戴面纱、身穿长袍的习俗。现在城市的人们男士多穿西装,女士多穿短裙、衬衣等时装。

(四)婚庆礼仪

在古代,土耳其的婚礼由阿訇主持。从1926年开始,土耳其废除了一夫多妻制和宗教婚姻，实行了政教分离制度，使妇女得到解放。现在仅有10％左右的人还按宗教仪式结婚。

（五）禁忌

土耳其人的传统忌讳很多，如认为每月的"13日"是不吉利的，不能做任何事情。还有，如兔子从面前跑过、乌鸦围着房子叫、黑狗从面前经过、坐在门槛上，以及晚上剪指甲、晚上照镜子、晚上吹口哨、剪刀打开着、打破镜子等，都被视为不好的征兆或不吉利的举动，所以要严格禁止。

五、旅游资源和著名景点

（一）旅游业和旅游资源

土耳其被称为"文明的摇篮"，历史上的土耳其曾经是罗马帝国、拜占庭帝国、奥斯曼帝国的中心。土耳其有着悠久的历史和丰富的历史遗迹，三面环海的地势和内陆复杂的地理环境，使其拥有了极为丰富的旅游资源。旅游业已成为土耳其国民经济的重要支柱之一。

土耳其也是一个现代旅游国家，有着一流的旅游服务设施、热情好客的人民、灿烂的文化、迷人的景色和神秘的传说。在土耳其旅游，很多地方都能看到古希腊、古罗马文明，甚至基督教文明的遗迹，重要的旅游城市有伊斯坦布尔、伊兹密尔（尹佛所古城）、登尼资里（棉花堡）、卡帕多奇亚等，都是世界闻名的旅游目的地。

（二）自然旅游资源及主要景点

1. 天然温泉度假胜地棉花堡

棉花堡位于土耳其登尼资里以北19千米处，是远近闻名的温泉度假胜地，此地不仅有上千年的天然温泉，更有古怪的好似棉花一样的山丘，所以被称为棉花堡。棉花堡是大自然的奇迹，大自然的鬼斧神工制造出了如此美妙的仙境，土耳其人称之为世界第八大奇迹。棉花堡的景观十分独特，温泉自洞顶流下，将山坡冲刷成阶梯状，平台处泉水积蓄成一个个小池塘，从上往下看，一方方温泉平台像一面面镜子，映照着蓝天白云。从下往上看，像刚爆发完的火山，白色的岩浆覆盖了整个山坡，颇为壮观。独特的风景吸引了全世界很多摄影爱好者。

2. 爱琴海和博斯普鲁斯海峡

爱琴海是地中海的一部分，位于希腊半岛和小亚细亚半岛之间，海岸线曲折，港湾众多，岛屿星罗棋布。爱琴海是一片充满着浪漫气息的海洋，有着土耳其秀丽的自然景观，牧歌式的渔村散落其间，悠久的历史文化遗产令人神往。

博斯普鲁斯海峡位于小亚细亚半岛和巴尔干半岛之间，又称伊斯坦布尔海峡，它北连黑海，南通马尔马拉海和地中海，把土耳其分隔成亚洲和欧洲两部分。没有哪个城市能像伊斯坦布尔一样容纳一个海峡。在这里航行，可以纵览两岸的清真寺、皇宫，还可以穿越大桥,远眺城市风光,近看海天一色。海鸟飞舞,海风附耳,浪花翻涌,绝对是一种享受。乘船游览时,前一分钟人还在亚洲,后一分钟就来到了欧洲,是一种非常奇妙的地理位置切换。

(三)人文旅游资源和主要景点

1. 蓝色清真寺

蓝色清真寺位于伊斯坦布尔市中心,本名为苏丹艾哈迈德清真寺,是伊斯坦布尔的地标建筑,也是"世界十大奇景"之一。墙壁使用了土耳其瓷器名镇烧制的蓝彩釉贴瓷,以白色为底,刻有丰富的花纹图案,使得整个清真寺内都充满了蓝色。蓝色清真寺是伊斯坦布尔最大的圆顶建筑,30多座圆顶层层升高,向直径达41米的中央圆顶聚拢,浩大而优雅。建造蓝色清真寺未使用一根铁钉,建筑结构严谨,历经数次大地震安然无恙。

2. 圣索菲亚大教堂

圣索菲亚大教堂位于伊斯坦布尔市中心,与蓝色清真寺隔街相望,早期是拜占庭帝国的主教堂,被土耳其人占领后改建成为清真寺,现为博物馆。这是一座土耳其著名的历史建筑,也是土耳其的象征之一。教堂外部是典型的清真寺圆顶和尖塔,在教堂前有一个净洗亭,旁边立着几根顶部雕刻花纹的石柱。作为"世界上十大令人向往的教堂"之一,圣索菲亚大教堂充分体现出了卓越的建筑艺术,从而也成为后来伊斯兰清真寺的设计模板。

3. 以弗所古城

以弗所古城位于伊兹密尔以南大约50千米处,是地中海东岸保存最为完好的古典城市,也是早期基督教的重要中心。作为当年罗马帝国在亚洲地区的首府,以弗所古城享有"亚洲第一个和最大的大都会"之称,世人说其"不是罗马,胜过罗马,是体验和感受罗马时代生活的好地方"。以弗所面积广阔的古城遗迹,保存至今已有2000余年的历史,如今是列入联合国教科文组织列管的古迹之一,一直以来是游客造访土耳其时非常钟爱的地点。

4. 特洛伊考古遗址

特洛伊考古遗址位于恰纳卡莱以南40千米处的西萨尔立克,是公元19世纪考古大发掘的结果。特洛伊古城最早被记载于《荷马史诗》,如今这里变成了一个考古遗址公园,当年的建筑虽已倒塌败落,但从残存的墙垣、石柱来看,气势相当雄伟。在入口处有一匹巨大的复制品木马。木马体积庞大,有两层楼高,已成为土耳其重要的文化景观之一,每年吸引着来自世界各地成千上万的游客。1998年,联合国教科文组织将特洛伊考古遗址列入世界文化遗产。

阿尔忒弥斯神庙位于塞尔丘克市中心,供奉的是希腊神话中的女神阿尔忒弥斯,刚建成时,其比雅典的帕特农神庙还大,它的127根柱子每根底部都有雕刻的图案,后来神庙被希腊人黑若斯达特斯焚毁,重建后的神庙又被哥特人损坏。阿尔忒弥斯神庙曾与金字塔、空中花园等一并入选世界七大奇迹。1869年,考古学家约翰·特陶·伍德发现了阿尔忒弥斯神庙遗址,发掘工作一直持续到了1874年。今天的阿尔忒弥斯神庙遗址处,人们用发掘出的大理石拼成了一根石柱作为标记。

第二节　沙特阿拉伯

一、地理概况

(一)自然地理

沙特阿拉伯王国简称沙特阿拉伯或沙特,位于亚洲西南部的阿拉伯半岛,东濒波斯湾,西临红海,同约旦、伊拉克、科威特、阿联酋、阿曼、也门等国家接壤,面积225万平方千米,海岸线长2437千米。沙特地势西高东低,西部高原属地中海气候,其他地区属亚热带沙漠气候。夏季炎热干燥,气温可达50℃以上,冬季气候温和,年平均降雨量不超过200毫米。沙特阿拉伯全境大部分为高原,西部红海沿岸为狭长平原,以东为赛拉特山。沙特阿拉伯素有"石油王国""沙漠超级富豪"之称,东部波斯湾沿岸陆上与近海的石油和天然气藏量极为丰富。

(二)人文地理

沙特阿拉伯人口3218万(2023年6月),其中沙特公民约占58.4%。伊斯兰教是沙特阿拉伯的国教,逊尼派占85%,什叶派占15%。沙特阿拉伯的官方语言为阿拉伯语,通用语言为英语。沙特阿拉伯的首都为利雅得,全国分为13个省,省下设一级县和二级县,县下设一级乡和二级乡。

沙特阿拉伯的国旗呈长方形,长宽之比为3:2。绿色的旗底上用白色的阿拉伯文写着伊斯兰教的一句名言:"万物非主,唯有真主,穆罕默德是安拉的使者。"下方绘有宝刀,象征圣战和自卫。绿色象征和平,是伊斯兰国家所喜爱的一种吉祥颜色。沙特阿拉伯是伊斯兰教的发源地,国旗的颜色和图案表明了该国的宗教信仰。

沙特阿拉伯的国徽呈绿色,由两把交叉着的宝刀和椰枣树组成,绿色和宝刀的含义与国旗相同。椰枣树代表农业,象征沙漠中的绿洲。

沙特阿拉伯的国歌是《我们敬爱的国王万岁》,国花是乌丹玫瑰。

二、历史和文化

(一)历史沿革

公元7世纪,伊斯兰教的创始人穆罕默德的一些继承者以阿拉伯半岛为中心,建立了阿拉伯帝国。公元8世纪为其鼎盛时期,版图横跨欧、亚、非三洲,中国史书称其为"大食"。公元1258年,阿拉伯帝国被蒙古人所灭。公元16世纪,阿拉伯半岛为奥斯曼帝国所统治。19世纪,英国侵入。1924年,内志酋长阿卜杜拉·阿齐兹·伊本·沙特兼并汉志,次年自称为国王。经过几十年征战,伊本·沙特终于统一了阿拉伯半岛,于1932年9月23日宣告建立沙特阿拉伯王国,这天被定为沙特的国庆日。

(二)社会文化

阿拉伯帝国时期创造了光辉灿烂的伊斯兰文化,在建筑、雕塑、绘画、文学、音乐、舞蹈等领域成就非凡,伊斯兰建筑体系是流传至今的"世界三大建筑体系"之一。伊斯兰文学有大量经典流传至今。阿拉伯民间故事集《一千零一夜》,又名《天方夜谭》,内容丰富,规模宏大,被高尔基誉为世界民间文学史上"最壮丽的一座纪念碑"。

伊斯兰教对沙特阿拉伯人的方方面面都有着深刻的影响,沙特阿拉伯的文化都和伊斯兰教有着紧密的联系。沙特阿拉伯文化部是捍卫沙特阿拉伯文化、传统与艺术的"卫士",打造让文化艺术领域繁荣发展所需的环境,并将通过保护文化遗产,释放全新和鼓舞人心的文化艺术表现形式,着眼未来的发展。

三、政治经济和旅游环境

(一)政治制度

沙特阿拉伯是君主制王国,禁止政党活动。沙特阿拉伯无宪法,《古兰经》和穆罕默德的圣训是国家执法的依据。国王亦称"两个圣地(麦加和麦地那)的仆人"。国王行使最高行政权和司法权,有权任命、解散或改组内阁,有权废王储、解散协商会议,有权批准和否决内阁会议决议及与外国签订的条约、协议。现任国王萨勒曼·本·阿卜杜勒阿齐兹·阿勒沙特,2012年任王储兼副首相和国防大臣,2015年继任沙特第七任国王。

沙特阿拉伯设有高等法庭和普通法庭。高等法庭设在麦加、吉达和麦地那。上诉法庭设在利雅得和麦加。另有普通法庭处理一般案件和贝都因部落事务,该类法庭由宗教法裁判官主持。法机构隶属司法部。

(二)社会经济

石油工业是沙特经济的主要支柱。近年来,受益于国际油价攀升,沙特阿拉伯石油出口收入丰厚,经济保持较快增长。沙特阿拉伯主要出口石油及其制品,占出口总额的90%,是世界上最大的石油输出国,还出口椰枣、畜产品;主要进口粮食、糖、茶和纺织品等。

2022年,沙特阿拉伯国内生产总值(GDP)为11081亿美元,经济增长率为8.7%,人均GDP为3.44万美元。沙特阿拉伯的货币名称是沙特里亚尔(Riyal),根据国际汇率,1沙特里亚尔≈1.9037人民币,1美元≈3.7510沙特里亚尔(2023年7月)。

（三）旅游环境

沙特阿拉伯奉行独立自主的外交政策。1990年7月21日，中国和沙特阿拉伯建交。两国建交后，高层互访不断，现任国王萨勒曼曾于1999年4月、2014年3月、2017年3月访华。2022年12月，国家主席习近平对沙特阿拉伯进行国事访问，访问期间，两国元首亲自签署《中华人民共和国和沙特阿拉伯王国全面战略伙伴关系协议》，同意每两年在两国轮流举行一次元首会晤。两国各领域务实合作成果丰硕。2001年以来，沙特阿拉伯一直是中国在中东地区第一大贸易伙伴。中国自2013年起，成为沙特阿拉伯第一大贸易伙伴。这为两国旅游合作创造了良好的政治环境。

四、民俗风情

（一）节日和礼仪

沙特人在希吉拉历10月1日—12月10日（公历11—12月），在麦加城举行穆斯林宗教祭典，历时70天。麦加是伊斯兰教创始人穆罕默德的诞生地和创教发祥地。朝觐活动大致分为三朝，即朝觐、朝谒、朝怀。朝觐活动主要有受戒、巡礼、奔走与感恩仪式、进驻阿尔法特山、谒陵与探泉。凡在麦加参加过朝觐大典的穆斯林，即尊称为"哈吉"（朝觐者）。在沙特阿拉伯人的民族习惯中，人们总喜欢拉着朋友的手在路上走，认为这是对朋友友好的表示。他们喜欢用咖啡敬客，客人接过咖啡最好一饮而尽，因为在他们的民族传统习惯中，这样才是礼貌之举。他们非常喜欢蓝色和绿色，视蓝色为希望，视绿色为生命之色。他们也把这两种色彩看成幸福与吉祥的色彩。

在沙特阿拉伯，准时赴约是受欢迎的。如被邀请到阿拉伯商人家里吃饭，吃得越多就表示你越赞赏主人的款待。如果你的妻子也被邀请赴宴，你们多半会分别就座，她会与其他女士一起进餐。

（二）服饰和饮食

阿拉伯人传统服饰是长袍，男人穿白色长袍，妇女穿黑色长袍。现在男人穿西装已很普遍。

沙特阿拉伯人每日习惯两餐。早餐主要是"弗瓦物"（一种高粱糊），蘸奶油。晚餐为正餐，通常吃烙饼，食用时抹上奶油、蜂蜜等，这是沙特人最爱吃的主食。"泡馍"也是他们常吃的主食，即将高粱面饼用手掰碎，浇上鲜牛奶或加上奶油、糖一起进食。在沙特阿拉伯，"羊眼"被视为极其珍贵的食品，就像中国的"熊掌"一样，属难得的珍品。沙特阿拉伯人用餐时多习惯用手抓饭。

（三）婚嫁

在沙特的传统家族里，娶嫁不由己，基本由父母做主。父母是一家之主，尤其是父亲拥有绝对的权威。而且按照传统，男女授受不亲，未婚男女不能自由交往。

五、旅游资源和著名景点

(一)旅游业和旅游资源

2006年,沙特阿拉伯最高旅游局发言人马吉德·希丁宣布,沙特阿拉伯决定向世界开放旅游业,欢迎穆斯林和非穆斯林到这个神秘的国家参观和游览。他说:"我们有许多新奇的旅游点奉献给非穆斯林的游客,例如深海潜水、奇异的地貌景观,还有6000多处尚未对外开放的历史和文化遗迹。"很多国际旅游者表示渴望到沙特旅游。旅游业将成为沙特经济增长的重要驱动力,在贡献GDP的同时,解决当地就业,促进偏远地区发展,在打造旅游目的地的同时,打造文化和健康目的地。按沙特阿拉伯"2030愿景"规划,沙特阿拉伯将成为国际游客旅游目的地之一。

(二)主要旅游城市和旅游景点

1.利雅得

利雅得是沙特阿拉伯的首都和中央省首府,坐落在阿拉伯半岛中部哈尼法谷地平原上,海拔520米,是全国第一大城市。在阿拉伯文中,"利雅得"是"庭院"的意思。因为利雅得四周是一片绿洲,有广阔的椰枣林、棕榈树林,以及清澈的泉水,如茫茫的沙漠中的庭院神境,令人神往。经过半个世纪的建设,现在的利雅得已是一个南北长30千米、东西宽10千米的现代化城市,城内的居民区、工业区、农业区和商业区布局井然有序。

2.麦加

麦加位于沙特阿拉伯西部,坐落于一个干燥炎热的峡谷中,四周群山环抱。作为一座伊斯兰教圣城,麦加有着众多的圣迹,其中最著名的就是耸立在麦加市中心麦加广场上的克尔白圣殿。"克尔白"意即"方形房屋",又称"天房"。克尔白圣殿是麦加城重要的标志之一,是世界穆斯林做礼拜时的朝向,世界各地的穆斯林,每天5次做祈祷都是朝向克尔白。克尔白高12米,用蓝色石块建成,一块巨大的黑色丝绸帷幕将其罩着,中间以一条用金丝线绣的《古兰经》全文的腰带束着。每年朝觐活动开始之前要更换一次新的帷幕,从伊斯兰教创建以来的1300多年间,年年如此,从未间断。克尔白东南侧是被视为"圣水"的渗渗泉。参加朝觐的穆斯林会在游转克尔白圣殿后饮几口泉水,期望自己沾有吉祥。城东20千米处的阿拉法特山、穆兹达利法和米纳等地,也是麦加的圣地,朝觐者要在这里站山诵经、"射石"驱邪。

3.麦加哈拉姆清真寺

麦加哈拉姆清真寺是著名圣寺,据《古兰经》经文,在此禁止抢劫、械斗,故亦称禁寺。禁寺位于沙特阿拉伯麦加城中心,规模宏伟。经过几个世纪的扩建和修葺,特别是沙特时代的扩建,总面积由3万平方米扩大到16万平方米,可容纳30万人同时做礼拜。禁寺有精雕细刻的25道大门和7座高耸云端、高达92米的尖塔,还有6道小门。24米高的围墙将门和尖塔连接起来,6座尖塔分别耸立在3座主要大门两侧,第7座尖塔则与直径为35米的圆顶毗邻。从围墙到楼梯台阶以及整个地面都用洁白大理石铺砌,骄阳之下光彩夺目,气势磅礴。入夜,千百盏水银灯把禁寺照耀得如同白昼,使这里显得格外肃穆、庄严。

知行合一

沙特阿拉伯独特的民俗

　　沙特阿拉伯没有夜总会,也没有电影院。当你对东道主的手表、衬衫袖口的链扣或其他用品表示赞赏时要留神,阿拉伯商人往往很慷慨大方,他可能当场把这些东西送给你,而你若不收下的话会伤他的感情。在沙特阿拉伯,送礼是受欢迎的,但并非必要,不要送酒类或伊斯兰教禁止的物品,例如女人相片或塑像。交谈时,应回避的谈话内容包括中东的政治和国际石油政治。如果一位阿拉伯商人与你携手同行,不要马上把手抽回。手拉手只是一种友好的表示,别无他意。

——资料来源:根据有关资料整理

思考并讨论:
出境领队到沙特阿拉伯旅游,应该注意哪些事项?

第三节　阿　联　酋

一、地理概况

(一)自然地理

　　阿拉伯联合酋长国简称阿联酋,位于阿拉伯半岛东部,北濒波斯湾。阿联酋海岸线长734千米,西北与卡塔尔为邻,西和南与沙特阿拉伯交界,东和东北与阿曼毗连,总面积83600平方千米。

　　阿联酋境内除最东部为哈贾尔山的一段以外,其余均为低平的荒漠,也有利瓦绿洲、艾因绿洲等。阿联酋是一个以产油著称的西亚沙漠国家,石油和天然气资源非常丰富,有"沙漠中的花朵"的美称。

　　阿联酋属热带沙漠气候,气候干热,夏季气温高达40—50℃,雨水稀少,年降水量75毫米左右,仅山区有较多降水。冬季气温7—20℃,偶有沙暴。

（二）人文地理

阿拉伯联合酋长国人口约1017万（2023年6月），外籍人口占88%，主要来自印度、巴基斯坦、埃及、叙利亚、巴勒斯坦等国家。阿联酋官方语言为阿拉伯语，通用语言为英语。阿联酋居民大多信奉伊斯兰教。阿联酋由7个酋长国组成，首都是阿布扎比。

阿联酋国旗呈横长方形，长宽之比为2:1，由红、绿、白、黑四色组成，这四色是泛阿拉伯颜色，代表穆罕默德后代的几个王朝。旗面靠旗杆一侧为红色竖长方形，右侧是3个面积相等的横向长方形，自上而下分别为绿、白、黑三色。红色象征祖国，绿色象征牧场，白色象征祖国的成就，黑色象征战斗。

阿联酋的国徽主体是一只黄色隼，翼羽黄白相间，尾羽为白色。隼胸前有一个绘有国旗圆形图案，上有象征7个酋长国的七角星。隼爪下的红色底座上用阿拉伯文写着"阿拉伯联合酋长国"。

阿联酋的国歌为《万岁祖国》，国花是孔雀草，国鸟是游隼。

二、历史和文化

（一）历史沿革

公元7世纪时，阿联酋隶属阿拉伯帝国。自公元16世纪开始，葡萄牙、荷兰、法国等殖民主义者相继侵入。公元19世纪初，英国入侵波斯湾地区，并于公元1820年强迫当地7个酋长国与其签订了永久休战条约，此后各酋长国逐步沦为英国的保护国。1971年，英国宣布同各酋长国签订的条约于年底终止。同年12月，阿拉伯联合酋长国宣告成立，由阿布扎比、迪拜、沙迦、富查伊拉、阿治曼和乌姆盖万6个以阿拉伯人为主的酋长国组成。1972年，哈伊马角酋长国又加入，这样共7个酋长国组成了现在的阿拉伯联合酋长国。

（二）社会文化

阿联酋是一个典型的阿拉伯国家，伊斯兰文化是其主要根基。但是该国80%以上的人口均为外来人口，这就促成了其多元的社会文化特征。在阿联酋，有25%左右的人口是当地的阿拉伯人，信奉伊斯兰教，各种生活习俗完全以伊斯兰文化为背景。外来人口中，有的来自叙利亚、黎巴嫩，甚至北非地区的一些国家。也有的来自南亚的印度和巴基斯坦人，其中的巴基斯坦人也以伊斯兰文化为主。而大量来迪拜谋生的印度人，也将印度的佛教文化带到了阿联酋。另外，还有许多欧洲人，他们的到来，又将西方的文化传入的这个国家。因此，阿联酋整个国家虽以伊斯兰文化为根基，而实际上却是一个多民族、多元化文化的国家。

三、政治经济和旅游环境

（一）政治制度

阿联酋是一个联邦制国家。1971年7月18日，联邦最高委员会通过临时宪法，同年12月2日宣布临时宪法生效。1996年12月，联邦最高委员会通过决议，临时宪法确定为永久宪法。

阿联酋最高权力机构是联邦最高委员会，由7个酋长国的酋长组成，有权制定国家政策，审核联邦预算，批准法律与条约，国内外重大政策问题均由该委员会讨论决定。总统和副总统从最高委员会成员中选举产生，任期5年。总统兼任武装部队总司令。除外交和国防相对统一外，各酋长国拥有相当的独立性和自主权。联邦经费基本上由阿布扎比和迪拜两个酋长国承担。联邦国民议会，成立于1972年，是咨询机构，每届任期4年，负责讨论内阁会议提出的法案，并提出修改建议。

穆罕默德·本·扎耶德·阿勒纳哈扬，2022年5月被联邦最高委员会推选为总统。现任政府于2016年2月组成，总理穆罕默德·本·拉希德，兼任联邦副总统、迪拜酋长。

（二）社会经济

阿拉伯联合酋长国的经济以石油生产和石油化工工业为主。政府在发展石化工业的同时，把发展多样化经济、扩大贸易和增加非石油收入在国内生产总值中的比例作为首要任务，努力发展水泥、炼铝、塑料制品、建筑材料、服装、食品加工等工业，重视发展农、牧、渔业；充分利用各种财源，重点发展文教、卫生事业，继续完成和扩大在建的现有项目。近年来，国家大力发展以信息技术为核心的"新经济"和"知识经济"。

阿联酋绿洲中，常种植枣椰树、蔬菜、水果等，这是其主要经济作物。沿海居民主要从事商业、捕鱼业和珍珠采集业。部分居民从事游牧，养殖羊和骆驼。阿联酋主要出口石油，是世界重要石油出口国之一，还出口珍珠、鱼干，主要进口粮食等。

2022年，阿联酋国内生产总值（GDP）为4466亿美元，GDP增长率为9.9%，人均GDP为4.77万美元。阿联酋的货币名称是迪拉姆（Dirham），根据国际汇率，1美元≈3.6727阿联酋迪拉姆，1人民币≈0.5476阿联酋迪拉姆（2022年7月）。

（三）旅游环境

1984年11月，中国与阿联酋建交。建交以来，中阿双边关系取得长足发展，双方在涉及彼此核心利益问题上相互支持，各领域务实合作，取得丰硕成果。2012年1月，中阿两国建立战略伙伴关系。2018年7月，习近平主席对阿联酋进行国事访问，两国建立全面战略伙伴关系。2022年2月，阿联酋总统穆罕默德来华出席北京冬奥会开幕式。这为双方旅游合作提供了良好的政治环境。

四、民俗风情

(一)礼仪

阿联酋人在社交场合与客人相见时,一般以握手为礼。他们与亲朋好友相见时,还习惯施亲吻礼,即亲吻对方的双颊,对方也应还之以礼,以表示相互的尊敬。阿联酋人以热情好客、举止文雅、谦恭有礼著称。阿联酋的妇女地位低下,一般都不准会客和在公共场合露面。他们一般习惯用咖啡敬客,客人要连喝主人敬的3杯咖啡表示礼貌。如不想喝,不停地摇动手中的杯子,主人便会理解你的意思。他们与宾客相见时,总乐于先说一些诸如"你好""欢迎"的寒暄话,告辞时,习惯说"再见"。

(二)服饰和饮食

阿联酋属于阿拉伯国家,国民普遍信奉伊斯兰教,服饰上同其他阿拉伯国家相似,男人穿白袍,头戴白头巾;妇女穿黑袍,披黑头巾,有的人面上蒙着黑纱。阿联酋人饮食以发酵面饼、玉米饼为主,常吃的菜肴有西红柿沙拉、洋葱拌辣椒、羊肉串等。他们也喜欢吃中餐,但习惯以手抓饭。

(三)婚嫁

在婚姻方面,阿联酋政府规定一夫多妻制,男人可以娶4个妻子,4个妻子分开住,大妻子在其他3个妻子中有一定威望,丈夫再娶妻时,要征求她的意见。丈夫必须对4个妻子公平,如果丈夫给其中一个妻子买了一辆豪车,就必须对其他3个妻子给予等值的钱财,如果丈夫对妻子们不公平,妻子们可以投诉,丈夫将会被相关部门追责。

阿联酋的婚礼习俗有浓厚的阿拉伯色彩。婚礼活动一般进行3天时间。

(四)禁忌

在阿联酋,人们忌讳有人用脚掌对着自己,认为脚掌对人是一种侮辱。他们忌讳用左手传递东西或食物,认为左手是肮脏、下贱之手,用左手传递东西或食物是对人的极大不敬。他们忌讳问候对方的女眷,认为这是不礼貌的。忌讳以酒或女人照片作为相互赠送的礼物,认为这是两种违反教规和令人不能接受的东西。阿联酋属禁酒国家,因此人们是不能饮酒的。

五、旅游资源和著名景点

(一)旅游业和旅游资源

为减少对石油收入的依赖,阿联酋自20世纪80年代起实施经济多元化战略。其中,发展旅游业是其实施经济多元化战略的重要一环。各酋长国根据自身特点制定旅游发展战略,并采取各种措施积极营销,推出旅游精品,吸引国内外游客,形成市场需求国际化、投资主体多元化的特点。旅游业在阿联酋经济中已占据越来越重要的地位。

（二）主要旅游景点

1. 迪拜和阿拉伯塔酒店

迪拜是阿拉伯联合酋长国的第二大城市，位于迪拜的阿拉伯塔又称泊瓷酒店、帆船酒店（见图12-1）。阿拉伯塔是世界上唯一一家七星级酒店。它建在大海的中央，因建筑外形像一面迎风飘扬的风帆而得名。在奢侈的阿联酋，它是最奢侈的代表，酒店备有8辆宝马和2辆劳斯莱斯专用于接送客人，酒店顶部的圆台是直升机停机坪。阿拉伯塔的地位已经不是一家酒店这么简单了，它是游人来到阿联酋一定要去观赏的地方。随着它的名气蜚声国际，渐渐地，它也成了阿联酋奢侈的一种象征。帆船酒店将浓烈的伊斯兰风格和极尽奢华的装饰与高科技手段、建筑进行了完美结合，获奖无数。

图12-1　迪拜帆船酒店（薛阳　供图）

阿拉伯塔仿佛是阿拉丁的宫殿：墙上挂着著名艺术家的油画，每个房间有17个电话筒，门把手和厕所水管都贴满了黄金，每个套房中都有为客人解释各项高科技设施的私人管家。全部202间套房中，最低的房价也要900美元一晚，25层的皇家套房则需18000美元一晚。这里搜罗了来自世界各地的摆设，有私家电梯、私家电影院、私家餐厅、旋转睡床、可选择上中下三段式喷水的淋浴喷头等。窗外是景色旖旎绵长的沙滩海岸和温暖的大海，这一切使得迪拜成了世界各地游客的理想目的地之一。

2. 迪拜世界贸易中心

迪拜世界贸易中心是中东地区重要的贸易展览中心。迪拜世界贸易中心共有7个主题展馆，面积为31955平方米。整个中心设计非常美观，建筑十分雄伟，并且内部设有一流的国际展览中心标准设施。在阿联酋，几乎所有的重要性国际级别的展览都会在这个地方举办。这里每年举办100多个大型国际展览。

3. 西海岸

美丽的阿联酋西海岸是海滩也是沙漠，可形成如此独特的景观只有在中东地区才可以看得到。特殊的地理位置使这样的景致浑然天成，让人赞叹大自然造物之神奇。在这里，游客可以在神秘的沙漠上漫步，走累了可以在蔚蓝的海水中浸浴，还可以坐在海滩上吹海风，同时遥看一望无际的沙漠和大海。

第四节 以色列

一、地理概况

（一）自然地理

以色列位于亚洲西部亚、非、欧三大洲交接处，东接约旦，东北部与叙利亚为邻，南连亚喀巴湾，西南部与埃及为邻，西濒地中海，北与黎巴嫩接壤。以色列目前实际控制面积约2.5万平方千米。

以色列沿海为狭长平原，东部有山地和高原。以色列气候属于夏季炎热的地中海型，由邻近的亚热带撒哈拉和阿拉伯沙漠地带，与地中海东部沿岸的亚热带气候所共同影响。

（二）人文地理

以色列首都是特拉维夫，人口979万（2023年9月），其中73%为犹太人、21%是阿拉伯人，6%为其他人种。以色列全国分为6个区：耶路撒冷区、北部区、海法区、中央区、特拉维夫区、南部区。

"以色列"一词的本义是"与上帝摔跤"，在希伯来语中意为"神的男士"。希伯来语为国语，与阿拉伯语均为官方语言，通用语言为英语。犹太教为以色列国教，居民中多数信奉犹太教，其余信奉伊斯兰教、基督教等。以色列是世界上唯一以犹太人为主体的国家。

以色列国旗呈长方形，长宽比例约为3∶2，旗底为白色，上下各有一条蓝色宽带。蓝白两色来自犹太教徒祈祷时用的披肩颜色。白色旗面正中，是一颗六角星，那是古以色列国王大卫王之星，象征国家权力。

以色列国徽为长方形的盾徽，蓝色盾面上有七枝烛台。据记载，此烛台为耶路撒冷圣殿中点燃祭坛的物件。烛台两旁的橄榄枝，象征犹太人对和平的渴望。烛台下方用希伯来文写着"以色列国"。

以色列的国歌是《希望之歌》，国花为银莲花。

二、历史和文化

以色列历史悠久，是犹太教、伊斯兰教和基督教的发源地。犹太人是古代闪族的支脉希伯来人的后裔，公元前13世纪末开始从埃及迁居到巴勒斯坦，曾先后建立希伯来王国及以色列王国。

从公元前1200年开始，一系列的犹太人王朝在这一地区存在了超过1000年。经历过亚述、巴比伦、波斯、希腊、罗马、拜占庭等古国的统治，犹太人在一地区逐渐衰落并遭驱逐。尤其是在公元132年的一次大规模起义遭到镇压后，罗马帝国将犹太人驱除出这一地区，并将地名改为"叙利亚—巴勒斯坦"，企图抹灭犹太人千百年来与这片土地相连的痕迹。虽然如此，仍有小部分犹太人一直留在巴勒斯坦，但主要的犹太人口从以色列南部移至北部。犹太教非常重要的两本经籍《密西拿》和《塔木德》也是在这一时期写成的。公元638年，穆斯林从拜占庭帝国夺取了该地区的控制权，之后倭马亚王朝、阿拔斯王朝、花剌子模和蒙古帝国先后统治这里。公元1260—1516年由马木鲁克统治，公元1517年成为奥斯曼帝国的一个省。

19世纪末，欧洲犹太人发起"犹太复国运动"，并于1897年成立了"世纪犹太复国组织"。1917年，英国占领巴勒斯坦，外长贝尔福发表《贝尔福宣言》："英王陛下政府赞成在巴勒斯坦建立一个犹太人民族国家，并将尽最大努力促其实现。"1922年，国际联盟通过了英国对巴勒斯坦的"委任统治训令"，规定在巴勒斯坦建立"犹太民族之家"。之后，世界各地犹太人大批移居巴勒斯坦。1947年11月29日，联合国大会通过决议，决定在巴勒斯坦分别建立阿拉伯国和犹太国。1948年5月14日，以色列正式成立。

以色列是由犹太教和犹太人数千年以来的历史经验交织构成，具有来自世界六大洲上数百个国家各式移民，这也使得以色列文化丰富而多元化，极具艺术创造力。

三、政治经济和旅游环境

（一）政治制度

以色列是议会制国家，没有宪法，只有议会法、总统法和内阁法等基本法。议会是最高权力机构，拥有立法权、负责制定和修改国家法律，对政治问题表决、批准内阁成员的任命并监督政府工作，以及选举总统和议长。议员候选人以政党为单位竞选。政府由议会中占多数席位的政党或政党联盟组成。总统是象征性的国家元首。职能基本上是礼仪性的。议会有权解除总统职务。内阁向议会负责。以色列是中东地区唯一的自由民主制国家，公民拥有各式各样的政治权利和公民自由。

本雅明·内塔尼亚胡，曾于1996—1999年、2009—2021年担任以色列总理，是以色列任期最长的总理。2022年11月1日，以色列举行议会选举，内塔尼亚胡领导的右翼阵营获得120个席位中的64席。11月13日，以色列总统赫尔佐格授权内塔尼亚胡组建新政府。12月21日，内塔尼亚胡宣布组阁成功。12月29日，以色列新一届政府宣誓就职，利库德集团领导人内塔尼亚胡出任总理。现任总统是伊萨克·赫尔佐格，2021年7月7日就职，为以色列第11任总统，任期7年。

（二）社会经济

以色列土地贫瘠、资源短缺，但其立国后坚持走科技强国之路，重视教育和人才的培养，使经济得以较快发展。以色列高新技术产业发展成就举世瞩目，特别是在电子、通信、计算机软件、医疗器械、生物技术工程、农业以及航空等方面拥有先进的技术和优势。

以色列地处沙漠地带边缘，水资源匮乏。严重缺水使以色列在农业方面形成了特有的滴灌节水技术，充分利用现有水资源，将大片沙漠变成了绿洲。不足总人口5%的农民不仅养活了本国国民，还大量出口优质水果、蔬菜、花卉和棉花等。以色列总体经济实力较强，竞争力居世界前列，被视为中东地区经济发展、商业自由、新闻自由和整体人类发展度较高的国家。

2021年，以色列国内生产总值（GDP）为4166亿美元，经济增长率为8.1%，人均GDP为4.4万美元。以色列货币名称为新谢克尔，根据国际汇率，1美元≈3.85以色列新锡克尔（2023年11月）。人民币与新谢克尔目前不能直接兑换，结算时要以美元或欧元等国际货币作为中间货币进行兑换。

（三）旅游环境

1992年1月，以色列与中国正式建立大使级外交关系。两国建交后，双边关系发展顺利。以色列于1994、1997、2009和2014年分别在上海、香港、广州、成都设立总领馆。2016年3月，中以两国签署《中以政府为对方商务、旅游、探亲人员互发多次签证的协定》，2016年11月11日该协定正式生效。2017年3月，中以宣布建立创新全面伙伴关系。这为两国的旅游合作创造了良好的政治环境。

四、民俗风情

（一）礼仪

以色列人举止有度，同别人打交道时，不管对方年龄有多大，身份如何，既不显倨傲，也不露媚态，显得精明稳重、自信而富有理性。他们对在别人面前不停地跺脚、用力吹吸气等甚为不满，对身子歪斜着或双手抱在胸前同别人谈话的行为也很反感。见面时，对年老者问候时一般都会恭恭敬敬地献上一句"祝您活到120岁"。犹太人不行贴面礼，一般行握手礼。许多犹太妇女不与丈夫以外的异性有身体接触，也不握手。在迎接贵宾时，通常要专门为其宰杀羔羊，还会郑重其事地捧出盐和面包或者酒和面包，请来宾品尝。

（二）服饰

以色列男性着装风格较为随意，基本不穿西服，极少打领带，即使是在正式场合也少有人西装革履。这既是由于以色列多数时间气候炎热，也是受建国几十年来习惯的影响。以色列的女性则与世界各地的现代女性差不多，但相比较而言其衣着更具随意性。按照犹太教规定，男性应头戴小圆帽。而犹太教的"拉比"（相当于牧师）则应全身穿黑色服饰，头戴黑色毡帽，并在耳朵上沿留着长而卷曲的鬓发。

（三）饮食

犹太人的主食是饼，用小麦或大麦面制成。饼被犹太人视为生命线，所以人们吃饼通常不用刀切，只用手掰，唯恐用刀割断了生命线。信奉犹太教的以色列人在饮食方面有严格的规定，在当地，符合教规的食材被称为"Kosher"（洁食）。他们禁食猪肉和其他一些肉类、贝类、无鳞鱼和任何种类的食腐动物的肉，肉制品和奶制品也不能同时食用。这些人在外就餐只能去符合Kosher规定的餐馆，而餐馆必须每年从由犹太教拉比组成的专门机构申领证书。

（四）婚嫁

在以色列，婚姻习俗深受宗教影响，处处有宗教的烙印。犹太教禁止与异族通婚，在以色列国内，直至现在也不允许，但在国外与异族通婚予以承认。

（五）禁忌

在犹太教历法中，严守安息日的犹太教徒在安息日不能开火做饭，必须在安息日到来前准备好餐食。在安息日，犹太人会停止工作。严格来讲，犹太人在安息日还不开关电器，不开车，甚至不按电梯、电视遥控器和电源开关等一切与电有关的设备，可以骑自行车和走路。如果要用电灯、电视等，需要在安息日到来前打开并一直开到安息日结束。以色列的某些大厦的电梯事先都安排自动按钮，无须按钮，每隔一层楼自动停一次。在犹太人居住区禁止拍照，特别是外来人员不可犯忌，在公共场所不许吸烟。

五、旅游资源和著名景点

（一）旅游业和旅游资源

旅游业是以色列外汇收入的主要来源。以色列疆域虽小，但有复杂的地形地貌、古迹、宗教场所，几乎一年四季都有的灿烂阳光和地中海沿岸现代的休假设施，以及基内雷特湖（加利利海）、红海、死海，这一切每年都吸引着无数旅游观光者。

（二）主要旅游城市和旅游景点

1. 耶路撒冷

1947年，联合国巴以分治决议将耶路撒冷置于国际共管之下。1967年，第三次中东战争爆发，以色列夺取东区，控制了耶路撒冷全城。1980年，以色列议会通过法案，宣布耶路撒冷是"永恒、不可分割的首都"，但未得到国际社会承认。1988年，巴勒斯坦全国委员会会议通过《独立宣言》，宣布耶路撒冷为新建立的巴勒斯坦国首都。目前，以方将耶路撒冷作为政治、文化中心，将总理府、议会、大多数政府部门和最高法院设在此地。

耶路撒冷已有5000多年历史，是世界上古老的城市，同时是犹太教、基督教和伊斯兰教三大宗教的圣地。耶路撒冷老城分为犹太区、穆斯林区、基督徒区和亚美尼亚区，面积约1平方千米。老城的西墙（Western Wall），或称"哭墙"，是犹太教非常重要的圣地，长48米，宽18米，隔为男区和女区，分别供犹太男女面壁祈祷。著名的阿克萨清真寺、岩石清真寺（又称金顶清真寺）与哭墙毗邻，这是耶路撒冷世界知名的景点。老城穆斯林区店铺林立，商贩云集，热闹非凡。

2. 特拉维夫

特拉维夫原是一个小渔村，建于1909年，是犹太移民兴建的。1910年，正式命名为特拉维夫，意思是"春之丘"。1948年，以色列成立时，被定为首都。旧城雅法是一座具有悠久历史的古老都市，从公元前2000年开始，就已作为一个重要城市载入了古埃及的碑文中。

特拉维夫立城之初是雅法老城的"后花园"，但它迅速发展成以色列的商业、金融、文化和娱乐中心，被称为以色列的"纽约"。特拉维夫是以色列国的缩影，像多数以色列大城市一样，在这里同时居住着犹太、阿拉伯两个民族。雅法老城以古雅的石板屋、狭窄的石子路而闻名。夜晚最有意境，沉着静谧，一轮明月格外皎洁。在雅法海滨，地中海波光粼粼，棕榈树枝叶飒飒，风景独特。

3. 死海

世界闻名的死海位于以色列和约旦之间，不管风景或人文，都是全世界非常特殊的一个地方。据说当年摩西带领以色列人逃出埃及，最后就是消失在对岸约旦死海边的山丘上。死海之所以名为死海，是因为海水被蒸发的量多于注入其中的淡水，这使得海水中的含盐量过高，约为普通海水的4倍，草木万物根本无法在死海里生长，也造成了数倍于海洋的浮力，所以人跳进死海里不会下沉。

死海是地表最低的地方，低于海平面近400米。死海南北长60千米左右，东西宽约17千米。死海富含矿物质的海水和提炼出来的黑泥，据说对皮肤病具有神奇疗效，所以沿着死海边就有治疗皮肤病的温泉和住宿设施，同时也有沐浴设备和毛巾出租，游人可以在死海上享受漂浮之乐。

本章小结

中东旅游区是中国出入境旅游市场中的重要地区，涉及国家较多。本章主要介绍了土耳其、沙特阿拉伯、阿联酋、以色列等国家的基本情况，通过对这些国家的地理环境、历史文化、政治经济、旅游环境、民俗风情和旅游资源等知识进行全面梳理，期望读者们对这些国家有一个全面了解。

能力训练

阿联酋的富裕世界闻名，是中国的重要客源国和旅游目的地，请简要介绍一下阿联酋的国家概况。迪拜是其重要的旅游城市，请为该城市及其代表性景点写一篇讲解词，并进行讲解训练。

第六篇

非洲旅游区

　　非洲旅游区位于东半球的西南部,地跨赤道南北,西北部的部分地区伸入西半球。非洲东濒印度洋,西临大西洋,北隔地中海和直布罗陀海峡与欧洲相望,东北隔狭长的红海与苏伊士运河与亚洲相邻。非洲为世界第二大洲。国际上把非洲分为北非和撒哈拉以南非洲,撒哈拉以南非洲又分为中非、东非、南非、西非四部分。非洲面积最大的国家是阿尔及利亚,面积最小的国家是塞舌尔,大陆面积最小的国家是冈比亚。非洲是世界上经济发展水平较低的大洲,第二次世界大战后很多国家虽然获得独立,经济却比较落后。但是,非洲也并非一片贫瘠,在国际社会特别是中国的援助下,很多国家逐渐走上现代化道路。尼日利亚、南非和埃及是非洲前三大经济体,旅游业已经有了一定的发展基础和潜力。

第十三章
埃及和南非

本章概要

本章主要内容包括：非洲旅游区的埃及和南非等国家旅游地理、历史人文、政治经济、旅游环境、民俗风情和旅游资源等基本知识。学好本章内容，可以为做好本旅游区相关国家的游客团队接待和出境非洲旅游区旅游领队工作打好基础。

学习目标

知识目标

1. 了解非洲旅游区的主要旅游客源地和旅游目的地，比较重要的是埃及和南非等国家。
2. 理解非洲旅游区主要国家在中国出入境旅游市场中的地位。
3. 掌握埃及和南非等国家的基本知识，包括地理环境、历史文化、政治经济、民俗风情和主要旅游资源等。

能力目标

1. 能说出非洲旅游区主要国家的旅游地理基本知识，如国家名称、地理位置、首都和主要旅游城市、著名旅游景点等。
2. 能理解非洲旅游区主要国家的历史事件、文化成就、政治经济状况和民俗风情等，并能够对其中的重要问题进行阐释。
3. 能用所学知识对非洲旅游区重点国家，主要是埃及和南非等国的主要旅游城市和代表性景点进行导游讲解。

素养目标

1. 在非洲旅游区的学习过程中，通过融入中国"一带一路"合作倡议相关内容，培养学生的国家观、全局观及合作意识。
2. 通过非洲国家特别是埃及古代文化的学习，提升学生的文化视野和格局。

知识导图

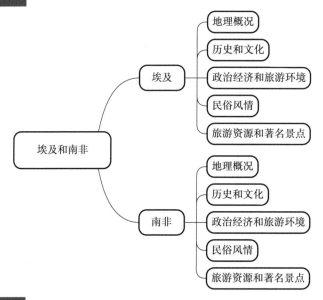

 章节要点

非洲是世界上经济发展水平较低的大洲,大多数国家经济落后。二战后,非洲很多国家独立后也走上了现代化道路。非洲面积广阔,旅游资源丰富。位于非洲的埃及和南非等国家是中国传统的友好国家,和中国有着良好的旅游合作关系,它们的历史文化、民俗风情,以及主要旅游城市和景点是本章学习的要点。

章首案例

斯芬克斯之谜

"斯芬克斯之谜"出自古希腊作家索福克勒斯创作的戏剧《俄狄浦斯王》。斯芬克斯是希腊神话中一个长着狮子躯干、女人头面的有翼怪兽。坐在忒拜城附近的悬崖上,向过路人出一个谜语:"什么东西早晨用四条腿走路,中午用两条腿走路,晚上用三条腿走路?"如果路人猜错,就被害死。俄狄浦斯面对斯芬克斯的时候这样回答了这个问题:"是人。在生命的早晨,他是一个孩子,用两条腿和两只手爬行;到了生命的中午,他变成了壮年,只用两条腿走路;到了生命的傍晚,他年老体衰,必须借助拐杖走路,所以被称为三只脚。"俄狄浦斯答对了。斯芬克斯羞愧地坠崖而死。"斯芬克斯之谜"常被用来比喻复杂、神秘、难以理解的问题。埃及三大金字塔之下的狮身人面像就是斯芬克斯。

——资料来源:根据有关资料综合整理

阅读案例并思考：

"斯芬克斯之谜"和非洲哪个国家的什么旅游景点有关？非洲旅游有哪些国家值得优先考虑？

第一节 埃 及

一、地理概况

（一）自然地理

1. 位置和国土面积

阿拉伯埃及共和国，简称埃及，地处欧、亚、非三大洲交接处，北部经地中海与欧洲相通，东临红海并以西奈半岛与巴勒斯坦接壤，连通西亚，南接苏丹，西连利比亚，东南与约旦、沙特阿拉伯隔红海相望，海岸线长约2900千米。埃及的苏伊士运河沟通了大西洋与印度洋，战略位置和经济意义都十分重要。埃及国土面积100.1万平方千米，疆域横跨亚、非两洲，大部分位于非洲东北部，苏伊士运河以东的西奈半岛位于亚洲西南部。埃及国土略呈不规则的四方形。

2. 自然地理特征

埃及全境大部分是海拔100—700米的低高原，地形平缓，红海沿岸和西奈半岛有丘陵山地，最高峰凯瑟琳山海拔2642米，沙漠与半沙漠占全国面积的95%。世界第一长河尼罗河从南到北流贯全境，埃及段长1350千米，两岸形成宽3—16千米的狭长河谷，两岸谷地形成了面积为1.6万平方千米的绿洲带，首都开罗以北有2.4万平方千米的尼罗河三角洲。埃及湖泊主要有大苦湖和提姆萨赫湖，以及阿斯旺大坝形成的非洲最大的人工湖——面积约5000平方千米的纳赛尔水库。埃及的尼罗河三角洲和北部沿海地区属亚热带地中海气候，气候相对温和，其余全国大部分地区属热带沙漠气候，干燥少雨，气候干热，夏季气温较高，沙漠地区气温可达40℃，昼夜温差较大。

知识活页

苏伊士运河

（二）人文地理

1. 人口和民族

埃及总人口1.04亿（2023年）。埃及人口增长迅速，2006年埃及总人口还只有7650万，17年猛增了35.9%。埃及人口剧增带来严重的贫困问题，按照联合国每天生活费低于2美元的标准计算，埃及的贫困人口比例则高达40%，大约有1500万人栖身于贫民窟或棚户区内。埃及大约95%的国土面积为无法居住的荒漠，因此，埃及近一半人口集中在面积约2.4万平方千米，即埃及最富庶的尼罗河三角洲地区，而首都大开罗地区一地的人口就占全国人口的1/4。埃及居民主要是阿拉伯人,此外还有柏柏尔人、科普特人、贝都因人、努比亚人、希腊人等。

2.语言和宗教

埃及官方语言是阿拉伯语,英语和法语在埃及也被广泛使用。在埃及,伊斯兰教是国教,也有基督教信徒,居民中90%的人属于伊斯兰教逊尼派,约10%的人信仰普特教(基督教分支)和希腊正教。

3.国家象征

埃及首都开罗,埃及的一级行政区划为省,全国共有27个省。

埃及国旗呈长方形,长与宽之比为3:2。自上而下由红、白、黑3个平行相等的横长方形组成,白色部分中间有国徽图案。红色象征革命,白色象征纯洁和光明前途,黑色象征埃及过去的黑暗岁月。

埃及的国歌是《我的祖国》,国花是睡莲,国鸟是雄鹰。埃及的国庆日是7月23日(1952年)。

二、历史和文化

(一)历史沿革

1.古代埃及

埃及是世界四大文明古国之一。公元前3200年,美尼斯统一埃及,建立了第一个奴隶制国家,此后历经早王国、古王国、中王国、新王国和后王国时期,延续了31个王朝。

古王国时期,埃及开始大规模建造金字塔。中王国时期,经济发展、文化繁荣。新王国时期,埃及生产力显著提高,开始对外扩张,成为军事帝国。后王国时期,埃及内乱频繁,外患不断,国力日衰。公元前525年,埃及被波斯人征服成为波斯帝国的一个行省。在此后的1000多年间,埃及相继被希腊和罗马征服。

2.近现代埃及

公元641年,阿拉伯人入侵埃及,埃及逐渐阿拉伯化,成为伊斯兰教一个重要中心。公元1517年,埃及被土耳其人征服,成为奥斯曼帝国的行省。公元1882年,埃及被英军占领后成为英国的"保护国"。1922年,英国承认埃及为独立国家,但保留对国防、外交、少数民族等问题的处置权。1952年,以纳赛尔为首的自由军官组织推翻法鲁克王朝,成立革命指导委员会,掌握国家政权,并于1953年6月18日宣布成立埃及共和国。1958年2月,同叙利亚合并成立阿拉伯联合共和国。1961年,叙利亚发生政变,退出"阿联"。1970年,纳赛尔病逝,萨达特继任。1971年9月1日,改名为阿拉伯埃及共和国。1981年10月,穆巴拉克继任总统,并4次连任直至2011年辞职。

(二)文化

埃及有着悠久的历史。古希腊历史学家希罗多德说过"埃及是尼罗河的赠礼",说明了尼罗河在埃及文明发展中的作用。尼罗河全长6671千米,是非洲第一大河,也是世界第一长河。尼罗河在埃及境内长度为1530千米,两岸形成3—16千米宽的河谷,到开罗后分成两条支流,注入地中海。这两条支流冲积形成尼罗河三角洲,面积2.4万平方千米,不仅是现代埃及人口最稠密、最富饶的地区。在古代,尼罗河谷和三角洲也是古埃及文化的摇篮,是世界文化的发祥地之一。古埃及人创造了光辉灿烂的文化,在世界文明史上有着重要的地位。

1. 数学

尼罗河定期泛滥,古埃及人通过观测天文来掌握尼罗河水涨落的规律,由此产生了天文学,创造了人类历史上最早的太阳历。因为尼罗河每年泛滥后淹没了土地边界,需要重新测量和确定土地的面积和边界,以确定当年这些土地的赋税,这样就产生了几何学。他们创造了计算圆面积的方法,还能计算矩形、三角形和梯形的面积,以及立方体、长方体、正方锥体和柱体的体积。虽然我们所见的古埃及人的数学文献不多,但是古埃及留下来的巨大石砌建筑,如举世闻名的金字塔和阿蒙神庙,所用的巨大石块全部磨成了正方体,几乎没有误差。可见,古埃及的数学知识已经达到了相当高的水平。

2. 文字和文学

距今5000多年前,古埃及就出现了象形文字,即埃及文字。埃及文字是世界上古老的文字之一。古埃及人用当时盛产于尼罗河三角洲的纸莎草的茎制成莎草纸,用作书写的载体。在此基础上,古代埃及文学也产生了。

古代埃及文学经历了漫长的发展过程,在艺术上取得了很高的成就。就其形式来说,先有诗歌,后有散文。诗歌包括世俗诗、宗教诗、赞美诗、宗教哲理诗等。散文方面则有训言、箴言之类的教谕体作品,以及比较丰富的故事和旅行记等。但是,由于年代久远,流传至今的,只是极少的一部分。现在我们能够看到的有两类:第一类是金字塔祷文,就是刻在金字塔墓壁上祈祷法老死后升天获福的诗歌;第二类是大臣墓地上的碑记。

从19世纪中叶开始,受民族独立和解放运动发展的影响,近现代埃及文学得到一定的发展。其中的典型代表有埃及近代文化复兴的先驱雷法阿·塔哈塔威,其代表作品是《巴黎纪行》,还有阿里·穆巴拉克的4卷本小说《伊勒木丁》等。

3. 建筑

埃及是世界文明古国之一,其重要依据就是古埃及人为世界留下的宏伟的建筑。古埃及建筑主要分为古王国时期、中王国时期、新王国时期,各个时期的建筑分别以金字塔、石窟陵墓、神庙等为其代表。

古王国时期的建筑以举世闻名的金字塔为代表。古埃及的建筑师们用庞大的规模、简洁沉稳的几何形体、明确的对称轴线和纵深的空间布局来表现金字塔的雄伟、庄严和神秘。埃及最早的金字塔是法老召塞尔的阶梯金字塔,建于公元前2770年,而最著名的代表是胡夫金字塔。

中王国时期的建筑以石窟陵墓为代表。这一时期已采用梁柱结构,能建造较宽敞的内部空间。建于公元前2000年前后的曼都赫特普三世陵墓是其中典型代表。

新王国时期的古埃及建筑以神庙为代表,其中规模最大的是卡纳克和卢克索的阿蒙神庙。

4.雕塑和绘画

古埃及雕塑作品主要作为建筑物的附属物存在,样式和风格在古王国时期就已经形成。著名的代表是狮身人面像(见图13-1),位于埃及吉萨金字塔墓区,头像部分据说是按照古埃及法老哈夫拉的肖像塑造的。古埃及其他著名作品还有《拉霍特普王子与其妻》《门考拉及其妻》《书吏凯伊》等。

图13-1 狮身人面像(薛阳 供图)

三、政治经济和旅游环境

(一)政治制度

埃及曾于1971年9月,经全民投票通过一部宪法,2011年2月11日,穆巴拉克辞职,1971年宪法被废止。随后武装部队最高委员会接管权力。2011年6月,埃及穆斯林兄弟会创立的自由与正义党主席穆尔西赢得总统选举并宣誓就职。但是埃及政局并没有因此稳定下来,仍不断发生游行示威活动和流血冲突。2012年12月,埃及全民公投通过新宪法,第二年就被埃及军方宣布中止。2014年1月,埃及新宪法通过全民公投。6月8日,塞西总统就职。2018年6月,塞西连任埃及总统,新政府成立,马德布利出任总理。2019年12月,埃及政府改组,马德布利留任总理。2022年8月,埃及政府再次改组,马德布利继续留任总理。

埃及目前实行一院制议会,设有596个席位,任期5年。埃及的司法机构分为普通司法机构和行政司法机构。普通司法机构的最高部门是最高上诉法院,行政司法机构的最高部门是最高行政法院。开罗还设有最高宪法法院,负责解释法律法规的宪法性质。检察机构包括总检察院和地方检察分院。

（二）社会经济

埃及经济属开放型市场经济，拥有相对完整的工业、农业和服务业体系。服务业约占国内生产总值50%。工业以纺织、食品加工等轻工业为主。农村人口占总人口55%，农业占国内生产总值14%。石油天然气、旅游、侨汇和苏伊士运河是埃及的四大外汇收入来源。

2011年以来，埃及政局的动荡对国民经济造成严重冲击。埃及政府采取措施恢复生产，增收节支，吸引外资，改善民生，多方寻求国际支持与援助，以度过经济困难，但收效有限。2013年7月临时政府上台后，经济面临较大困难，在海湾阿拉伯国家的大量财政支持下，经济情况有所好转。2014年6月新政府成立后，大力发展经济，民生得到一定程度改善。

2018—2019年，埃及国内生产总值（GDP）51703亿埃镑，人均GDP 53815埃镑。2021—2022年，埃及GDP 3855.8亿美元，人均GDP 3780美元。埃及货币名称是埃及镑，与美元的汇率是1美元≈30.95埃及镑（2023年6月）。

（三）旅游环境

埃及奉行独立自主、不结盟政策，主张在相互尊重和不干涉内政的基础上建立国际政治和经济新秩序，加强南北对话和南南合作。

1956年5月，中国与埃及建交，之后两国关系一直发展顺利。2014年12月，中埃两国建立全面战略伙伴关系。2016年1月，两国签署关于加强全面战略伙伴关系的五年实施纲要。2020年1月，双方同意朝着新时代构建中埃命运共同体的目标，提升两国关系水平。中埃两国在文教、新闻、科技等领域有广泛的交流合作。近年来，双方举办了文化周、电影节、文物展、图片展等丰富多彩的活动，深受两国人民欢迎。

2002年，中埃两国签署中国公民组团赴埃旅游实施方案的谅解备忘录以来，中国赴埃游客数量增长较快。2018年，赴埃旅游中国公民达50万人次。2023年1月，埃及被列入文旅部首批试点恢复出境团队游国家名单。这为中国埃及之间的旅游合作提供了良好的政治环境。

知行合一

中国—埃及旅游推介会成功举办

2023年3月16日，由中国文化和旅游部国际交流与合作局和中国旅行社协会主办、开罗中国文化中心协办的中国—埃及旅游推介会以线上线下相结合方式成功举办。

埃及旅游和文物部副部长加达·沙拉比在致辞中表示，埃中作为人类文明的重要发源地，双方近年来在旅游领域的交流与合作非常活跃、成果丰硕。

中国重启公民出境团队赴埃及旅游释放了积极信号,希望两国旅游业界可以加强对接,为双方旅游合作创造新亮点。

——资料来源:《中国旅游报》,2023-03-20

请思考:

上述活动是在怎样的背景下开展的?对中埃两国之间的旅游合作有何影响?

四、民俗风情

(一)社交礼仪

埃及人在交往中既有民族传统礼仪,又通行西方的礼仪,上层人士更倾向于欧美礼仪。埃及人见面时异常热情。一般情况下,见到不太熟悉的人,先致问候的人说全世界穆斯林通行的问候语"安塞俩目尔来库姆"(汉语直译为"和平降于你",意为"你好")。如果是老朋友,特别是久别重逢,则拥抱行贴面礼,行礼时用右手扶住对方的左肩,左手搂抱对方腰部,先左后右,各贴一次或多次。而且还会连珠炮似的发出一串问候语,如"你好吧?""你怎么样?""你近来可好?""你身体怎样?"等。

(二)饮食习俗

埃及人日常饮食以清真食品为主,也流行西餐。埃及人通常以"耶素"(不用酵母的面包)为主食,进餐时与"富尔"(煮豆)、"克布奈"(白乳酪)、"摩酪赫亚"(汤类)一起食用。埃及人不吃虾、蟹等海味,不吃动物内脏(除肝外)、鳝鱼、甲鱼等。他们喜食羊肉、鸡、鸭、鸡蛋以及豌豆、洋葱、南瓜、茄子、胡萝卜、土豆等。在口味上,一般要求清淡、甜、香、不油腻。烤全羊是埃及人的待客佳肴。

埃及人喜欢甜食,正式宴会或富有家庭正餐的最后一道菜都是甜点,著名甜点有"库纳法""盖塔伊夫"等。"锦葵汤""基食颗"等是埃及人日常生活中的佳品。"盖麦尔丁"是埃及人在斋月里的必备食品。"蚕豆"也是埃及人必不可少的一种食品。其制造方法多种多样,制成的食品也花样百出。例如,切烂蚕豆、油炸蚕豆饼、炖蚕豆、干炒蚕豆和生吃青蚕豆等。

(三)禁忌

关于宗教方面的禁忌,埃及和其他伊斯兰教国家相同。除此以外,埃及还有一些特殊的禁忌,比如埃及人讨厌打哈欠,认为哈欠是魔鬼在作祟。一个人打哈欠,如同在犯罪。因此,在埃及人面前,尽量不要打哈欠或打喷嚏。如果实在控制不住,应转脸捂住嘴,并说声"对不起"。埃及人喜欢绿色和白色,讨厌黑色和蓝色。他们称"白色的一天"往往是在暗示美好,而"黑色的一天或蓝色的一天"则代表不幸的一天。埃及人称真诚坦率的人为"白心",而对充满仇恨、嫉妒、奸诈的人则称其为"黑心"。埃及的丧服为黑色,但是很多有地位或年老者也爱好黑色或深色服装,以暗示庄重和显示其威望。

在埃及,左手被认为是不干净的,普遍认为"右比左好",右是吉祥的,做事要从右手和右脚开始。握手、用餐、递送东西必须用右手,穿衣先穿右袖,穿鞋先穿右脚,进入家门和清真寺先迈右脚。

按伊斯兰教义,在埃及,短、薄、透、露的服装是禁止的。在埃及的街头,一般看不到袒胸露背或穿短裙的妇女,也没有穿背心和短裤的男人。和其他伊斯兰国家相比,埃及人对外国人比较宽容。但是必须注意的是,在埃及穿背心、短裤和超短裙是严禁到清真寺去的。

五、旅游资源和著名景点

(一)旅游业和旅游资源

埃及是人类文明的重要发祥地之一,历史悠久,名胜古迹众多,文化价值极高,是发展旅游业的坚实基础。埃及政府历来重视发展旅游业,但是2011年的政局动荡对埃及旅游业的影响很大,赴埃及旅游人数、饭店房间价格、旅游投资均明显下降。2012年,埃及旅游业有所恢复,全年接待游客1050万人次,收入约100亿美元。2013年6月,埃及局势再次动荡后,多国政府发布赴埃及旅行的警告。2014年,埃及新宪法通过后,政局逐渐趋于稳定,埃及旅游业逐渐开始恢复。2016年,埃及旅游收入约34亿美元,赴埃及游客数量为450万人。2017年,埃及旅游收入约53亿美元,赴埃及游客数量为830万人。2018年,旅游收入98亿美元。

疫情期间,埃及旅游业受到一定影响,但也是疫情后旅游业恢复较快的国家。2021年,埃及旅游业收入为130亿美元。

(二)主要旅游城市和旅游景点

埃及旅游城市除了首都开罗外,还有亚历山大、伊斯梅利亚、塞得港、沙姆沙伊赫、卢克索和阿斯旺等。许多旅游景点世界闻名,如金字塔、狮身人面像、卢克索神庙、阿斯旺大坝等。

1.首都开罗和金字塔

开罗位于埃及东北部,尼罗河三角洲的南端,面积3085平方千米,是埃及的首都和最大城市,也是非洲及阿拉伯世界最大的城市。开罗横跨尼罗河,气魄雄伟,风貌壮观,是中东地区政治、经济、文化和交通中心。开罗由开罗省、吉萨省和盖勒尤卜省组成,统称"大开罗",大部分地区属于亚热带沙漠气候。开罗有5000多年的历史,是世界上较古老的城市,被誉为"城市之母"。

开罗也是世界上历史古迹较多的城市,这里有古埃及的金字塔(见图13-2)、狮身人面像,也有基督教和伊斯兰教的古老教堂、清真寺和城堡,是世界闻名的旅游胜地。尼罗河穿城而过,现代文明与古老传统在开罗并存,交相辉映。

图 13-2 古埃及金字塔（薛阳 供图）

开罗的著名旅游景观还有开罗大学、埃及博物馆、国家图书馆、伊斯兰艺术博物馆、开罗塔、孟斐斯古城遗址，以及闻名世界的金字塔群和狮身人面像。孟斐斯是古埃及古王国时期的首都，从孟斐斯古城遗址西行约20千米，伫立着蜚声世界的大型金字塔群，由北往南，主要包括吉萨金字塔群、阿布西尔金字塔群、萨卡拉金字塔群和代赫舒尔金字塔群等。

吉萨金字塔群，修建于约公元前2631年—前2498年，是古埃及第四王朝的3位法老为自己建造的陵墓，也是古埃及金字塔最成熟的代表。金字塔群主要包括胡夫金字塔、哈夫拉金字塔、孟卡拉金字塔和狮身人面像，周围还有许多"玛斯塔巴"墓葬和小金字塔。其中，最大的是胡夫金字塔，形体呈立方锥形，四面正向方位。塔原高146.59米，因年久风化，现高136.5米。金字塔的底边各长230.35米，占地5.3公顷，用230余万块平均重约2.5吨的石块干砌而成。胡金字塔是由10万多个工匠经过约20年时间的艰辛劳动才完成的人类奇迹。在法国巴黎埃菲尔铁塔建成以前，胡夫金字塔曾是世界上最高的建筑物。

2. 亚历山大港

亚历山大港位于尼罗河三角洲西部，紧邻地中海，是埃及在地中海南岸的一个港口城市，距开罗西北208千米，是埃及第二大城市和最大港口，也是亚历山大省的省会。

亚历山大是古希腊马其顿国王亚历山大大帝征服埃及后建立的城市，并以他的名字进行命名，作为亚历山大帝国埃及行省的总督所在地。亚历山大大帝死后，其部将埃及总督托勒密在这里建立了托勒密王朝，亚历山大成为埃及王国的首都，并很快就成为希腊化城市中最大的城市。在西方古代历史上，亚历山大的规模和财富仅次于罗马，是古代欧洲与东方贸易的中心和文化交流的枢纽。第二次世界大战后，亚历山大发展迅速，是埃及重要的纺织工业基地，旅游业和造船、化肥、炼油等工业也很发达。

今天，亚历山大仍保留有许多名胜古迹，非常著名的是"庞贝柱"和古代"世界八大奇迹"之一的亚历山大港灯塔等。另外，穆罕默德阿里广场周围的许多意大利式建筑，包括法庭、交易所、银行、教堂和剧院等，也是可以参观景点。此外，亚历山大面朝浩瀚的地中海，受其影响，这里冬无严寒、夏无酷暑，四季花开，阳光充足，沙滩美丽，空气清新,加上众多的古迹,是举世闻名的旅游目的地。

3. 卢克索及其神庙

卢克索是埃及古城,位于埃及中南部尼罗河东岸,北距开罗约670千米,南距阿斯旺约200千米,气候干热,年平均气温25.1℃,年降水量仅5毫米。卢克索是埃及中王国和新王国时期的首都底比斯所在地,兴建于中王国第11王朝时期,至今已有4000多年的历史。古埃及历代国王、法老在底比斯兴建了无数的神庙、宫殿和陵墓。以尼罗河为界,东岸是壮丽的神庙和充满活力的居民区,西岸则是法老、王后和贵族的陵墓被称为"帝王谷"。由于历经兵乱,卢克索昔日宏伟的殿堂庙宇都变成了残缺不全的废墟,但人们依然能够想象它们当年的雄姿。现在的卢克索是世界上最大的露天博物馆,有着"宫殿之城"的美誉,也是世界著名的旅游城市。埃及人常说:"没有到过卢克索,就不算到过埃及。"

现在保存较完好的是卢克索神庙(见图13-3),其中尤以卡尔纳克神庙最完整、规模最大。卡纳克神庙始建于3900多年前,位于卢克索北部。神庙由很多部分组成,最主要的是大柱厅,由6个大厅组成。支撑结构由分成16排的134根石柱组成,中央两排的石柱最为高大,直径达3.57米,高21米,上面承托着长9.21米,重达65吨的大石梁。其他柱子的直径为2.74米,高12.8米。这些石柱的柱顶可以安稳地坐下近百人,其建筑尺度之大,实属罕见。其他著名的附属建筑还有方尖碑、拉美西斯二世站立像、狮身公羊石像等,气势宏伟,令人震撼。

图13-3 卢克索神庙

4. 阿斯旺和阿布辛贝神庙

阿斯旺是埃及最南端的城市,是阿斯旺省的首府。阿斯旺位于首都开罗以南900千米的尼罗河东岸,是埃及的南大门和通往苏丹的门户,是唯一的由海上进入非洲腹地的通道。在古埃及时代,阿斯旺被认为是埃及民族的发源地,是埃及与苏丹、埃塞俄比亚进行贸易的中心,"阿斯旺"科普特语的意思就是"市场"。现代阿斯旺有纺织、制糖、化学、制革等工业,附近尼罗河上建有大型水坝和水电站,构成全国性电力基地,还是重要的内河港口,有铁路通往开罗。阿斯旺是冬季疗养和游览胜地,著名景点有古代耶勃城遗址和博物馆、植物园等名胜,非常有名的是阿斯旺大坝和阿布辛贝神庙。

客源地与旅游目的地概况

阿斯旺大坝高111米，长3830米，宽40米，它拦截了尼罗河河水向上回流500千米，形成蓄水量达1640亿立方米的人工湖——纳赛尔水库。因为尼罗河贯穿埃及南北，所以阿斯旺大坝的修建对埃及有着非常重要的意义，它不仅可以调节洪水，还能贮存足够全国几年使用的富余水量。20世纪80年代，尼罗河流域曾发生严重干旱，苏丹及埃塞俄比亚发生饥荒，但埃及却因有此大坝而幸免于难。在阿斯旺大坝东端，有观景台，可供游客观赏大坝及水面景观。

阿布辛贝神庙，是埃及南方城市阿斯旺的重要旅游景点，位于阿斯旺以南280千米处。阿布辛贝神庙是古埃及新王国第十九王朝的法老拉美西斯二世建造的大型岩窟神庙，距今已有3300多年的历史。神庙由依崖凿建的牌楼门、巨型拉美西斯二世摩崖雕像、前后柱厅及神堂等组成。神庙集中体现了古代埃及人在天文、星象、地理、建筑等学科发展的高超水平，因为只有在拉美西斯二世的生日2月21日和神庙的奠基日10月21日这两天，太阳光才会从神庙的大门穿过60多米深的庙廊，照在神庙尽头的拉美西斯二世石雕巨像的全身上下，而左右的其他巨型石雕都享受不到太阳神赐予的这种厚爱，人们把这一奇观称作"太阳奇迹"。1966年，因兴建阿斯旺水坝，神庙被整体迁移至高出河床水位60余米的纳赛尔水库西岸后山上，是世界文物建筑保护方式的成功尝试。

教学互动

世界遗产的起源

1959年，埃及政府打算修建阿斯旺大坝，可能会淹没尼罗河谷里的珍贵古迹，比如阿布辛贝神庙。1960年，联合国教科文组织发起了"努比亚行动计划"，阿布辛贝神庙和菲莱神庙等古迹被仔细地分解，然后运到高地，再一块块地重组装起来。这个保护行动共耗资8000万美元，其中有4000万美元是由50多个国家集资的。这次行动被认为非常成功，并且促进了类似的保护行动，比如挽救意大利的水城威尼斯、巴基斯坦的摩亨佐—达罗遗址、印度尼西亚的婆罗浮屠等。之后，联合国教科文组织会同国际古迹遗址理事会起草了保护人类文化遗产的协定。1977年，联合国教科文组织世界遗产委员会正式召开会议，评审世界文化遗产。

——资料来源：根据有关资料整理

思考并讨论：
世界遗产是如何发起的？

第二节 南 非

一、地理概况

(一)自然地理

南非共和国简称南非,位于非洲大陆最南端,有"彩虹之国"之美誉,东濒印度洋,西临大西洋,北邻纳米比亚、博茨瓦纳、津巴布韦、莫桑比克和斯威士兰,另有莱索托为南非领土所包围。南非国土面积约121.9万平方千米,海岸线长约3000千米。

南非地处非洲高原的最南端,南、东、西三面之边缘地区为沿海低地,北面则有重山环抱。南非北部内陆区属喀拉哈里沙漠,最高点为东部大陡崖的塔巴纳山,海拔3482米。东部则是龙山山脉纵贯。

南非全境大部分处于副热带高压带,属热带草原气候。南非的主要河流有两条:一是自东向西流入大西洋的奥兰治河,全长2160千米,系全非大河之一;另一条是主要流经博茨瓦纳、津巴布韦边界并经莫桑比克汇入印度洋的林波波河。

(二)人文地理

南非人口6060万(2022年),分黑人、白人、有色人和亚裔人四大种族。黑人主要有祖鲁、科萨、斯威士、茨瓦纳、北索托、南索托、聪加、文达、恩德贝莱9个部族,主要使用班图语,占总人口的80.7%。白人主要为阿非利卡人(以荷兰裔为主,融合法国、德国移民形成的非洲白人民族)和英裔白人,语言为阿非利卡语和英语。有色人主要是白人同当地黑人所生的混血人种,主要使用阿非利卡语。亚裔人主要是印度人(占绝大多数)和华人。

南非有11种官方语言,英语和阿非利卡语为通用语言。约80%的人口信仰基督教,其余信仰原始宗教、伊斯兰教、印度教等。

南非的首都有3个:比勒陀利亚,为行政首都;开普敦,为立法首都;布隆方丹,为司法首都。南非是世界上唯一存在3个首都的国家。南非全国共划为9个省,根据南非2000年通过的《地方政府选举法》,全国共有287个地方政府,包括8个大都市、44个地区委员会和226个地方委员会。

南非国旗呈长方形,长宽之比为3:2。由红、绿、蓝、白、黑、黄6种颜色组成,呈"Y"形(官方给出的解释是"V",然后流向一条平线,而不是"Y")。旗面上区为红色,下区为蓝色,代表鲜血。旗面中央是一横"Y"形三色条,象征聚合不同的南非民族共同发展,一起走今后的道路。绿色代表土地,绿色的两侧各有金色和白色,金色代表金子,白色代表白人；靠旗杆一侧是黑色三角形，黑色代表黑人。

南非的国歌是《上帝保佑非洲》《南非的呐喊》，国花是帝王花（又称菩提花、木百合、龙眼花），国石是钻石。

二、历史和文化

（一）历史沿革

南非最早的本土居民是桑人、科伊人及后来南迁的班图人。公元17世纪后，荷兰人、英国人相继入侵并不断将殖民地向内地推进。19世纪中叶，白人统治者建立起4个政治实体：2个英国殖民地（即开普、纳塔尔殖民地）及2个布尔人共和国（即德兰士瓦共和国、奥兰治自由邦）。1899—1902年，英布战争中英国人艰难取胜后，1910年，4个政治实体合并为"南非联邦"，成为英国自治领。

1961年，南非退出英联邦（1994年重新加入），成立南非共和国。1989年，德克勒克出任国民党领袖和总统后，推行政治改革，取消对黑人解放组织的禁令并释放纳尔逊·曼德拉等黑人领袖。1994年，南非举行首次不分种族大选，纳尔逊·曼德拉出任南非首任黑人总统，这标志着种族隔离制度的结束和民主、平等的新南非的诞生。

（二）文化艺术

享有"彩虹之邦"美誉的新南非有着丰富多彩的文化历史传统，无论是南非本土居民，还是黑人、白人等，都对南非文化做出了杰出的贡献。

1. 传统绘画与雕刻

南非本土居民具有历史悠久的传统绘画与雕刻艺术。其中，非常著名的布须曼人的洞穴壁画雕刻，是人类原始艺术的瑰宝，也是南非现代艺术的组成部分，记录了从远古的狩猎时代到现代的原始部落的非洲黑人生存的篇章。

南非白人绘画最早始于对南非风土人情的描写。南非绘画流派由西方各国不同流派所组成，画家多是受其母国绘画传统影响。南非现代雕塑发展缓慢于绘画，雕塑形式分为建筑雕塑和环境雕塑。艺术家们采用青铜、石头、木头、象牙、金属等材料，以移民历史和非洲风土人情为表现主题进行创作，拥有众多流派。20世纪30年代，以自然主义、现实主义流派为主，此后又出现许多新的流派风格。第二次世界大战后，城市黑人画家出现。他们更擅长以炭画来表达自己的思想和表现本民族的风土人情。非洲艺术家们最富成就的艺术表现手段是雕塑，并在这一领域产生了杰出的艺术作品。他们大多受到南非白人雕塑家的影响，汲取了西方雕塑的精华，一般选用青铜、木材、陶瓷等材料工作。

2. 音乐、舞蹈和体育

南非人擅长于音乐和舞蹈。传统音乐以其强烈多变、自由奔放的节奏，为黑人传统舞蹈伴奏出丰富多彩的音乐旋律，二者默契融为一体。音乐方面受到非洲文化、亚洲文化和西方文化的熏陶,南非音乐既保留了古老的底蕴,又呈现出了多元化的特点。南非音乐风格复杂多样,其中最具代表性的还是南非爵士乐。南非爵士乐动听易记,极富个性,适合舞蹈,成为大多数南非人的最爱。曼德拉当年也曾经常随着其富于感染力的节奏起舞。

体育活动方面,南非人热爱各种体育活动,其中非常受欢迎的运动项目是足球。南非主办了2010年的FIFA世界杯,是首个主办该赛事的非洲国家。板球是在南非排名第二的运动项目。同时,南非还培养出游泳、田径、冲浪、拳击、网球等项目的一批世界冠军。

三、政治经济和旅游环境

(一)政治制度

南非实行总统制共和制。宪法规定,南非共和国实行行政、立法、司法三权分立制度,中央、省级和地方政府相互依存,各行其权。南非实行多党制,国民议会现有13个政党。政府分为中央、省和地方三级,任期5年,实行总统内阁制,总统由选民选举产生,内阁首相兼任副总统,由总统任命国民议会多数党领袖产生,对总统负责,其他部长亦由总统任命。总统任期不得超过两任。

总统马塔梅拉·西里尔·拉马福萨于2017年12月当选为非国大主席。当地时间2022年12月19日,拉马福萨连任南非执政党非国大主席。

(二)社会经济

南非是非洲第二大经济体,人均生活水平在非洲名列前茅,工业体系是非洲较为完善的。南非自然资源丰富,是世界五大矿产国之一。金融、法律体系比较完善,通信、交通、能源等基础设施良好。矿业、制造业、农业和服务业是南非经济的四大支柱,深井采矿技术位居世界前列,矿产是南非经济的主要来源。但南非国民经济各部门发展水平、地区分布不平衡,城乡、黑白二元经济特征明显。

南非主要农作物有玉米、小麦、甘蔗、大麦等,蔗糖出口量居世界前列。南非畜牧业较发达,主要集中在西部2/3的国土上。牲畜种类主要包括牛、绵羊、山羊、猪等,家禽主要有鸵鸟、肉鸡等。主要产品有禽蛋、牛肉、鲜奶、奶制品羊肉、猪肉、绵羊毛等。

南非实行自由贸易制度,是世界贸易组织的创始会员国。欧盟与美国等是南非传统的贸易伙伴,但近年与亚洲、中东等地区的贸易也在不断增长。南非是世界最大的黄金和钻石的生产国与出口国。

2022年,南非国内生产总值(GDP)为4056亿美元,经济增长率为1.9%,人均GDP为6771美元。南非的货币名称为兰特。汇率:1美元≈16.29兰特(2022年)。

（三）旅游环境

中国与南非共和国于1998年1月1日建交。建交以来,两国关系全面、迅速发展。2000年,两国成立高级别国家双边委员会,多次举行全体会议,并多次召开外交、经贸、科技、防务、教育、能源、矿产合作分委会会议。2013年3月,习近平主席对南进行国事访问,双方发表联合公报,中南全面战略伙伴关系迈上新台阶。因此,中国与南非的国际旅游合作有着良好的政治环境。

四、民俗风情

（一）礼仪

南非社交礼仪可以概括为"黑白分明""英式为主"。所谓"黑白分明",是指受到种族、宗教、习俗的制约,南非的黑人和白人所遵从的社交礼仪有鲜明的区别。所谓"英式为主",是指在很长的一段历史时期内,白人掌握南非政权,白人的社交礼仪特别是英国式社交礼仪盛行于南非社会。

南非传统的见面礼是举起右手、手掌向着对方,目的是表示"我的手并没有握石头"。显然,它是在表明"没有武器"这个古老习俗。现在南非商务社交场合,南非人的见面礼节流行的是握手礼,称呼主要为"先生""小姐"或"夫人"。有趣的是,在南非,握手时如果握得有气无力,表示虚情假意、毫无诚心,被称为是"礼貌不周",从而引起对方不快。而在南非黑人部族里,尤其是在广大农村地区,南非黑人社会交往表现出不同的风格。例如,他们习惯用鸵鸟毛、孔雀毛来赠予贵宾和珍贵的客人,此刻得体的受赠做法是将这珍贵的羽毛插在自己的帽子上或是头发上,以此表示对赠送者的尊重。

（二）服饰

在城市中,南非人的穿着打扮基本西方化和现代化了。大凡正式场合,他们都讲究着装端庄、严谨。因此,在和南非人进行官方交往或商务交往时,最好穿样式保守、色彩偏深的套装或裙装,不然就会被对方视为失礼。此外,南非黑人通常还有穿着本民族服装的习惯。不同部族的黑人,在着装上往往会有自己不同的特色。

（三）餐饮

南非的鸵鸟肉排是其特色风味,另外,还有草原特色菜以及玉米食品。在沿海城市,品尝海鲜也是一件惬意的事情。在印度移民聚居地,人们也可以品尝到具有异国情调的食品。还有南非特色烤肉,很多小商店都出售可供游客品尝的烧烤肉类。

（四）禁忌

非洲人普遍认为,用相机对准某物,拍下镜头,某物的"精气"就给吸收殆尽,所以在南非,人、房屋、家畜一律不准拍照。如想拍摄,最好先和对方打个招呼,获得同意之后再行动。跟当地人交谈或碰面的时候,不能目不转睛地瞪看对方,否则对方一定大感不悦。因为他们认为被瞪看的人不是灾祸必至,就是死神要找上他。

信仰基督教的南非人,忌讳"13"和"星期五"。南非黑人非常敬仰自己的祖先,他们特别忌讳外人对自己的祖先言行失敬。跟南非人交谈,有4个话题不宜涉及:为白人评功摆好;评论不同黑人部族或派别之间的关系及矛盾;非议黑人的古老习惯;为对方生了男孩表示祝贺。

五、旅游资源和著名景点

(一)旅游业和旅游资源

与其他非洲国家相比,南非经济发展水平较高,旅游接待设施相对完善。南非的地理位置和生态环境比较优越,旅游资源也非常丰富。因此,旅游业成为当前南非发展较快的行业,旅游资源主要集中于东北部和东部、南部沿海地区。生态旅游与民俗旅游是南非旅游业主要的两大增长点。2019年,到南非旅游的外国游客达1583万人次。

(二)南非主要旅游城市和人文景点

1.开普敦

开普敦是欧裔白人在南非建立的第一座城市,虽然地处非洲,却充满多元欧洲殖民地文化色彩。开普敦集欧洲和非洲人文、自然景观特色于一身,名列世界美丽的都市之一,也是南非极受欢迎的观光都市。开普敦是南非金融和工商业的重要中心,交通发达,从欧洲沿非洲西海岸绕过好望角通往远东,太平洋的航线都经过这里。在开普敦的海滩附近,设有娱乐和休养设施,是南非主要的旅游胜地,尤宜于冬季休养。开普敦中心地区位于开普半岛的北端。开普半岛因为地理环境关系,从东南方经常会有清新的强风吹至,而当地人都将这股强风称为"开普医生"。这股强风形成于开普敦西面的南大西洋高压脊,将清新的空气带到了开普敦,并把空气中的污染物吹走。

2.约翰内斯堡

约翰内斯堡位于南非东北部瓦尔河上游高地上,是南非第一大城市,是南非共和国经济、政治、文化、旅游中心,市中心高楼林立,环境优美,商业氛围浓厚,是世界著名的国际大都市。约翰内斯堡原是一个探矿站,随着金矿的发现和开采发展为城市。约翰内斯堡有着世界最大的金矿区,也是世界最大的产金中心,素有"黄金之城"之称,是南非经济中枢地区。约翰内斯堡的著名景点有太阳城、金矿城、克鲁格国家公园、东部郊区、内都市郊区等。

（三）南非的自然旅游资源和主要景点

1. 南非国家动物园

南非国家动物园位于比勒陀利亚布姆街，也被称为比勒陀利亚动物园，是南非最大的动物园，也是世界上较大的动物园。南非国家动物园占地面积85公顷，园内的动物超过3500种，每年来此参观的游客数量超过60万人次。

2. 桌山

桌山是开普敦的地标景观，其山顶如桌面般平坦，好像是用刀削平的，故得此名。桌山海拔高度为1086米，右侧是狮头山和信号山，左侧是魔鬼峰。每年夏季（10月到次年3月）大量水汽被桌山抬升至山顶，在冷空气作用下，形成云团将整个桌山覆盖起来，仿如置身于仙境。每当这个时候，当地人便说是上帝铺好了桌布开始用餐了。从1929年开始，长1220米的索道已投入使用，游客可乘坐缆车到达山顶，现在游客在缆车内可饱览360°的美景。

3. 南非国家植物园

南非国家植物园位于桌山东麓，被作为国家公园对公众开放。2004年，南非国家植物园被联合国教科文组织列为世界自然遗产。南非国家植物园是世界上非常好的7座植物园之一，南非第一任总统曼德拉曾评价南非国家植物园是"南非人民献给地球的礼物"。

4. 罗本岛

罗本岛是南非沿海岛屿中最大的一个。早期，这里开始作为隔离地和监狱关押一些政治犯等，到后来才结束了作为监狱岛屿的使命。罗本岛拥有特别安静祥和的环境，现在已成为对公众自由开放的博物馆。1999年，罗本岛被联合国教科文组织列入《世界遗产名录》。在罗本岛，人们可以远眺桌山全景，罗本岛上有羚羊、鸵鸟、燕鸥、朱鹭等，也是50多种海鸟的繁殖基地。

本章小结

非洲旅游区是中国出入境旅游市场中的重要组成部分，涉及国家较多。本章主要介绍了埃及和南非两个重点国家的基本情况，通过对这两个国家的地理环境、历史文化、政治经济、旅游环境、民俗风情和旅游资源等知识进行全面梳理，期望读者们对这些国家和地区有一个全面了解。读者们也可以根据实际工作和生活中的需要对本地区其他一些国家的有关情况进行进一步学习与了解。

能力训练

请从出境领队的角度，对埃及的自然和人文地理加以介绍，并选择该国一个重要的旅游城市和代表性旅游景点写一篇讲解词，并进行讲解训练。

参考文献

[1] 余芳.旅游客源国与目的地概况[M].武汉:华中科技大学出版社,2019.

[2] 张鑫,叶晓颖,徐姜.中国旅游客源国概况[M].北京:北京理工大学出版社,2017.

[3] 陈家刚.中国旅游客源国概况[M].天津:南开大学出版社,2013.

[4] 万鸿珍,王丽琴.中国旅游客源国概况[M].北京:中国轻工业出版社,2015.

[5] 苗雅杰,孙宝鼎.客源国概况[M].北京:中国财富出版社,2015.

[6] 游庆军,张岚.旅游学概论[M].北京:北京理工大学出版社,2017.

[7] 邓爱民,孟秋莉.旅游学概论[M].武汉:华中科技大学出版社,2017.

[8] 韩燕平.旅游学概论[M].北京:北京理工大学出版社,2017.

[9] 胡华.中国旅游客源国与目的地国概况[M].北京:中国旅游出版社,2017.

[10] 卢丽蓉,李敏.旅游客源国和目的地概况[M].桂林:广西师范大学出版社,2014.

[11] 陈福义,张金霞.中国主要旅游客源国与目的地国概况[M].北京:清华大学出版社,2007.

[12] 中国社会科学院世界宗教研究所.中国五大宗教知识读本[M].北京:社会科学文献出版社,2007.

[13] 前瞻产业研究院.2018年全球旅游业发展现状分析:旅游业三足鼎立格局明显[EB/OL].(2018-09-05).https://www.qianzhan.com/analyst/detail/220/180905-fb2641be.html.

[14] 腾讯文旅团队.2018中国旅游行业发展报告[EB/OL].(2019-01-14).http://www.360doc.com/content/19/0114/11/8169114_808751278.shtml.

[15] 包富华,陈瑛.近10年以来中国出境旅游的时空分布特征研究

[J].世界地理研究,2017(7).

[16] 吴于廑,齐世荣.世界历史·古代史编(上下卷)[M].北京:高等教育出版社,1994.

[17] 吴于廑,齐世荣.世界历史·近代史编(上下卷)[M].北京:高等教育出版社,2001.

[18] 吴于廑,齐世荣.世界历史·现代史编(上下卷)[M].北京:高等教育出版社,2001.

[19] 马来西亚蓝皮书课题组.马来西亚蓝皮书:马来西亚发展报告(2019)[M].北京:社会科学文献出版社,2019.

[20] 朱耀廷,司美丽.欧美文化旅游[M].北京:北京大学出版社,2006.

[21] 朱耀廷,杨靖筠.亚非文化旅游[M].北京:北京大学出版社,2006.

教学支持说明

为了改善教学效果,提高教材的使用效率,满足高校授课教师的教学需求,本套教材备有与纸质教材配套的教学课件和拓展资源(案例库、习题库等)。

为保证本教学课件及相关教学资料仅为教材使用者所得,我们将向使用本套教材的高校授课教师赠送教学课件或者相关教学资料,烦请授课教师通过加入旅游专家俱乐部QQ群或公众号等方式与我们联系,获取"电子资源申请表"文档并认真准确填写后发给我们,我们的联系方式如下:

地址:湖北省武汉市东湖新技术开发区华工科技园华工园六路

邮编:430223

旅游专家俱乐部QQ群号:758712998

旅游专家俱乐部QQ群二维码:

群名称:旅游专家俱乐部5群
群　号:758712998

扫码关注
柚书公众号

电子资源申请表

填表时间：_____年___月___日

1. 以下内容请教师按实际情况写，★为必填项。
2. 根据个人情况如实填写，相关内容可以酌情调整提交。

★姓名		★性别	□男 □女	出生年月		★职务	
						★职称	□教授 □副教授 □讲师 □助教

★学校		★院/系	
★教研室		★专业	
★办公电话		家庭电话		★移动电话	
★E-mail（请填写清晰）				★QQ号/微信号	
★联系地址				★邮编	

★现在主授课程情况	学生人数	教材所属出版社	教材满意度
课程一			□满意 □一般 □不满意
课程二			□满意 □一般 □不满意
课程三			□满意 □一般 □不满意
其 他			□满意 □一般 □不满意

教 材 出 版 信 息			
方向一		□准备写 □写作中 □已成稿 □已出版待修订 □有讲义
方向二		□准备写 □写作中 □已成稿 □已出版待修订 □有讲义
方向三		□准备写 □写作中 □已成稿 □已出版待修订 □有讲义

请教师认真填写表格下列内容，提供索取课件配套教材的相关信息，我社根据每位教师填表信息的完整性、授课情况与索取课件的相关性，以及教材使用的情况赠送教材的配套课件及相关教学资源。

ISBN（书号）	书名	作者	索取课件简要说明	学生人数（如选作教材）
			□教学 □参考	
			□教学 □参考	

★您对与课件配套的纸质教材的意见和建议，希望提供哪些配套教学资源：